河出文庫

千のプラトー　上

資本主義と分裂症

ジル・ドゥルーズ＋フェリックス・ガタリ
宇野邦一＋小沢秋広＋田中敏彦＋
豊崎光一＋宮林寛＋守中高明　訳

河出書房新社

緒　言　9

1　序――リゾーム　13

根、側根、リゾーム――本の諸問題――〈一〉と〈多〉――樹木とリゾーム――地理的方向、東洋、西洋、アメリカ――樹木の害――プラトーとは何か

2　一九一四年――狼はただ一匹か数匹か？　63

神経症と精神病――多様体の理論のために――群れ――無意識と分子的なもの

3　BC一〇〇〇〇年――道徳の地質学（地球はおのれを何と心得るか）　91

地層――二重分節（切片性）――地層の統一性を作り出すもの――環境――一つの地層の多様性：形式と実質、上位層と傍層――内容と表現――諸地層の多様性――モル状と分子状――抽象機械とアレンジメント：それらの状態の比較――メタ地層

4　一九二三年十一月二〇日——言語学の公準　163
指令語——間接話法——指令語、行為、非身体的変形——日付——内容と表現：両者の場合の変数——アレンジメントの諸側面——定数、変数、連続変化——音楽——スタイル——メジャーとマイナー——生成変化——死と逃走、形象と変身

5　BC五八七年、AD七〇年——いくつかの記号の体制について　231
専制的なシニフィアン的体制——情念的な主体的体制——二つの錯乱と精神医学の問題——ユダヤの民の古代史——逃走線と預言者——顔、方向転換、裏切り——〈書物〉——主体性のシステム：意識と情念、〈分身〉——夫婦喧嘩と事務室のいさかい——冗長性——脱領土化の形象——抽象機械と図表——発生的、変形的、図表的、機械状

6　一九四七年十一月二八日——いかにして器官なき身体を獲得するか　305
器官なき身体、波動、強度——卵——マゾヒズム、宮廷愛、〈道《タオ》〉——地層と存立平面——アントナン・アルトー——慎重さのテクニック——三つの〈身体〉の問題——欲望、平面、選択、編成

原注

図版リスト

凡例

『　』　原著に引用されている書物や雑誌、映画などの題名を示す。ただし雑誌収録論文などの題名は「　」で示した。
「　」　原著の《　》にあたる。
〈　〉　原著での大文字で始まる語を示す。
傍点　原著でのイタリック体の語や文を示す。
ゴシック　原著での大文字だけで強調された語を示す。
〔　〕　訳者が補なった部分、あるいは訳注を示す。
ただし、文脈上必ずしも右の規則にしたがっていないところもある。

緒言

この本は『資本主義と分裂症』の続編であり、最終巻である。第一巻は、『アンチ・オイディプス』であった。

本書は、章ではなく、「プラトー」〔高原〕によって構成されている。後でその理由の説明を試みるつもりである（なぜテキストに日付がついているのかについても）。ある程度まで、これらのプラトーは、たがいに独立に読みうるものであるが、結論だけは終わりに読むべきである。

『リゾーム』（ミニュイ社、一九七六年）、『狼はただ一匹か数匹か？』（『ミニュイ』五号）、『いかにして器官なき身体を獲得するか』（『ミニュイ』一〇号）は、すでに発表したものである。変更を加えてここに採録した。

千のプラトー　上

1 序——リゾーム

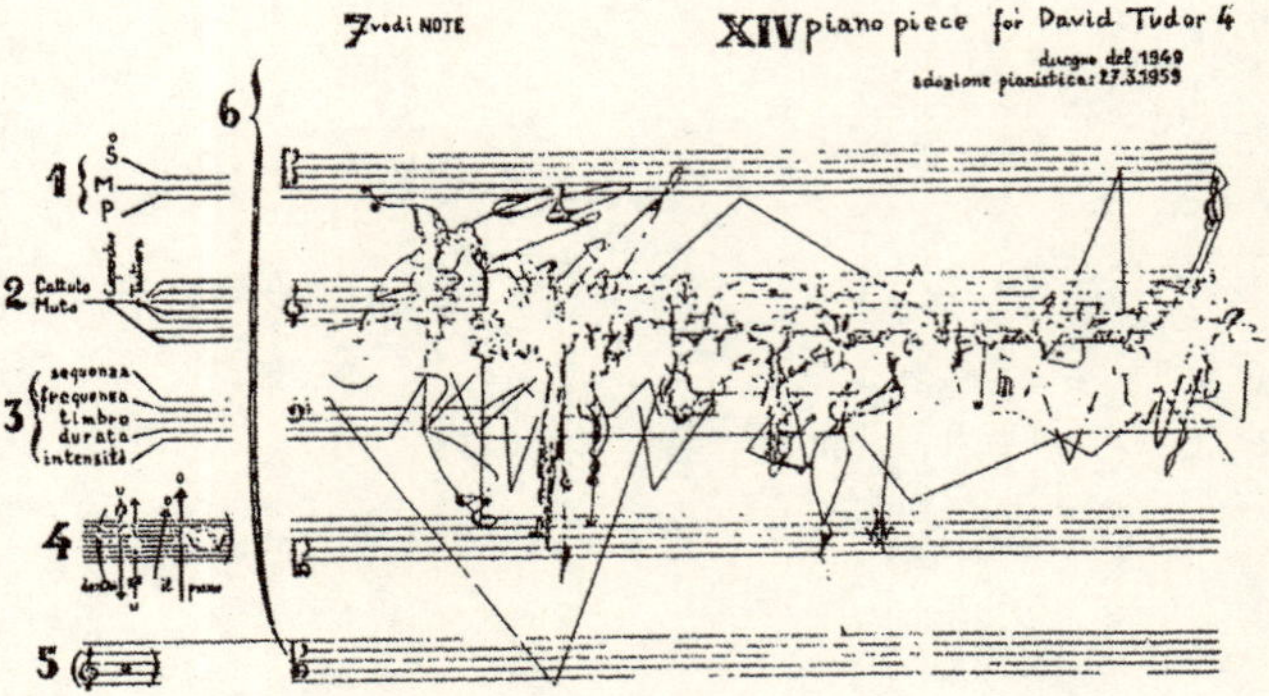

SYLVANO BUSSOTI

シルヴァーノ・ブソッティ

『デヴィッド・チューダーのための五つのピアノ作品』

われわれは『アンチ・オイディプス』を二人で書いた。二人それぞれが数人だったのだから、それだけでもう多数になっていた。この本では、いちばん手近なものからいちばん遠くにあるものまで、なんでも手あたりしだいに利用した。見分けがつかなくなるように巧みな擬名をばらまいた。なぜ自分たちの名はそのままにしておいたのか？　習慣から、単に習慣からだ。今度はわれわれ二人の見分けがつかなくなるように。われわれ自身ではなく、われわれを行動させ感じさせ、あるいは思考させているものを、知覚できなくするために。それにみんなと同じようにお喋りして、日が昇る、などと言うことは楽しいからだ、みんながそんなのは話の糸口にすぎないと承知しているときに。人がもはや私と言わない地点に到達するのではなく、私と言うか言わないかが、もはやまったく重要でないような地点に到達することだ。われわれはもはやわれわれ自身ではない。それぞれが自分なりの同志と知り合うことになる。われわれは助けられ、吸いこまれ、多数化されたのである。

一冊の本には対象《オブジェ》もなければ主題《シュジェ》もない。本はさまざまな具合に形作られる素材や、それぞれまったく異なる日付けや速度でできているのだ。本を何かある主題に帰属させるということはたちどころに、さまざまな素材の働きを、そしてそれら素材間の関係の外部性をないがしろにすることになる。地質学的な運動のかわりに、人は神様をでっちあげたりする。あらゆるものと同じで、本というものにおいても、分節線あるいは切片性の線があり、地層があり、領土性がある。また逃走線があり、脱領土化および脱地層化の運動もある。こうしたもろもろの線にしたがって生じる流出の速度の比較的な差が、相対的な遅れや、粘性や、あるいは逆に加速や切断といった現象をもたらすのだ。こうしたものすべて、測定可能なもろもろの線や速度は、一つのアレンジメント *agencement* を形成する。本とはそのようなアレンジメントであり、そのようなものとして、何ものにも帰属しえない。それは一個の多様体なのだ――とはいえ〈多〉が、もはや何にも帰属しないとき、つまり実詞の状態にまで高められるとき、何をもたらすか、まだわかっていないのだ。機械状アレンジメントは地層の方へ向けられており、地層はこのアレンジメントをおそらく一種の有機体に、あるいは意味作用を行なう一個の全体に、あるいは一個の主体に帰属しうる一つの規定にしてしまう。しかしこのアレンジメントはまた器官なき身体の方へも向けられており、こちらはたえず有機体を解体し、意味作用のない微粒子群や純粋な強度を通わせ循環させ、そしてみずからにもろもろの主体をたえず帰属させ、それらの主体には強度の痕跡として一個の名だけを残すのだ。一冊の本の器官なき身体とは何か？　これにはいくつかあり、考察される線の性質によって、それらの線の内容あるいは固有の密度によって、それらの選別を保証する「存立平面」plan de consistance へそれらが収束する可能性によって変わるのである。他の場合と同様ここでも肝要なのは測定の統一性である——エクリチュールを量化すること。ある本が語っていることと、それが書かれている仕方とのあいだには違いがない。だから、本には対象《オブジェ》などというものもないのだ。アレンジメントとしての本は、それ自体他のさまざまなアレンジメントと接続され、他のさまざまな器官なき身体にかかわるだけだ。本の言おうとすることを、意味される《シニフィエ》ものであれ意味する《シニフィアン》ものであれ、決して問うべきではないし、本に何か理解すべきことを探すべきではない。本が何によって機能しているか、何との接続によって強度を通しあるいは通さないか、どのような多様体のうちにみずからの多様体を導きいれ、そして変貌させるか、その本自身は、いかなる器官なき身体とともに、自己の器官なき身体を収束させるか、といったことを問うべきなのだ。本というものは外によってしか、そして外においてしか存在しない。こうして本というものがそれ自体一個の小さな機械であるならば、この文学機械それ自体はどんな測定可能な関係を、戦争機械、性愛機械、革命機械などに対して——そしてそれらの機械をすべて包含する抽象機械に対してもっているのか？　われわれは文学者を引き合いに出しすぎると言って非難された。しかし、ものを書くとき唯一の問題は、文学機械が機能するためにはいかなる別な機械とつながれうるか、そしてつながれるべきかということなのだ。クライストと途方もない戦争機械、カフカと前代未聞の官僚機械……（そして人が文学によって動物や植物になるとしたら、それは明らかに文学的な仕方でということではない。人が動物になるのは何よりもまず声によってではないか？）。文学は一つのアレンジメントであり、イデオロギーとはまったく縁もゆかりもない。イデオロギーなどというものはないし、かつてあったためしもなかった。

われわれが語っているのはほかでもない――多様体、線、地層と切片性、逃走線と強度、機械状アレンジメントとそのさまざまなタイプ、器官なき身体とその構築、その選別、存立平面、それぞれの場合における測定の統一性などについてである。地層探知器、崩壊探知器、密度の単位$C^{s}O$〔器官なき身体 Corps sans Organes〕、収束の単位$C^{s}O$などはただ単にエクリチュールの量化を成立させるばかりではなく、エクリチュールをつねに何か別なものの尺度として規定する。書く《エクリール》ことは意味することとは縁もゆかりもなく、測量すること、地図化すること、来たるべき地方さえも測量し、地図化することにかかわるのだ。

本の第一のタイプは、根としての本である。樹木はすでに世界のイマージュである、あるいは根は世界としての樹木のイマージュである。それは、有機的、意味作用的、主体的な（これらは本の諸地層である）美しき内面性としての、古典的な本である。本は世界を模倣するのだ、芸術が自然を模倣するように――それも固有の手法によってであり、この手法は自然がなしえないこと、あるいはもはやなしえなくなったことを巧みに成功させる。本の法則、それは反映の法則であり、〈一〉が二になるのだ。どうして本の法則が自然の中にあるはずがあろうか、その法則こそ世界と本、自然と芸術のあいだの分割をつかさどっているものなのに。一が二になる――この定式に出会うたびごとに、それが毛沢東《マオ》によって戦略的に口にされたものであろうと、また最高に「弁証法的に」理解されようと、われわれは最も古典的で最も反省的な思考、最も古くさく、最も疲弊した思考を前にしている。自然はそんなやり方はしない。根それ自体もそこでは直根《ピヴオタント》〔回転する根〕であり、側面的、循環的といった、より多数の分岐をもっていて、二分法的なものではない。精神は自然に遅れをとっている。自然的現実としての本さえも直根《ピヴオタン》〔回転〕式であり、軸があってそのまわりに葉がある。だが精神的現実としての本、イマージュとしての〈樹木〉または〈根〉は、〈一〉が二になり、ついで二が四になる……という法則をたえず発展させる。二元的論理は根としての樹木の精神的現実なのだ。言語学ほど「進んだ」学問でさえも基礎となるイマージュとしてこの根としての樹木を保持し続けており、それが言語学を古典的省察に縛りつけているのだ（チョムスキーと連辞の樹形図はそのようなものであり、S点に始まり二分法によって進められる）。つまり、この思考は多様体を理解したためしがないのだ——この思考には、一定の精神的方法によって二に到達するために仮定された強い原則的統一が必要である。そして客体《オブジェ》の側でも、自然的方法によって、たぶん〈一〉から直接三、四ないし五に行くことはできるが、それも相変わらず、強い原則的統一、つまり二次的な根の数々を支える軸という統一をそなえているということが条件である。こちらもほとんど変わり映えがしないのだ。継起する円環のあいだの一対一の対応関係が二分法の二元的論理にとって代わったというだけのことだ。直根も二分法的な根と同様、多様体を理解〔包含〕できない。

前者が客体において作用するのに対し、後者は主体において作用するだけだ。二元的論理と一対一対応関係はいまだに精神分析を支配し（フロイトがシュレーバーを解釈したときの錯乱の樹木）、言語学、構造主義、さらには情報理論さえ支配している。

側根システム、またはひげ根のシステムは、本の第二の形であり、これは現代の人々が好んで援用するものである。この場合、中心の根は中断されてしまうか、あるいはその先端が破壊され、この根に接穂されるのは、大いに発達した副次的な根の数々という、直接的かつ任意の多様体なのだ。この場合、自然的現実は中心の根が中断されるところに現われるが、だからといってその統一性が過ぎ去ったもの、あるいは来たるべきものとして、可能なるものとして存続していることに変わりはない。そして疑うべきことは、今度は精神的、反映的現実が、なおいっそう包括的な秘かな統一への、あるいはいっそう広がりのある全体性への希求を示すことによって、このような事物の状態を補償しているのではないかということである。バロウズのカット・アップの方法をとりあげてみよう——あるテクストの他のテクストの方への折り曲げ、多数の根、あるいは不定根さえ形成する折り曲げ（まるで挿し木のような）は、問題となっているテクストの次元を補完する次元をともなう。折り曲げのこの補完的次元においてこそ、統一性はその精神的作業を続行している。まさにこの意味において、最も決然として断片的な作品がまたしても〈全体的作品〉ないし〈偉大な作品〉として提出されることになりかねないのである。諸系列《セリー》を増殖させたり多様体を伸長させたりするための現代的方法の大部分は、例えば直線的な方向にも十分適用できるものである一方、全体化による統一性はなおさら何か別の次元、円環や循環の次元において確立される。一つの多様体が一個の構造の中に捉えられるたびに、その成長は組合せの諸法則の削減によって埋め合わせされる。統一性を中断するものたちはここでまさに堕胎を行なうもの、天使的博士たち *doctores angelici* である、つまり彼らはまさに天使的な至上の統一性を確立するからだ。ジョイスの用いる語、まさしく「たくさんの根を持つ」と言われている語は、語の、あるいは言語そのものの直線的統一性を実際に打ち砕くのだが、やはり文、テクスト、または知の循環的統一性を設定するのだ。ニーチェのアフォリスムは知の直線的統一性を打ち砕くのだが、やはり思考の中に一つの知られざるものとして現前する永劫回帰の循環的統一性に依拠するのである。つまりひげ根状思考は二元論、主体と客体の相互補完性、自然的現実と精神的現実の相互補完性などと真に縁を切っていないのだ――統一性は客体においてはたえず反撃され妨害されている一方、新しいタイプの統一性が主体において勝ち誇っているのだ。世界はその軸を失ってしまい、主体はもはや二分法を実行することさえできないが、しかしより高い統一へ、両義性によるものか多元的決定によるものか、とにかくより高い統一へと、その対象の次元に対してつねに補完的な次元において到達するのである。世界は混沌《カオス》となってしまった、けれども本は世界のイマージュ、つまり側根としての混沌＝秩序宇宙《カオスモス》であり続けるのだ、根としての秩序＝宇宙《コスモス》である代わりに。奇妙な韜晦だ、断片化しているだけになおさら全体的な本という韜晦。世界のイマージユたる本とは、いずれにせよなんと無味乾燥な観念だろう。実のところ、〈多〉よ万歳、と言うだけでは足りないのだ、確かにこの叫びを発するのは難しいのだが。活字組みの、語彙の、あるいは統辞法のいかなる巧妙さも、この叫びを聞こえるようにするには不十分である。〈多〉、それは作り出さねばならないのだ、相変わらず一個の高位の次元を付け加えることによってではなく、逆におよそ最も単純な仕方で、節制により、手持ちの次元の水準で、つねにnマイナス1で（こうしてはじめて一は多の一部となるのだ、つねに引かれるものであることによって）。設定すべき多様体から一なるものを引くこと、nマイナス1で書くこと。このようなシステムはリゾーム〔根茎〕と呼ばれうるだろう。地下の茎としてのリゾームは根《ラシーヌ》や側根《ラディセル》から絶対的に区別される。球根や塊茎はリゾームである。根ないし側根を持つ植物も、まったく別の観点からはリゾーム状でありうる——植物学が、その特殊性において、総体としてリゾーム状ではないかということは、解明すべき一つの問題である。動物でさえ、その群れをなす状態においてはリゾームであって、ねずみはまさにリゾームである。また巣穴がそうだ、住居、食料貯蔵、移動、避難、切断といったそのあらゆる機能によって。リゾームそのものが四方八方に分岐したその表面の拡張から、球根や塊茎としての凝結に至るまで実にさまざまな形をしている。ねずみが折り重なってたがいの下に隠れるときもそうだ。リゾームの中には最良のものと最悪のものが二つともある——馬鈴薯とはまむぎのような雑草と。動物でありかつ植物でもあるはまむぎは、まさにクラブ・グラス〔蟹草〕と呼ばれる。それにしてもリゾームのおよその特徴をいくつか列挙しなければ誰にも納得してもらえないだろうということはよくわかっている。

1°および2°——連結と非等質性の原理。リゾームのどんな一点も他のどんな一点とでも接合されうるし、接合されるべきものである。これは一つの点、一つの秩序を固定する樹木ないし根とはたいへん違うところだ。チョムスキー流の言語樹もやはりS点に始まって二分法によって進められる。リゾームにおいては反対に、特性のひとつひとつが必ずしも言語学的特性にかかわりはしない。あらゆる性格の記号論的な鎖の輪がそこでは実にさまざまなコード化方式、生物学的、政治的、経済的等々の鎖の輪に連結され、いろいろな記号の体制のみならず、物の状態のステータスをも試練にさらす。言表行為の集団的アレンジメントは事実、直接に機械状アレンジメントにおいて機能するのであり、もろもろの記号の体制とそれらの対象とのあいだに根本的な切れめを設定することはできないのである。言語学においては、たとえ自明のものにだけ依拠し、言語《ラング》についていかなる仮定もしないと主張する場合でも、人はある言説の諸圏域の内部にとどまっているのであり、この言説はやはりさまざまなアレンジメントの様式や特定の社会的権力のタイプを前提とするものなのだ。チョムスキーの文法性、あらゆる文を支配するカテゴリー的シンボルとしてのS〔sentenceの頭文字〕は、統辞法上の標識である以前に権力の標識である——文法的に正しい文を作りたまえ、言表のひとつひとつを名詞節と動詞節に区分したまえ（最初の二分法だ……）。われわれは、このような言語学的モデルに対して、あまりに抽象的すぎるといって非難するわけではない。逆に十分抽象的でないこと、言語と、諸言表の意味論的および実践的内容との連結、言表行為の集団的アレンジメントや、社会的地平のミクロ政治学との連結を行なう抽象機械にまで到達していないことを非難したいのだ。リゾームは記号論的鎖の輪や、権力の諸組織や、芸術、学問、社会的闘争にかかわる出来事などをたえず連結し続けてやまないであろう。一個の記号論的鎖の輪は、実にさまざまな行為、言語学的、また知覚的、黙劇的、身振り的、思惟的な行為を凝集させる塊茎のようなものである。言語それ自体というものもなければ、言語活動の普遍性というものもなく、方言、俚言、隠語、特殊言語などの交錯があるだけなのだ。理想的な話し手－聞き手というものがないのと同様、等質的な言語共同体というものもない。言語とは、ヴァインリッヒの言い方にしたがえば、「本質的に非等質的な現実」である。母〔国〕語というものはなく、一個の政治的多様体における一個の支配的言語による権力奪取があるだけだ。言語は教区とか、司教区とか、主都などのまわりで固定化する。球根をなすのだ。それは河川の流域や鉄道にそって、茎や地下流となって進み、油の斑点となって移動する。[1]言語に対してはつねに、内的な構造的解体を引き起こすことができる――これは根を探求することと根源的に異なるわけではない。樹木にはつねに何かしら系譜的なところがあって、これは決して民衆的な方法とは言えない。逆に、リゾーム・タイプの方法が言語活動を分析できるのは、それを中心からずらして他のさまざまな次元、さまざまな領域に移すことによってのみである。およそ言語が自己完結するとしたら、無力化をもたらす機能をともなうときだけである。

3°——多様体の原理。〈多〉が実際に実詞、つまり多様体として扱われている場合にのみ、それは主体ないし客体としての〈一者〉、自然的ないし精神的現実としての、イマージュかつ世界としての〈一者〉と、もはやいかなる関係も持たないことになる。多様体はリゾーム状であり、樹木状の擬似多様体を告発する。客体において軸の役目を果たす統一性はなく、主体において分割される統一性もない。たとえ客体において中断し、主体の中に「回帰する」ことを目指すだけのものであっても、とにかく統一性はない。多様体には主体もなければ客体もなく、ただきまざまな規定や、大きさや、次元があるだけで、そうしたものはこの多様体が性質を変えないかぎり成長しえないのだ（したがって組合せの諸法則は多様体とともに成長する）。リゾームないし多様体としての操り人形《マリオネット》の糸は芸人ないし人形使いの、一なるものと仮想された意図にかかわるのではなくて、神経繊維の多様体にかかわるのであり、この神経繊維が今度は、始めの諸次元に接続された別の諸次元にしたがってもう一つ別の操り人形を形作るのである——「操り人形たちを動かしている糸あるいは棒——それらを網目組織と呼ぶことにしよう——その多様体は、それをテクストに投影する役者という人間の中にあると反論することもできるだろう。よかろう、だが彼の神経繊維が今度は一つの網目組織を形作るのである。そしてこの神経繊維は灰色の細胞という格子を通して未分化なるものの中にまで浸かっている……この働きはまさしく織匠たちの仕事、神話がパルクたちやノルヌたちに帰している仕事に比べられる。[2]」アレンジメントとはまさに、連結の数を増すにしたがって必然的に性質を変える多様体において、こんなふうに諸次元が成長することなのである。リゾームには、構造、樹木、根などにおいて見出されるような点ないし位置といったものはない。線があるだけなのだ。グレン・グールドがある曲の演奏速度を速めるとき、彼は単にヴィルトゥオーソとしてそうしているのではなく、音楽上の点を線に変容させ、集合を増殖させているのである。つまり数というものが、なんらかの次元内における諸要素の位置によってそうした要素を測定する普遍的概念であることをやめて、考察の対象となる次元にしたがって変化する一個の多様体にそれ自体なってしまったからだ（ある領域に付随するさまざまな数の複合体に対するその領域そのものの優位）。われわれは測定の諸統一〔単位〕を持たず、単に測定の多様性あるいは変動性を持つだけである。統一という観念が現われてくるのは、一個の多様体においてシニフィアンによる権力奪取が生ずるか、あるいはそれに対応する主体化の過程が生ずるときだけだ——そのようなものが、客体的要素または点のあいだの一対一対応関係の総体を打ちたてる軸としての統一であり、あるいは主体における分化作用の二元論的論理の法則にしたがって自己を分割する〈一者〉なのだ。統一はいつも考察の対象となるシステムの次元を補完する空虚な次元の裡で働く（超コード化）。だがまさしく、リゾームまたは多様体は超コード化を受けつけず、それが持つ線の数を、つまりそれらの線に付随する諸数という多様体を補完する次元をそなえることは決してない。あらゆる多様体は、そのあらゆる次元を満たし、蔽いつくすというかぎりにおいて平たいものである。したがって多様体の存立平面という言い方を用いることにしよう。この「平面」なるものは、その上に成立する接続の数によって増加する次元をそなえるものであるにもかかわらず。多様体は外によって定義される。つまり抽象的な線、逃走線、あるいは脱領土化線によって定義されるのである。それらの多様体は、他の多様体と接続されるとき、こうした線にしたがって性質を変える。存立平面（格子）はあらゆる多様体の外である。逃走線は多様体が実際に満たす一定数の有限な次元の現実を示すと同時に、多様体がこの線にしたがって変容することなしには、どんな補完的次元も不可能であることを示し、そうした多様体を、それらの次元がどんなものであれ、同じ一つの存立平面あるいは外在性の面の上に平たくする可能性と必要性を示す。本というものの理想は、すべてのものをこのような外在性の面の上、ただ一つのページの上、同じ一つの平面《プラージュ》の上に広げることであろう——体験した事件であれ、歴史的規定であれ、思惟された概念であれ、個人、グループ、社会的集団であれ。クライストはこうしたタイプのエクリチュール、情動《アフエクト》に断ち切られる連鎖、変動する速度や加速や変形をそなえ、つねに外との関係を保っているエクリチュールを発明した。開かれた環だ。それゆえに彼のテクスト群は、一個の実体ないし主体の内面性によって形成される古典的ないしロマン派的な本に、あらゆる点において対立する。国家装置としての本に対抗する戦争機械としての本。n次元をそなえた平たい多様体は非意味的であり、非主体的である。それらは不定冠詞、いやむしろ部分冠詞によって指し示される（これはいくらかのはまむぎ *du* chiendent である。いくらかのリゾーム *du* rhizome である、といったふうに……）。

4°——非意味的切断の原理。これは諸構造を分かち、あるいは一つの構造を横断する、あまりに意味をもちすぎる切断に対抗するものだ。リゾームは任意の一点で切れたり折れたりしてもかまわない。それ自身のしかじかの線や別の線にしたがってまた育ってくるのだ。蟻を相手にしていると際限がないのは、それが動物的リゾームを形作っていて、その大部分が破壊されてもたえず再形成されるからである。どんなリゾームも数々の切片線を含んでいて、それらの線にしたがって地層化され、領土化され、組織され、意味され、帰属させられている。けれどもまた脱領土化の線も含んでいて、これを通してたえず逃走してもいるのである。切片線が逃走線の中に破裂するたびにリゾームにおいて切断がおきる。けれども逃走線はリゾームの一部分をなしている。これらの線はたえずお互いにかかわりあっているのだ。だからこそ、たとえ善悪という初歩的な形のもとであれ、二元論ないし二分法を盾にとることはできない。切れめを作り、逃走線を引いてみる。けれどもつねに、その上に全体を再地層化する諸組織や、一個のシニフィアンに権力を再賦与する集団や、一個の主体を再構成する帰属などをまたも見出すおそれがある——オイディプスの復活からファシズム的凝結に至るまで、望み次第なんでも。グループも個人も数々のミクロ・ファシズムを含んでいて、それらはただもう結晶するだけでいい。そう、はまむぎもまたリゾームなのだ。善と悪とは積極的かつ一時的な選別、何度でもやり直すべき選別の産物でしかありえない。

どうして脱領土化の動きと再領土化の過程とが相対的なものであり、絶えず接続され、互いにからみあっているものでないわけがあろう？　蘭は雀蜂のイマージュやコピーを形作ることによって自己を脱領土化する。けれども雀蜂はこのイマージュの上に自己を再領土化する。とはいえ雀蜂はそれ自身蘭の生殖機構の一部分となっているのだから、自己を脱領土化してもいるのだ。しかしまた雀蜂は花粉を運ぶことによって蘭を再領土化する。雀蜂と蘭は、非等質であるかぎりにおいてリゾームをなしているのである。蘭は雀蜂を模倣していて、何か意味する仕方（真似、擬態、おとり、等々）で雀蜂の似姿を再生していると言うかもしれない。しかしそれは地層の水準において言えることにすぎない——一方の層における植物的組織がもう一方の層における動物的組織を模倣しているという形で、二つの層の間に平行関係があるというわけだ。これと同時にまったく別なことが問題になっているのだ——もはやまったく模倣などではなく、コードの捕獲、コードの剰余価値、原子価の増量、真の生成変化《ドゥヴニール》〔なること〕、蘭の雀蜂への生成変化、雀蜂の蘭への生成変化があって、これらの生成変化のおのおのが二項のうちの一方の脱領土化ともう一方の再領土化を保証し、二つの生成変化は諸強度の循環にしたがって連鎖をなしかつ交代で働き、この循環が脱領土化をつねによりいっそう推し進めるのだ。そこには模倣も類似もなく、一個の共通のリゾームからなる逃走線において二つの異質な系列《セリー》が炸裂しているのであり、この共通のリゾームは意味にかかわるどんなものにも帰属せず、従属もしない。レミ・ショーヴァンはこう巧みに言っている――「お互いにまったく縁もゆかりもない二つの存在の非平行的発達」と。(3)より一般的にいえば、進化の図式は、樹木と血統という古いモデルを放棄しつつあるのかもしれない。ある種の条件では、何かのウイルスが生殖細胞に結合されて、みずからを複合種の細胞遺伝子として伝達することもありうるし、さらに、そのウイルスが逃れ出て、まったく別な種の細胞に入りこみ、しかもその際、最初の宿主から来た「遺伝情報」を携えているということもありうる(例えば、Cタイプのウイルスが、狒狒のDNAおよびある種の家猫のDNAに二重に結合される場合について、バンヴェニストとトダロが行ないつつある研究がそうだ)。進化の図式は単に、分化の度合の最も小さいものから最も大きいものへと進む樹木的血統のモデルにしたがって作られるばかりではなくて、異質なものに直接働きかけ、すでに分化した一つの線からもう一つの線へと跳び移るリゾームにしたがって作られることになろう。(4)ここにあるのもまた、狒狒と猫との非平行的発達であって、そこでは明らかに一方が他方のモデルではないし、片方がもう一方のコピーでもない(猫における狒狒への生成は猫が狒狒の「ふりをする」ことを意味するものではあるまい)。われわれはわれわれのウイルスでもってリゾームを形成する。あるいはむしろわれわれのウイルスが他の動物たちとともにわれわれをリゾームにするのだ。ジャコブが言っているように、ウイルスあるいは他の方式による遺伝素材の転送、相異なる種からくる細胞の融合は、「古代や中世にお馴染みの、人倫にもとる愛」がもたらしたのと似た結果をもたらす。[5] 分化した線の間での横断的交通は血統樹を紛糾させてしまう。つねに分子的なるものを、あるいは分子下の微粒子さえも探しもとめ、それと結託すること。血統による病や、それ自体を後の血統に伝える病によってよりも、多形態的かつリゾーム的な流感によって、われわれは進化し、かつ死ぬ。リゾームは一つの反系譜なのである。

本と世界とについても同じことが言える——本は、根強く信じられているように、世界のイマージュなのではない。本は世界とともにリゾームになる。本と世界との非平行的進化というものがあるのだ。本は世界の脱領土化を確かなものにする。けれども世界は本の再領土化を行ない、今度はその本がそれ自体として世界の中でみずからを脱領土化するのである（本にその能力があり、なおかつ実際にそうできるならば）。擬態は、二元論的論理に従属しているので、まったく異なった性質を持つ現象に対しては実にまずい概念である。鰐が木の幹を再現しているわけではないことは、カメレオンが周囲のさまざまな色を再現しているわけではないのと同じである。ピンク・パンサーは何を真似しているのでもないし、何を再現しているのでもない。世界を自分の色に、ピンクにピンクを重ねて塗っているのだ。それは世界への彼の生成変化であり、その結果彼自身が知覚できなくなり、非意味的になり、自己の切断や、固有の逃走線を生み出し、彼の「非平行的進化」を果てまでもっていくのだ。植物たちの智慧——たとえ根をそなえたものであっても、植物には外というものがあり、そこで何かとともに——風や、動物や、人間とともにリゾームになる（そしてまた動物たち自身が、さらには人間たちが、リゾームになる局面というものもある)。「われわれの中に植物が圧倒的に侵入するときの陶酔」。そしてつねに切断しながらリゾームを追うこと、逃走線を伸ばし、延長し、中継すること、それをさまざまに変化させること、n次元をそなえ、方向の折れ曲がった、およそ最も抽象的で最もねじれた線を生みだすに至るまで。脱領土化された流れを結び合わせること。植物たちについていくこと――手はじめに、継起する特異性の周囲に生ずる収束円の数々にしたがって、最初の線の限界を定めるがよい。次にこの線の内部に、新たな収束円が、限界外に位置し、かつ別の方向を向いた点をともなって生じるかどうかを見るのだ。書くこと、リゾームを作り出すこと、脱領土化によって領土を殖やすこと、逃走線をそれが一個の抽象機械となって存立平面全体を蔽うまで広げること。「まずきみの最初の植物のところへ行って、流れる水がこの点から発してどんなふうに流れるか注意深く観察したまえ。雨が種子を遠くまで運んでいったにちがいない。水が穿った溝のあとをたどりたまえ。そうすれば流れの方向がわかるだろう。そうしたら、その方向できみの植物からいちばん遠くにある植物を探したまえ。その二本のあいだにある植物はみなきみのものだ。もっと先で、そのあいだにあった植物が今度は自分の種子をまき散らすとき、きみはこれらの植物の一つ一つから発する水の流れにしたがうことによってきみの領土を殖やすことができるだろう。[6]」音楽はみずからの逃走線の数々を、そのまま「変形する多様体」としてたえず成立させてきた。たとえ音楽というものを構造化し樹木化している諸コードをくつがえすことになっても。だからこそ音楽の形式は、その切断や繁殖にいたるまで、雑草に、またリゾームに比べることのできるものである。(7)5°および6°——地図作製法および複写術の原理。一つのリゾームは構造的または生成的な、いかなるモデルにも依存しない。リゾームは生成軸とか深層構造といった観念とはおよそ無縁である。生成軸とは継起的な段階がそれにもとづいて組織される客体的回転軸的統一のようなものであり、深層構造とはむしろ、無媒介の構成物に分解しうる基礎のつながりのようなものであり、その一方で産出されたものの統一性は別の次元へと、つまり、変形を行なう主観的な次元へと移行する。こうして人は樹木、あるいは根——直根ないしひげ根という表象的モデルから一歩も出ていないのだ(例えばチョムスキー的な「樹」がそうで、基礎のつながりに結びつけられ、二元論的論理にしたがってみずからの産出の過程を表象している)。実に古めかしい思考の変種にすぎない。生成軸あるいは深層構造について、われわれはそれらがまず何よりも複写の原理、無限に複製可能な原理であると言いたい。樹木の論理はすべて複写と複製の理論である。言語学においても精神分析においても、この論理の対象はそれ自体表象的な無意識であり、コード化された諸コンプレックスとなって結晶し、生成軸上に配置され、あるいは連辞的構造の中に配分された無意識である。この論理の目標は現実の状態を叙述することであり、相互主観的諸関係の均衡を回復することであり、あるいは記憶と言語の暗い片隅にひそんでいて、すでにそこにある無意識を探ることである。この論理は、すっかり出来上がったものとして手に入る何ものかを、超コード化する構造から出発して、あるいは支えとなる軸から出発して複写することに存している。樹木はさまざまな複写を分節し、かつ階層化する。複写の方は樹木の葉のようなものだ。リゾームはこれとまったく異なるもので、地図であって複写ではない。複写ではなく、地図を作ること。蘭は雀蜂の複写を再現しているのではなく、リゾームのうちにあって雀蜂とともに地図になっているのだ。地図が複写に対立するのは、それがすべて、現実とじかにつながった実験の方へ向いているからである。地図は自己に閉じこもった無意識を複製するのではなく、無意識を構築するのだ。地図は諸分野の接続に向かい、器官なき身体の封鎖解除に、それら器官なき身体を存立平面上へと最大限に開くことに向かう。地図はそれ自体リゾームの一部分をなしているのだ。地図は開かれたものであり、そのあらゆる次元において接続可能なもの、分解可能、裏返し可能なものであり、たえず変更を受け入れることが可能なものである。それは引き裂かれ、裏返され、あらゆる性質のモンタージュに適応し、一個人、一グループ、一社会集団などによって実行に移されうる。それを壁に描くのもいいし、芸術作品としてとらえるのもよく、政治行動としてあるいは瞑想として構築するのもいい。たぶんリゾームのいちばん重要な性質の一つは、つねに多数の入口を持つということだ。この意味で巣穴は一個の動物的リゾームであり、ときとして移動通路としての逃走線と、貯蔵または住居用の諸地層とのあいだに明確な区別を持っている（ジャコウネズミを参照せよ）。地図は多数の入口を持っており、これはつねに「同じもの」にもどる複写とは正反対である。地図は運用の問題であるのに対し、複写はつねに仮定された「能力」にかかわる。精神分析や、精神分析の能力――どんな欲望や言表も生成軸あるいは超コード化的構造に引き寄せ、この軸上の諸段階、またはこの構造の諸要素の単調な複写を無限に作り出す精神分析の能力とは反対に、分裂分析《スキゾアナリーズ》は転写された宿命のどんな観念も拒絶する。その宿命に与えられている名が神的、聖書神秘解釈的《アナゴジック》、歴史的、経済的、構造的、遺伝的、あるいは連辞的などどんなものであれ、拒絶するのだ。（どうしてメラニー・クラインが、彼女の幼い患者の一人であるリチャードの地図作製法の問題をまったく理解できず、出来合いの複写――オイディプス、良いパパと悪いパパ、善いママと悪いママ――を持ち出すことで満足しているのかよくわかる。精神分析がまったく誤認している、ある運用を追求することを、その子供は絶望しながらも試みているというのに。[8]）欲動と部分対象は生成軸上の段階でもなければ、深層構造における位置でもない。それは子供が政治的に、つまりその欲望の全力をあげて生きている諸問題、入口と出口とか、袋小路とかについての政治的な選択なのである。

　それにしてもわれわれは、地図と複写を、まるで良き面と悪しき面といったふうに対立させることによって、単なる二元論を再建しているのではないのか？　複写しうるということは地図本来の持ち前ではないのか？　根と交叉し、ときとしてそれと一体になることはリゾーム本来の特徴ではないのか？　地図というものは冗長性の現象を含んでいて、それらがすでに地図それ自体の複写なのではないか？　多様体にはそれなりの地層、そこに統一化と全体化、集団化、擬態のメカニズム、権力の意味志向的奪取、主体への帰属化などが根づく地層があるのではないのか？　さまざまな逃走線でさえも、それがまちまちの方向を向いているせいで、それが解体し転回させることを役割としていた組織体を複製することになるのではないか？　だがその逆もまた真であり、問題は方法なのである――複写をつねに地図にもどさなくてはならない。そしてこの操作はいま見た操作と対称をなすものではまったくない。なぜなら厳密に言って複写が地図を複製するというのは正確でないからだ。複写は写真やラジオのように、それが複製しようとするものを、人工的な手段、色素とかその他の制限方式の助けを借りて選別ないし分離することから始めるものである。モデルを作り出し、引き寄せるのは、つねに模写する側なのである。複写はすでに地図をイマージュに翻訳し、リゾームをすでに根や側根に変容させた。複写はその軸である意味性と主体化との軸にしたがって、もろもろの多様体を組織し、安定させ、中和させた。リゾームを生み、構造化したのだ。そして複写は何か別のものを複製しているつもりでいるときも、すでに自分自身しか複製していないのである。だからこそ複写は実に危険なのだ。それは冗長性を注ぎこみ、それを伝播繁殖させる。複写が地図ないしリゾームから複製するものは、単にその袋小路、閉塞、回転軸の萌芽、ないしは構造化の諸基点などである。精神分析と言語学を見るがよい――前者はただ無意識の複写または写真しか作ったためしがなく、後者は言語の複写または写真しか撮ったためしがなくて、そこには予想されるあらゆる裏切りがともなっている

〈精神分析が自己の運命を言語学と絡ませたのも不思議ではない〉。すでに典型的な幼児精神分析において、幼いハンスに起こっていたことを見るがよい――たえず〈彼のリゾームはこわされ〉、〈彼の地図はよごされ〉、その地図は位置を正され、あらゆる出口は塞がれて、ついに彼は自分自身の恥辱と罪悪感を望むに至り、彼のうちに恥辱と罪悪感、〈恐怖症《フォビー》〉が根を生やす（彼に対して建物のリゾーム、次に街路のリゾームが封鎖され、彼は両親のベッドの中に根を生やすほど釘づけにされ、自分の肉体の上に側根を生やされ、フロイト先生に金縛りにされるのだ）。フロイトは幼いハンスの地図作製法を明確に考慮に入れてはいるが、それはつねに、ただそれを一枚の家族の写真の方に引きおろすためなのだ。そしてメラニー・クラインが幼いリチャードの地理－政治的地図をどう扱うかを見るがよい――彼女はその写真を撮り、複写を作る。ポーズしなさい、または軸に沿って進みなさい、発生段階でも構造的運命でも、とにかくあなたのリゾームはこわしますよ。生かしておいて、話もさせてあげる。ただしどんな出口もみんなふさぐという条件で。リゾームがふさがれ、樹木化されてしまったら、もうおしまいで、もはや何一つ欲望から出てきはしない。なぜなら欲望が動き何かを産み出すのはつねにリゾームを通してなのだから。欲望が樹木にしたがうと必ず内的な下降が起こって、それが欲望を挫折させ、死に導く。ところがリゾームは外的かつ生産的な勢いによって欲望に働きかけるのだ。

だからこそ、もう一つの操作、正反対だけれども対称的ではない操作を試みることが実に重要なのである。複写を地図につなぎ直すこと、根または樹木をリゾームにもたらすことだ。幼いハンスの症例において、無意識を研究することは、家族の住む家でもって、また建物や街路その他の逃走線でもって、彼がいかにリゾームを作り上げようとするか示すことであり、子供が家族のうちにみずからを根づかせ、父の姿のもとで写真に撮られ、母のベッドで複写されている以上、いかにそれらの逃走線が封鎖されているかということ、そしていかにフロイト先生の介入がさまざまな情動《アフェクト》の主体化や、シニフィアンによる権力奪取を保証しているか、いかに子供が、恥辱的かつ罪悪的なものとして恐れられる〈動物になる〉という形のもとでしか、もはや逃走できないか、ということを示すことであるだろう（幼いハンスが〈馬になること〉、これはまさに政治的選択だ）。けれどもつねに地図の上に袋小路を置き直し、こうして袋小路を可能な逃走線に向かって開いてやるべきであろう。グループの地図についても同じことがいえる――リゾームのどんな点で集団化、官僚組織、リーダーシップ、ファッショ化等々の現象が形作られるのか、にもかかわらずどんな線が、たとえ地下の線であっても、存続して、人知れずリゾームを作り続けているのか、ということを示すこと。ドゥリニー・メソッド――自閉症の子供の仕種や動きの地図を作ること、同じ一人の子供、幾人かの子供に対していくつかの地図を組み合わせること[9]……。地図ないしリゾームが本質的に多数の入口を持つということが真実なら、必要な用心をした上でのことだが、複写の道や樹木－根の通路によってもそこに入ることができるということさえ考慮に入れるべきだろう

(ここでもまたマニ教的二元論にこだわってはならない)。例えば、われわれはしばしば、袋小路の中をめぐることを余儀なくされ、さまざまな意味形成的権力や主体的感情を経由すること、オイディプス的、パラノイア的形成体に依拠すること、あるいはもっと悪いことに、その他の変形操作を可能にする硬化した領土性に依拠することを余儀なくされるだろう。精神分析そのものが、依拠すべき点として——いや、その意に反してのことではあるが——役立つということさえありうるのだ。他の場合は逆に、地層を炸裂させ、根を断ち切って、新たな接続をすることを許すような逃走線に直接依拠することになるだろう。というわけで地図－複写、リゾーム－根といった実にさまざまなアレンジメントがあり、それらはさまざまに変化する脱領土化の係数をともなっている。リゾームのうちにも樹木や根の構造が存在する。けれどもまた反対に樹木の枝や根の一片がリゾームとして発芽しはじめることもありうるのだ。その判定はこの場合、一般概念を前提とする理論的分析にかかっているのではなくて、もろもろの多様体あるいは強度の集合を構成するプラグマティックにかかっている。樹木の中核に、根の窪みあるいは枝のつけ根のところに、何か新たなリゾームが形作られることがありうる。あるいは、樹木－根の極微な要素である側根が、リゾームを産み出す糸口になることもある。簿記や役所仕事は複写によって進められる——にもかかわらずそれらが発芽しはじめ、リゾームの茎を伸ばしはじめることもある。ちょうどカフカの小説におけるように。ある強度の特性がみずから作用しはじめ、幻覚的知覚、共感覚、倒錯的な突然変異、イマージュの戯れなどが突出すると、シニフィアンの覇権は疑問に付されることになる。身振り的、黙劇的、遊戯的といった記号作用が子供において自由を取り戻し、「複写」から、つまり教師の言語の支配的能力から身をもぎ離す——一つの極微な出来事が局地的権力の均衡を覆すのだ。こうしてチョムスキーの連辞モデルにもとづいて構成された生成樹は、四方八方に向かって開かれ、今度はそれらがリゾームになるかもしれない。[10] リゾーム状になるということは、根のように見える茎や繊維を産み出すこと、いやそれよりも幹に侵入してそれらの根と連結され、それらを奇妙で新たな用途に役立てることも辞さない茎や繊維を産み出すということである。われわれは樹木に倦み疲れている。われわれはもはや樹木や根を、また側根をも信ずるべきではない。そうしたものを我慢しすぎてきたのだ。樹木状の文化のすべてが、生物学から言語学に至るまで、そうしたものにもとづいている。逆に、地下茎と空中根、雑草とリゾームの他には、何一つとして美しいもの、愛にあふれたもの、政治的なものなどない。アムステルダム、まったく根をもたない都市、茎－運河をそなえたリゾーム－都市、そこでは有用性が、商業的戦争機械と関係しつつ、最大の狂気と結びついている。

思考は樹木状ではなく、脳は根づいた、あるいは枝分かれした物質ではない。誤って「樹状突起」と呼ばれているものは、連続した組織内でのニューロンの連結を保証するわけではない。諸細胞の不連続性、軸索突起の役割、シナプスの働き、シナプスにおける極小の亀裂の存在、それらの亀裂を超える各メッセージの跳躍、といったものが、脳を一つの多様体にし、この多様体は、その存立平面あるいは神経膠《グリア》に、一つの不確定な蓋然性システム uncertain nervous system の全体をひたらせる。多くの人の頭には、一本の樹木が植わっているが、脳それ自体は樹木であるよりもはるかに草である。「軸索突起と樹状突起は、ちょうど昼顔が茨のまわりに巻きつくようにして互いに巻きついており、棘の一つ一つにつきシナプスが一つある。[11]」これは記憶についても言えることだ……。神経科医、精神生理学者たちは、長い記憶と短い記憶（一分程度の）を区別している。ところで、違いはただ単に量的なものではない。短い記憶はリゾーム・タイプ、ダイアグラム・タイプであるのに対し、長い記憶は樹木状であり中心化されている（刻印、記憶痕跡《エングラム》、複写あるいは写真）。短い記憶は少しも、対象との隣接性あるいは直接性の法則にしたがっているわけではない。隔たりを持ち、長いことたった後に到来し再来することもありうるのだが、つねに不連続性と断絶と多様体が条件となる。そればかりか、二つの記憶は、同じ事物を捉える二つの時間様態として区別されるのではない。それら二つが捉えるのは同じ事物ではなく、同じ思い出でも、また同じ観念でもない。〈短い観念〉のきらめき――たとえ長い概念の長い記憶によって読み、かつ読み返すにしても、人がものを書くのは短い記憶によって、したがって短い観念によってなのだ。短い記憶は忘却を過程として含んでいる。それは瞬間と一致するのではなく、集団的、時間的、神経的なリゾームと一致する。長い記憶（家族、人種、社会、あるいは文明）は複写し翻訳する。けれどもそれが翻訳する対象はその内側で、隔たりをもって、ときならぬとき、「時宜を得ずして」作用し続けるのだ。決して瞬時にではなく。

樹木や根は中心のものにせよ、切片のものにせよ、一個の高位な統一性から出発して、いつも〈多〉を模倣する思考の陰鬱なイマージュを思い浮かべさせる。事実、枝－根という集合を考察するならば、幹は、下から上にいたるもろもろの下位集合のどれかにとって、対立する切片の役割を果たしている——そのような切片は、唯一の中心から発する放射線が形作る「統一としての双極子」とは違って、「つながりの双極子」となろう[12]。けれどもつながりはそれ自体側根システムにおけるように繁殖することもありうるし、その場合〈一—二〉(の原理)から、そして単に擬装された多様体から、決して外に出ていないのである。再生や複製や回帰、ヒドラや水母も、やはりわれわれをその外に脱出させることはできない。樹木状システムは序列的システムであって、意味性と主体化の中心、組織された記憶、そしてまた中心的自動装置を含んでいるものである。つまり、これに対応するモデルでは、一つの要素がある高位の統一からのみ、そして主観的な配置があらかじめ設定されたつながりからのみ情報を受け取るのだ。そのことは情報理論と電子機械の現在の諸問題においてはっきりと見てとれ、それらは一個の記憶ないし一個の中心的器官に権力を与えているかぎりにおいて、いまだに最も古い思考を保存しているのである。「指揮系統の樹木状組織という比喩像」(中心化された諸システムまたは序列的諸構造)を告発する見事な論文において、ピエール・ロザンスティールとジャン・プティトーはこう指摘している——「序列的構造の優位を認めることは樹木状構造を特権視することに帰着する。(……)樹木状形態はトポロジックな説明を認める。(……)序列的システムにおいては、一つの個体はたった一つの活動的隣接者しか、つまり序列上彼に対して上位にあるものしか認めない、(……)伝達の経路はあらかじめ設定されている——樹木状組織はその中のある決まった場所に統合される個人に先立って存在している」(意味性と主体化である)。著者たちはこのことについて、たとえわれわれが一個の多様体に到達したと信ずるときでさえも、この多様体は偽のもの——われわれが側根《ラディセル》タイプと呼ぶところのもの——であるかも知れないと指摘している。というのは見かけ上非序列的なその体裁ないし言表は、実際にはまったく序列的な一個の解決しか認めないからである——名高い友情の定理とはこのようなものだ。「もし一社会において任意の二人の個人がまさしく一人の共通の友を持っている場合には、他のあらゆる人間の友である一個人が存在する」(ロザンスティールとプティトーが問うているような、共通の友とは誰か? 「二人組《カップル》から成るこの社会における万人の友とは、先生、聴罪師、医師か? こうした考えはどれも出発点にあった公理から奇妙に遠ざかっている」、人類の友か? それとも古典的思考において現われているような愛-智者(哲学者)か、たとえそれが、私は何も知らない、私は何ものでもないと言い続ける統一、それ自身の不在やその主観性によってしか価値のない、中絶された統一であっても?)。著者たちはこの点について独裁の諸公理を語っている。(13) これこそまさに樹木-根の原理、ないしは側根の帰結、解決であり、〈権力〉の構造である。

こうした中心化システムに、著者たちは非中心化システム、有限な自動装置の組織網を対立させるのであり、そこではコミュニケーションはある隣接者から別の任意の隣接者へと行なわれ、茎や経路は先立って存在することがなく、個体はどれもみな交換可能で、単にある瞬間における状態によって定義されるだけ、そのため局地的操作は相関的に組織され、包括的な最後の結果は中心的権威からは独立してみずからをシンクロナイズするのである。強度な状態の移送がトポロジーにとって代わり、そして「情報の循環を制御するグラフはある意味で序列的グラフの反対物である……グラフには樹木であるためのいかなる理由もない」（われわれはこのようなグラフを地図と呼んでいたのである）。戦争機械、あるいは火器部隊 *Firing Squad* の問題はこうだ——n人の個体が同時に発砲の状態にいたるために、一人の将軍は必要か？　有限数の状態とそれに対応する速度の信号を含む非中心化された多様体にとっては、〈将軍〉なしの解決が、戦争リゾームないしはゲリラの論理の観点から見出されている。中心的秩序の複写も、コピーもないのだ。そのような、機械状の多様体、アレンジメント、または社会が、あらゆる中心化的、統一化的自動装置を「非社会的侵入者」として排除するということさえ証明されている。[14] nは、そうである以上、まさしくつねにnマイナス1である。ロザンスティールとプティトーはこういうことを強調している、つまり中心－非中心化という対立は、それが指し示す事物によってではなく、それが事物に適用する計算法によって価値があると言うのだ。樹木はリゾームに相当することがありうるし、逆にリゾームとして発芽することもありうる。そして一般的に言って、同じ一つの事物が二つの計算法ないし二つのタイプの制御を許容するということは真実だが、それぞれの場合に、かなり状態を変化させずにはいないのである。例えばもう一度精神分析をとり上げてみよう——その理論におけるのみならず、計算と治療との実践においてもまた、精神分析は無意識を樹木構造に、序列的グラフに、総括的記憶に、中心的諸器官、ファロス〔男根〕、樹木ーファロスに引き渡す。精神分析はこの点に関して方法を変えることができない——無意識というものについての専制的考え方にもとづいて、それは独自の専制的権力を打ち立てているのだ。精神分析の操作に許された余白はこうして非常にかぎられている。精神分析にもその対象にも、つねに一人の将軍、一人の首長がいる（フロイト将軍）。これとは反対に、無意識を非中心化システムとして、つまり完結した自動装置群（リゾーム）の機械状ネットワークとして扱うことによって、分裂分析《スキゾアナリーズ》は無意識のまったく別な一状態に到達する。同じ指摘が言語学についてもあてはまるのであり、ロザンスティールとプティトーは正当にも「一群の語の非中心化組織」の可能性を考察している。言表にとっても欲望にとっても、問題は決して無意識を還元することではないし、一個の樹木にしたがってそれを解釈し意味させることでもない。問題は、無意識を生産すること、そして無意識とともに、新たな言表、新たな欲望を産出することなのだ——リゾームはこのような無意識の生産そのものである。

奇妙なことだ。どんなに樹木は西欧の現実と西欧の全思考を支配してきたことか。植物学から生物学まで、解剖学、さらにまた認識形而上学、神学、存在論、全哲学を……——基礎－根、*Grund, roots* そして *foundations*。西欧は森および森林伐採と特権的な関係を持っている。森からかち取った田園は種子を持つ植物で蔽われ、樹木状の種とタイプに向けられる世代継承的農耕の対象となる。休耕地に展開される牧畜の方も、まさしく動物的樹木状組織を形成する血統を選別する。東洋はこれとは別な形を示すのだ——森および田園との関係よりもむしろ草原《ステップ》および庭園（また別の場合には、砂漠およびオアシス）との関係である。また個体の断片化によって進行する塊茎の栽培であり、囲いをした空間内に閉じこめられ、あるいは遊牧民の草原に追いやられた牧畜は遠ざけられ除外される。西欧、多くの可変的個体による、選ばれた一血統の農業。東洋、「クローン」の広大な音階にかかわる少数の個体による園芸。東洋、とりわけオセアニアには、あらゆる点から見て樹木という西欧的モデルに対立するリゾーム的モデルのようなものがありはしないか？　オードリクールはそこに、西欧に親しい超越の倫理ないし哲学と、東洋における内在性のそれとのあいだにある対立の理由の一つを見てさえいる——播きそして刈りとる神に対して、突き刺しそして掘り出す神である（突き刺すことに対して播くこと）[15]。超越、これはヨーロッパ固有の病である。そしてそこにあるのは同じ音楽ではないし、大地もそこでは同じ音楽を持っていないのだ。また性行動もちっとも同じではない——種子を持つ植物は、両性を結合するときでさえも、性行動を再生産のモデルにしたがわせる。ところがリゾームは反対に、再生産からのみならず、生殖からも性行動を解放するのである。われわれの場合、身体には樹木が植えこまれてしまい、性さえも硬化させ地層化してしまったのだ。

われわれはリゾームあるいは草を失ってしまった。ヘンリー・ミラーは言う——「中国は人類というキャベツ畑の雑草だ。(……)雑草は人間の努力の復讐《ネメシス》の女神である。われわれがもろもろの植物、動物、星などに託しているあらゆる想像的生活のうちで、いちばん賢明な生活を送っているのはたぶん雑草である。確かに草は花も産み出さなければ、航空母艦も、それから山上の垂訓も産み出すわけじゃない。(……)けれどもとどのつまり、つねに最後の一言を言うのはいつも草なのだ。とどのつまりすべてが中国の状態に回帰するのだ。それは歴史家たちが一般に中世の暗黒と呼ぶものである。草以外に出口はない。(……)草は耕されない広大な空間のあいだにしか存在しない。それは空虚を満たすのだ。それはあいだに生える、ほかのいろいろなものにはさまれて。花は美しいし、キャベツは役に立ち、ケシは人を狂わせる。けれども草は氾濫であり、それは一個の教訓なのだ。[16]」ミラーが語っているのはどの中国のことだろう、古代のか、現在のか、想像のか、それとも、動いてやまぬ地図の一部分をなすような、もう一つの中国か?

アメリカについては、特別の場所を割くべきだろう。もちろんアメリカにしても樹木の支配と根の追求から免れているわけではない。それは文学においてさえ、国民的アイデンティティーの、さらにはヨーロッパの祖先ないし系譜の探求においてさえ見てとれることだ（ケルアックは自己の祖先たちを探しに出かける）。にもかかわらず、かつて起きた重要なことのすべて、いま起きつつある重要なことのすべてが、アメリカというリゾームを通して行なわれていることに変わりはない――ビートニク、アンダーグラウンド、地下運動、徒党とかギャングなど、一つの外とじかに連結する数々の継起的側面的激動だ。たとえ樹木を追求しているときでさえ、アメリカの本とヨーロッパの本とは違う。それは本の考え方そのものの中にある違いである。『草の葉』。しかもアメリカにはさまざまな方向が存在する――〈東部〉においては樹木状の探求と旧世界への回帰が行なわれる。けれども〈西部〉はリゾーム状なのだ。その祖先なきインディアンたち、つねに遠くへ逃れ去ろうとするその限界、可動的であり移動してやまないその辺境《フロンティア》などにおいて。〈西部〉にはまさにアメリカ的「地図」があり、そこでは樹木でさえもリゾームになる。アメリカは方位を逆転させた――その東方《オリエント》を西部に置いたのだ、あたかも大地がまさにアメリカにおいて円くなったかのように。アメリカ西部は東部の縁そのものなのである。[17]（西洋と東洋のあいだの中間項をなすのは、オードリクールが信じていたようにインドではなく、回転軸と逆転装置としてのアメリカである。）アメリカの女性歌手パティ・スミスはこんなふうにアメリカ歯科医の金科玉条を歌っている――根を求めてはいけません、運河〔歯根管〕に沿って行くのよ……。

それにまた官僚制にも二つ、いやそれどころか三つ（さらにはそれ以上）あるのではなかろうか？ 西洋的官僚制――その農地的および土地台帳的起源、根と畑、樹木とその境界としての役割、征服王ウィリアムの大人口調査、封建制、フランス歴代の王の政策、国家を領土の上に築くこと、戦争、訴訟、結婚によって土地を取引すること。フランスの王たちは百合を好む。それが勾配にはりつく深い根をもつ植物だからだ。東洋においても同じことであろうか？　もちろん、リゾームと内在性から成る東洋を提示することはあまりに安易である。けれども東洋では国家は、予定され、樹木と化し、根と化した諸階級に照応する樹木状組織の図式にのっとって働きかけるのではない。そこにあるのはさまざまな水路による官僚制、例えば有名な、「固有性に乏しい」水力学的権力であり、そこで国家は水路を形成し、みずからも水路となった諸階級を産み出すのである（ヴィットフォーゲルの諸説においてかつて一度も反論されたことのないところを参照）。専制君主はそこでは大河のようにふるまい、泉のようには――やはり一個の点、点－樹木または根と見なされる泉のようにはふるまわない。彼は樹木の下に座すよりは水と合体するのだ。そして仏陀の樹はそれ自体リゾームとなる。毛沢東《マオ》の大河に対するルイ王朝の樹木。そこでもまた、アメリカは中間項として働いたのではないだろうか？　なぜなら内部における殺戮、駆逐（インディアンばかりではなく、農民たち等も）によって、さらに移民という外部の連続的流入によってそのように作用しているからである。資本の流れはそこで巨大な水路を、権力の量化をもたらし、それには直接的な「分け前」がともなって、流れ－金銭の通うところで各人がそれなりの仕方でこれを享受する（そこから由来するのが貧乏人が億万長者になってまた貧乏人になるという神話－現実である）――こうしてアメリカにはすべてが集合しており、それは樹木であると同時に水路、根であると同時にリゾームなのだ。普遍的な資本主義それ自体というものはない。資本主義はあらゆる種類の形成体が交叉するところにあり、本性からしてつねにネオ資本主義であり、西洋の顔と東洋の顔、さらには双方の改訂版によって最悪のものをもたらす。

　われわれは、こうしたすべての地理的配分によって、同時に悪しき道に乗り入れてもいるのだ。袋小路なら、それもいいだろう。リゾームもまた固有の専制主義、固有の序列性、それらのもっと厳しい形を持っていることさえ示さねばならないのか。その通り、なぜなら二元論などないからだ。ここであそこという存在論的二元論などはなく、善と悪という価値論的二元論もなく、アメリカ的混合ないし綜合もないからだ。リゾームには樹木状組織の結節点があり、根にはリゾーム状の発芽がある。そればかりかリゾーム固有の内在性と水路網をそなえた専制的形成体《フォルマシオン》もあるのだ。樹木の超越的システムには、空中根や地下茎という、無政府的歪形《デフォルマシオン》がある。重要なのは、樹木－根とリゾーム－水路とが二つのモデルとして対立するのではないということだ――一方はたとえ固有の逃走を産み出そうと、超越的なモデルおよび複写として働く。他方はたとえ固有の序列性を形成しても、また一個の専制的水路をもたらしても、モデルを覆して地図を素描する内在的過程として働く。問題は地上の一定の場所ではないし、歴史上の一定の瞬間でもなく、まして精神の一定のカテゴリーではない。問題はたえず高く伸び、深く潜ることをやめないモデルであり、そしてたえず伸長し、中断してはまた再生することをやめない過程なのである。別の二元論、あるいは新たな二元論などではない。エクリチュールの問題——何ものかを正確に指し示すためにはどうしても非正確な表現が必要なのだ。それも決してこうした経路を通らなければならないからではなく、近似値によって進行するしかないからではない——非正確さはいささかも近似値などではなく、逆に、起こりつつあることの正確な経路なのだ。われわれが一つの二元論を援用するのは、単にもう一つの二元論を斥けるためである。われわれがモデルの二元論を用いるのは、ただあらゆるモデルを斥けるようなプロセスに到達するためである。われわれは二元論を作ろうと欲したわけではなく、それを通過するのにすぎない。そのたびに、もろもろの二元論を解体する頭脳的訂正装置を持たなければならない。われわれみんなが求めている〈多元論〉=〈一元論〉という魔術的等式に、敵であるすべての二元論を経由して到達すること。しかし敵といっても、これはまったく必要な敵、われわれがたえず移動させる調度なのだ。

リゾームの主要な特性を要約してみよう——樹木やその根とは違って、リゾームは任意の一点を他の任意の一点に連結する。そしてその特徴の一つ一つは必ずしも同じ性質をもつ特徴にかかわるのではなく、それぞれが実に異なった記号の体制を、さらには非・記号の状態さえ機動させる。リゾームは〈一〉にも〈多〉にも還元されない。それは一が二になったものではなく、一が直接三、四、五、等々になったものでもない。

〈一〉から派生する〈多〉ではなく、〈一〉が付け加わる〈多〉（nプラス1）でもない。それは統一性《ユニテ》〔単位〕からなっているのではなく、さまざまな次元から、あるいはむしろ変動する方向からなっている。それはn次元からなる線形の多様体、主体も客体もなく、存立平面上に平らに広げられ、そこからつねに〈一〉が引かれるような（nマイナス1）多様体を形成する。このような多様体はそれ自体性質を変えて変容することなしには、その諸次元を変化させることもない。もろもろの点や位置の総体、そうした点のあいだの二元的関係と、そうした位置のあいだの一対一対応関係の総体によって定義される構造というものとは反対に、リゾームはもっぱら線からなる。次元としての切片性線、地層化線といった線である。また極限的次元としての逃走線や脱領土化線からもなっていて、これにしたがい、これを追っていけば、多様体は性質を変えて変容してしまう。そうした線《リーニュ》、ないし輪郭《リネアマン》を樹木状タイプの系統《リニエ》と混同してはならない。後者は単に点や位置のあいだの局限可能なつながりにすぎないのだから。樹木と反対に、リゾームは再生の対象ではない。樹木－イマージュとしての外的再生でも、樹木－構造としての内的再生でもないのだ。リゾームは反《アンチ》系譜学である。それは短い記憶、あるいは反記憶である。リゾームは変化、拡張、征服、捕獲、刺しこみによって進行する。筆記、図画、あるいは写真とは反対に、複写とは反対に、リゾームは産出され構築されるべき地図、つねに分解可能、連結可能、反転可能、変更可能で、多数の入口、出口をそなえ、さまざまな逃走線を含む地図になぞらえられる。地図に帰すべきものは複写の方であって、その逆ではない。序列的コミュニケーションと予定されたつながりをそなえた中心化（たとえ多くの中心があっても）システムに対立して、リゾームは、序列的でなく意味形成的でない非中心化システムであり、〈将軍〉も、組織化する記憶や中心的自動装置もなく、ただ諸状態の交通によってのみ定義されるシステムなのだ。リゾームにおいて問題になるのは性行動との関係であり、また動物との、植物との、世界との、政治との、書物との、自然および人工の事物との関係、つまり樹木状の関係とはまったく異なった関係である。つまり、ありとあらゆる種類の「生成変化」である。

プラトー〔高原・台地〕はつねに真ん中にある。始めでも終わりでもない。リゾームはもろもろのプラトーからなっている。グレゴリー・ベイトソンは「プラトー」という語を、きわめて特殊なものを指すのに用いている。すなわち、さまざまな強度の連続する地帯、みずからの上に打ち震え、何かある頂点へ、あるいは外在的目標に向かうあらゆる方向づけを回避しつつ展開される地帯である。ベイトソンが実例として引いているのはバリ島文化であり、そこでは母子間の性的な戯れ、あるいは男同士の喧嘩はあの奇妙な強度の膠着状態を経由する。「一種の連続した強度のプラトーがオルガスムにとって代わっている」、戦争にあるいは頂点にとって代わっているのだ。西欧的精神の困った特徴は、もろもろの表現あるいは行為を、外在的または超越的諸目的に結びつけてしまうことだ[18]――それらをそれ自体としての価値によって、一つの内在平面上で評価する代わりに。例えば、一冊の本は章から構成されるかぎり、それなりの頂点、それなりの終着点をそなえている。逆に、もろもろのプラトーからなる本、脳におけるように、いくつもの微細な亀裂によってたがいに通じ合うプラトーからなる本の場合は、どのようなことが起こるであろうか？　一つのリゾームを作り拡張しようとして、表層的地下茎によって他の多様体と連結しうる多様体のすべてを、われわれはプラトーと呼ぶ。われわれはこの本をリゾームのようにして書いている。それをさまざまなプラトーによって構成した。それに循環的な形式を与えてきたが、それは笑うためだった。毎朝起きては、われわれはおのおの、どのプラトーを取り上げようかと自問したものだ。ここに五行、あちらに十行と書きつけながら。われわれは幻覚的な体験をした。いろいろな線が、まるで小さな蟻の隊列みたいに、一つのプラトーを離れて別のプラトーに移るのを目撃したのだ。われわれは数々の収束円を描いてきた。それぞれのプラトーがどんな場所でも読まれ、どれでもいい別のプラトーと関係づけられるのである。〈多〉に関しては、これを実際に作るような方法が必要だ。いかなる活字組みの巧妙さ、いかなる語彙上の器用さ、語の混合ないし創造、いかなる統辞法上の大胆さもそうした方法にとって代わることはできない。そうしたものは事実、多くの場合、イマージュとしての本を目指して、別の次元においては維持される統一性を散逸させ、あるいは分解することを目的とする擬態的手法にすぎない。テクノ－ナルシシズムなのだ。活字組みの、語彙の、統辞法のさまざまな創造が必要なのは、それらが何か隠された統一性の表現形式に属することをやめて、それら自体が、考察されている多様体の次元の一つとなるときだけである。われわれはこの分野においてごく稀な成功をいくつか知っている。[19] われわれには、それができなかった。われわれはいくつかの語を用いただけであり、それらの語が今度はわれわれにとってプラトーとして機能したのである。**リゾーム学＝分裂分析《スキゾアナリーズ》＝地層－分析＝プラグマティック＝ミクロ政治学**。これらの語は概念であるが、概念とは線である。つまり何らかの多様体の次元に結びつけられた数のシステムである（地層、分子連鎖、逃走線または切断線、収束円、等々）。どんな場合でも、われわれは科学という肩書を主張しはしない。われわれは科学性もイデオロギーも知らず、ただ単にアレンジメントを知るにすぎない。そして存在するのは欲望の機械状アレンジメントだけ、言表行為の集団的アレンジメントだけである。意味性というものはなく、主体化というものもない——n人で書くこと（個別化されたあらゆる言表行為は支配的な意味作用に囚われたままで、意味作用を行なうあらゆる欲望は支配される主体にかかわる）。一つのアレンジメントというものはみずからの多様体において、必然的に、記号論的流れに対して作用すると同時に物質的流れや社会的流れに対して作用する（理論的あるいは科学的コーパスにおいてそれが繰り返し取り上げられうるということとは無関係に）。現実の領野すなわち世界、表象の領野すなわち本、主体性の領野すなわち著者のあいだの三分化はもはや存在しない。けれどもアレンジメントというものはそうした領野のそれぞれから取ってきたいくつかの多様体を連結するのであり、そのため一つの本は次に書かれる本をその続篇とすることも、世界の中にその対象《オブジェ》を持つことも、一人ないし数人の著者のうちにその主体を持つこともないのだ。要するに、エクリチュールが何らかの「外」の名においてて成立することがこれで十分ということは決してないとわれわれには思われる。「外」というものはイマージュも、意味作用も、主体性も持たない。世界のイマージュとしての本に対して、「外」とのアレンジメントとしての本。それはリゾームとしての本であって、もはや二分法的な、直根、あるいはひげ根のような本ではない。決して根にならないこと、また根を生やさないことだ。そうした古めかしい手管に再びすがらないことは、確かに難しいが。「私の頭に浮かぶ物は、その根のところではなく、その真ん中辺に位置する何らかの点として私に現われてくる。だからそれらの物を心に留めようと試みたまえ、茎の真ん中辺でしか生長を始めない草を心に留め、それに自己を委ねてみたまえ。」[20] どうしてそれがそんなにも難しいのか？　それはすでに知覚的記号論の一問題である。物を上から下でもその逆でもなく、左から右でもその逆でもなく、真ん中で知覚することは容易ではない——試してみたまえ、そうすればすべてが変わることがわかるだろう。事物《もの》や言葉の中に草を見出すのはやさしくはない（ニーチェは同様にアフォリズムは「反芻」されねばならぬと言っていた。そしてプラトーというものは決してそこに住まう牝牛たちと区別できないし、その牝牛たちはまた空の雲でもある）。

人々は歴史を書く。だがつねにそれを定住民族の視点から、そして国家という統一的装置の名において書いてきた。たとえ遊牧民《ノマド》を語るときでもやはりこの装置が働くのだ。欠けているのは遊牧論《ノマドロジー》であって、それは歴史に対立する。とはいえそこにもまた、ごく稀だが偉大な成功がいくつかある、例えば子供十字軍について――可変的諸次元をそなえたプラトーに等しいものとして物語を積み重ねるマルセル・シュオブの本。アンジェイエフスキの本『天国の門』は、中断のないたった一つの文でできている。子供たちの流れ、足踏みや長い列や加速などをともなう歩行の流れ、行列の先頭にいる老修道士に打ち明けられる子供たちのあらゆる告解からなる記号論的流れ、欲望と性行動の流れ。この子供たちはそれぞれ愛ゆえに出かけてきたのだし、またヴァンドーム伯爵の、死後も生き続ける男色的な、暗い欲望に多かれ少なかれじかに引きずられており、この流れは収束円をともなっている――重要なのはこれらの流れが「一になるか多になるか」ではない。そんなことはどうでもいいのだ。言表行為の集団的アレンジメント、欲望の機械状アレンジメントがあり、それらが相互に絡み合い、どちらもあらゆる仕方で多様体になる驚異的な外につながれている。それから、もっと最近では、第四回十字軍に関するアルマン・ファラシの本『分解』、そこで文は斥けあってばらばらになるか、それともひしめきあって共存し、文字や活字組みは、十字軍が錯乱するにしたがって踊りはじめる。[21]これらこそ遊牧的、リゾーム的エクリチュールのモデルである。エクリチュールは戦争機械と逃走線に合体し、地層、分節、定住性、国家装置を放棄する。けれどもどうして、まだ一個のモデルが必要なのか？　本というものはいまだに十字軍の「イマージュ」ではないのか？　いまだに統一性が保存されているのではないか、シュオブの場合には回転軸的統一として、ファラシの場合には中断された統一として、『天国の門』

という最も美しい場合においては死んだ伯爵の統一として？　十字軍のそれよりもいっそう深い遊牧性が、本物の遊牧民のそれが必要なのだろうか、それとももはや動きさえせず、もはや何も模倣しない人々の遊牧性が必要なのだろうか？　そうした人々はただアレンジを行なっているのだ。いかにして本は、再現すべき世界ではなくむしろ、非等質性においてアレンジメントを作りうる十分な「外」を見出すのだろうか？　教養的なものとしての本は、必然的に複写であるしかない——すでに自分自身の複写であり、同じ著者の前著の複写であり、それぞれの違いがどんなものであれ他の本の複写であり、しかるべき場所にある概念や語の果てしない転写であり、現在、過去、または未来の世界の転写作業である。だが反教養的な本も、やはりあまりに重い教養に貫かれていることがありうる——それでもそのような本は、記憶ではなく忘却によって教養を活用し、開発すべき進歩ではなく未開状態によって、定住性ではなく遊牧性によって、複写によらず地図によって教養を活用するだろう。**リゾーム論＝ポップ分析《アナリーズ》**なのだ。たとえ民衆には、そんな本を読むこととは別にすることがあっても、たとえ大学的教養や擬似科学性という塊《ブロック》があまりに耐えがたいものや、重苦しいものにとどまっていようとも。なぜなら科学は、したい放題にさせておけば完全に狂ってしまうだろうからだ。数学を見るがいい。それは科学などではなく、驚異的な隠語、それも遊牧的な隠語なのだ。理論的領域においてさえも、そしてとりわけこの領域においてこそ、なんでもいいとりあえずの実践的足場は、何も変化させない切断と進歩をもたらす概念の転写よりましである。何か意味する切断よりもむしろ、知覚しがたい断層を。遊牧民たちは、国家装置に対抗して戦争機械を発明した。いまだかつて歴史が遊牧性を理解したためしはなく、いまだかつて本が「外」を理解したためしはない。長い歴史を通じて、いつも国家は本と思考とのモデルだった——ロゴス、王としての哲学者、〈イデア〉の超越性、概念の内面性、諸精神の共和国、理性の法廷、思考の役人たち、立法者であり主体である人間。世界の秩序の内面化されたイマージュであるという、そして人間を根づかせるという国家の思い上がり。けれども戦争機械が外と結ぶ関係は、また別の「モデル」などではない。それは一つのアレンジメント、思考がそれ自体遊牧的になり、本がありとあらゆるしなやかな機械にとっての一部品、一つのリゾームにとっての茎になるようにするアレンジメントなのだ（ゲーテに対立するクライストとカフカ）。

nで、nマイナス1で書くこと、スローガンで書くこと——リゾームになり根にはなるな、決して種を植えるな！　蒔くな、突き刺せ！　一にも多にもなるな、多様体であれ！　線を作れ、決して点を作るな！　スピードは点を線に変容させる！(22)　速くあれ、たとえ場を動かぬときでも！　幸運《シャンス》の線、ヒップ《アンシュ》の線、逃走線。あなたのうちに将軍を目覚めさせるな！　正しい観念ではなく、ただ一つでも観念があればいい（ゴダール）。短い観念を持て、地図を作れ、そして写真も図画も作るな！　ピンク・パンサーであれ、そしてあなたの愛もまた雀蜂と蘭、猫と狒狒のごとくであるように。流れとしての老人について人は言う。（以下はミュージカル「ショウ・ボート」の中の歌オールド・マン・リバー

の一節〕

He don't plant tatos
Don't plant cotton
Them that plants them is soon forgotten
But old man river he just keeps rollin along.

リゾームには始まりも終点もない、いつも中間、もののあいだ、存在のあいだ、間奏曲 *intermezzo* なのだ。樹木は血統であるが、リゾームは同盟であり、もっぱら同盟に属する。樹木は動詞「である《エートル》」を押しつけるが、リゾームは接続詞「と……と……と……」を生地としている。この接続詞には動詞「である《エートル》」をゆさぶり根こぎにする十分な力がある。どこへ行くのか、どこから出発するのか、結局のところ何が言いたいのか、といった問いは無用である。すべてをご破算にすること、ゼロから出発あるいは再出発すること、一つの始まり、あるいは基盤を求めるということは、旅と運動についての誤った考え方（方法的、教育的、秘儀伝授的、象徴的……等の）を含んでいる。しかしクライスト、レンツあるいはビュヒナーは、旅することについても運動することについても別の仕方を示している。中間で、中間から出発して、入ったり出たりするのであって、始めることも終えることもない。[23] それ以上にまた、アメリカ文学、そしてすでにイギリス文学こそ、このようなリゾーム的感覚を示し、事物のあいだを動きまわって「と（そして）」の論理を打ちたて、存在論を覆し、基盤を廃棄し、終わりも始まりも拒否するすべを知っていた。一つの実践〔プラグマティック〕を作り出すすべを知っていたのだ。つまり、中間とは決して中庸ということではなく、逆に事物《もの》が速度を増す場所なのだ。事物《もの》のあいだとは、相互に一つのものからもう一つのものに及ぶ定位可能な関係を指すのではなく、一つともう一つを両方ともまきこんでいく垂直的方向、横断的運動を指すのだ。始めも終わりもなく、両岸を浸食し、真ん中で速度を増す流れなのだ。

2

一九一四年——狼はただ一匹か数匹か？

足跡のある野原あるいは狼の線

その日〈狼男〉は、いつになく疲れはてて長椅子から立ち上がった。彼にはわかっていた。フロイトが、真実にまさに触れようとしては脇を通りすぎてしまい、それから空白の部分をもろもろの連想で埋めるという点で天才的なことが。彼にはわかっていた。フロイトは狼のことなど何もわかってはいないし、肛門のことだって同じだ、ということが。フロイトに理解できたのは、犬とは、犬の尻尾とは、どんなものかということだけだった。そんなことでは不十分だった、そんなことでは不十分だろう。〈狼男〉にはわかっていた。フロイトは間もなく彼のことを治ったというだろうが、しかし決してそんなことはなく、自分はこれから永久にルースや、ラカンや、ルクレールなどの手にかかり続けるのだということが。彼にはこういうこともわかっていた。自分が真の固有名、〈狼男〉という名を獲得しつつあり、それは彼の本名よりもずっと固有のものであるということが——何しろこの名は狼という属をなす多様体を即座に把握することで、最高の特異性に到達していたのだから——けれどもこの新しい、この真の固有名が、やがて歪められ、綴字を間違えられ、姓として転記されようとしているということが。

といっても、フロイトの方は、間もなく驚異的な数頁を書こうとしていた。それは「無意識」についての一九一五年の論文で、神経症と精神病との違いにかかわるまったく実用的なものだった。フロイトの言うには、ヒステリー患者や妄想患者は、例えば靴下を膣に、傷痕を去勢に、まるごとなぞらえることのできる連中である。おそらく彼らは、対象を同時に全体として、しかも失われたものとしてエロチックに把握しているのである。しかし、皮膚を、毛孔、小さな点、小さな傷痕、あるいは小さな穴の多様体としてエロチックに捉えること、靴下を編み目の多様体としてエロチックに捉えること、これこそは、神経症患者が思いつかないことで、精神病患者にだけ可能なことである。「われわれは、小さな窪みが多いせいで、神経症患者はこの窪みを、女性の生殖器の代替物として用いることができないと考える。[1]」靴下を膣に比べること、それはまだいい。それは毎日みんながしていることだ。しかし、単なる編み目の集まりを膣の局部と比べること、それはやはり狂気めいたことだ。フロイトはそう言う。ここにはたいへん重要な臨床的発見がある。これは、まさに神経症と精神病とのあいだのスタイルの違いを示すものだ。例えば、サルヴァドール・ダリは錯乱を再現しようとして、ほかならぬ犀の角について長々と語ることができる。それでも彼は神経症的言説から全然はみだしてはいないのだ。しかし、彼が皮膚にできた鳥肌を、犀のごく小さな角の局部に比べ始めると、われわれは事態は変わり、狂気の中に踏み込んだと感じる。いったいこれはまだ比較の問題だろうか。むしろこれは、要素を変更する多様体、あるいは生成変化する純粋な多様体なのだ。ミクロな論理の水準で、小さな水疱は角に「なり」、角は小さなペニスに「なる」。

いつも無意識の実に偉大な手法、分子的な多様体の手法を発見すると、たちまちフロイトはモル的な統一性にもどり、彼のおなじみの主題、定冠詞つきの父、ペニス、膣、去勢……などを見出す（リゾームを発見する手前のところで、フロイトはいつも単純な根にもどるのだ）。一九一五年の論文における還元の仕方は大変興味深い。神経症患者は事物の表象にしたがって比較や同一化を行なうのに、精神病患者は言語の表象しかもたない（例えば、穴という言葉）と彼は言う。「代替物の選択を決定したのは、言語表現の同一性であって、物体のあいだの相似性ではない。」こうして事物の統一性はなくても、少なくとも言語の統一性、同一性は存在する。この場合、名詞は、外延的な用途で用いられている。つまりそれらが包摂する一集合の統合を可能にする普通名詞として機能するのである。固有名詞は普通名詞の極端な場合でしかありえず、自身のうちに、すでに手なずけられた多様体を含み、唯一と見なされる存在あるいは物体に多様体を引きもどす。言語の側でも、事物の側でも、損なわれてしまったのは、強度としての固有名詞と、固有名詞が瞬時に把握する多様体との関係なのである。フロイトにとって、物が爆発し、その同一性を失っても、言語はまだ物に同一性を与え、あるいは同一性をでっちあげてやるために存在するのだ。フロイトは、物の中にはもう存在しなかった統一性を再建しようとして言葉に依存する。後にくる冒険の始まりに、つまり〈シニフィアン〉の冒険、非意味的な固有名詞にとって代わる陰険な専制的審級という冒険の始まりに、われわれは立ち会っているのではないか。ちょうど、多様体の代わりに、失われたと宣告される対象の、陰気な統一性が代置されるように。

われわれは狼たちから遠いところにいるわけではない。なぜなら、〈狼男〉とはまた、精神病的といわれるその第二の挿間性疾患《エピソード》において、自分の鼻の皮膚の小さな孔または傷痕がさまざまに変化する様子だとか、その不安定な軌跡だとかを執拗に観察するものでもあるからだ。しかし、フロイトが神経症のものであると宣告する第一の挿間性疾患において、〈狼男〉は、自分は一本の樹の上にいる六匹か七匹の狼を夢に見たと語り、その中の五匹を絵に描いている。実際、狼たちが群れをなして行動することを知らぬ者がいるだろうか？　フロイトだけが知らないのだ。どんな子供でもわかっていることがフロイトにはわからないのだ。フロイトはためらっているふりをして、こう問いかける——夢の中に五匹の、六匹の、あるいは七匹の狼がいることをどうやって説明するべきか？　これが神経症であると断定したからには、フロイトはもう一つの還元の手段を用いる——つまり、言語表象の水準における言葉による包摂ではなく、事物表象の水準における自由連想という手段を。結果は同じことなのだ。というのも、肝心なことは、相変わらず人物や、失われたと見なされる対象の統一性、同一性に立ち戻ることだからである。こうして狼たちはみずからの多様体を一掃しなければならないことになる。この操作は、夢と『狼と七匹の仔山羊』（そのうち六匹だけが喰われたのだった）という童話の連想によって行なわれる。われわれはフロイトの還元の悦びに立ち会い、多様体が狼たちから離れて、この話の中に全然登場する必要のない仔山羊たちの姿をとるのを目にすることになる。七匹の狼とは仔山羊たちのことにほかならず、狼が六匹ならばそれは七匹目の仔山羊（つまり〈狼男〉自身）が大時計の中に隠れているからだし、狼が五匹なら、それは彼が両親がセックスをするのを見たのがたぶん五時だから、そしてローマ数字のVが女性の両脚のエロチックな開き具合と観念連合するからであり、狼が三匹なら両親がたぶん三回セックスをしたからで、二匹ならば、それは鶏姦 *more ferarum* する両親、でなければたぶんその子がはじめに交尾するのを目撃した二匹の犬のことである。そして一匹の狼が出てくるのは、そもそもはじめからわかっていたように、狼とは父親のことだからであり、最後に狼がゼロ匹ならば、それが尻尾をなくしたから、去勢された者であるばかりでなく去勢する者であるから、というわけだ。いったい誰をからかっているつもりなのか。狼たちには何とか切り抜けて群れを救うどんなチャンスもない――動物たちは両親の性交を代理表象すること、あるいは逆に、そのような性交によって代理表象されることにしか役立たないと、はじめから断定されてしまっているのだ。明らかにフロイトは、狼たちがもたらす魅惑について、狼たちの無言の呼びかけが意味するもの、つまり〈狼になること〉への誘いについて何も知らずにいる。狼たちは、夢を見ている子供を監視し見つめている。しかし夢は逆の事態を生んでいると言い、子供の方が、セックスをしている最中の犬または両親を見つめていると言ってしまうことの方がずっと無難なのだ。フロイトが知っているのは、オイディプス化された狼や犬、去勢され去勢する者である狼－パパ、犬小屋の犬、精神分析学者のワンワンだけだ。

フラニーは、狼たちについてのある番組を聴いている。私は彼女に言う――きみは一匹の狼 un loup でありたいと思う？　軽蔑したような返事――そんなの馬鹿げてる、たった一匹の狼なんかいるわけないじゃない、狼はいつだって八匹か十匹、六匹か七匹なのよ。これはつまり、たった一人で同時に六匹か七匹の狼であるというのではなく、他の狼たちの中の、他の五匹か六匹の狼と一緒の、一匹の狼であるということだ。〈狼になること〉において重要なこと、それは群集的状況であり、そして何よりもまず、群れに対する、狼‐多様体に対する主体自身の位置、彼がそこに入り、あるいは入らないでいるやり方、それに対して彼が保つ距離、彼が多様体に接し、かつ接しない流儀だ。自分のした返事の邪険さを和らげるために、フラニーは一つの夢を語ってくれる――「砂漠があるの。だからといってやっぱりそれは私が砂漠にいるという意味じゃ全然ないのね。それは砂漠のパノラマ的な眺めで、この砂漠は過酷なものでも無人のでもなくて、ただその色彩、黄土色と、その熱くて影のない光のせいで砂漠なのね。その中に蠢く一つの群れ、蜜蜂の大群、入りみだれるフットボール選手かトゥアレグ族の集団。私はこの群れの縁に、その周辺にいる――でも私はそれに所属している、私はそれに私の体の先端で、片手か片足で結ばれているの。私には、この周辺が私に唯一可能な場所で、もしこの混乱の中心に引きずり込まれてしまったら死んでしまうこと、でも同じくらい確実に、この群れを手放してしまっても、死んでしまうことがわかっている。私の位置を保つのはやさしいことではなくて、立っていることさえとても難しいほどなの。なぜかっていうと、この生き物たちは絶え間なく動いていて、その運動は予想不可能で、どんなリズムももっていないから。あるときは渦を巻くし、北の方へ進むかと思うと突然東に向きを変えて、群れをなす個体のどれ一つとして他の連中に対して同じ場所にとどまったままでいない。だから私も同じように絶えず動き続けている——こういったことはみんなひどい緊張を強いるけれど、ほとんど目が眩むほどの強烈な幸福感を私にもたらしてくれるの。」とびきりの分裂症者の夢だ。群れのただ中にあり、しかも同時に完全に外に、はるか遠くにいること——つまり縁《ボーダー》に、ヴァージニア・ウルフ流の散歩だ（「もう決して言うまい、私はこれこれの者であるなんて」）。

無意識における繁殖の問題——分裂症者の毛孔や麻薬中毒者の静脈を通っていくすべて、つまりさまざまなひしめき、蠢き、興奮、強度、もろもろの種と族。その物語は、恐怖をミクロ多様体に結びつけることのできたジャン・レイの手になるものだったろうか、そこでは、白い皮膚が夥しい水疱や膿疱で、でこぼこに隆起してしまい、毛孔を通って黒い小さなおぞましい頭が顔をしかめて出てくるので、毎朝ナイフでそぎ落とさねばならないのだ。そしてまた、宙に浮かぶ「小人たちの幻覚」というのもある。一人、二人、三人の分裂症者はこういう。「私の皮膚の毛孔の一つ一つに、赤ん坊が生まれるんです。」——「ああ、私の場合は、毛孔じゃない、静脈の中に、短い鉄棒がいくつもできてくる。」——「私は注射なんかされたくない、樟脳《カンフル》入りのアルコールならいいけどね。さもないと毛孔の一つ一つに乳房が生えてしまう。」フロイトは、無意識の観点からさまざまな群れの現象に接近しようとした。だが彼にはよく見えなかった、彼は見ていなかったのだ、無意識それ自体がまず一つの群れであるということを。彼は近視で耳が遠かった――数々の群れを一人の人物と取り違えたのだ。分裂症者たちには、反対に鋭い眼と耳がある。彼らは群れのざわめきや勢いをパパの声と取り違えたりはしない。ユングはあるときいくつもの骸骨と髑髏の夢を見た。骨も髑髏も、決して単独で存在することはない。骨の集まりとは一つの多様体なのである。けれどもフロイトは、それがいい誰かの死を意味していると言い張る。「ユングは、驚いて、いくつもの髑髏があったのであって、一つだけだったのではない、と彼に指摘した。だがフロイトは続けた……。」(2)

毛孔や、にきびや、小さな傷痕あるいは編み目の多様体。乳房、赤ん坊、そして鉄棒の多様体。蜜蜂、フットボール選手あるいはトゥアレグ族の多様体。狼たち、ジャッカルたちの多様体……。こうしたものはすべて還元を受けつけず、われわれを無意識のさまざまな形成の一定の様態にかかわらせる。ここに介在しているもろもろの因子を規定してみよう。まず、充溢せる身体――器官なき身体の役割を演ずる何かがある。それはさきほどの夢の中の砂漠だ。それは〈狼男〉の夢の中で狼たちがとまっている裸の樹だ。それは覆い、または環としての皮膚、裏返すことのできる表面としての靴下。それは一つの家、家の一部屋、さらにその他何でもよい、たくさんのものでありうる。誰も、自分一人で、または他人と、他人たちと一つの器官なき身体を構成することなしには、愛をこめて交わることなどできない。器官なき身体とは、諸器官をもぎ取られた空虚な身体のことではない。そうではなく器官として役立つもの（狼たち、狼たちの眼、狼たちの顎？）が、群れの現象にしたがって、ブラウン運動によって、分子的多様体の形をとって、その上に分配されるような一身体なのである。砂漠がみたされるのだ。だからそれは、もろもろの器官《オルガン》に対立するわけではなく、一つの有機体《オルガニスム》を構成するもろもろの器官の組織化《オルガニザシオン》に対立するのである。器官なき身体とは、死んだ身体ではなく、生きた身体であり、有機体とその組織化を破裂させればさせるほどますます生き生きとし、ますますひしめきあうような身体なのだ。虱どもが海辺を跳ね回る。皮膚の集落。器官なき充溢せる身体とは、多様体によって満たされた身体である。そして無意識の問題は、確かに、生殖などとは何の関係もなく、移民と集団に関係している。それは大地の充溢せる身体の上での世界的な集団にかかわる事柄であって、有機的家族的生殖にかかわる事柄ではないのだ。「私は好む、さまざまな土族、部族を、つまり一つの人種の数々の起源を創り出すことを好む……　私はわが部族たちから帰還する。私は、今日に至るまで十五の――それ以上でも以下でもない――部族の養子である。またこれらは私の養子になった部族である、なぜなら、私はその一つ一つを、私がそこに生まれた場合以上に深く愛しているからだ。」人は、われわれにこう言う――でもやっぱり分裂症者には父親と母親がいるんじゃありませんか？　あいにくわれわれはノンと答える、彼にはそんなものはない。彼にはただ砂漠とそこに住むさまざまな部族、充溢せる身体とそれに結ばれた多様体があるのみである。

そこから第二に、このようなさまざまな多様体と、それらの諸要素の性質が由来する。つまりリゾームである。多様体の夢の本質的特性の一つは、各要素がたえず変化し、他の諸要素に対する距離を変更するということである。〈狼男〉の鼻の上で、さまざまな要素はたえず跳ね回り、増大し、また縮小する。この要素が、皮膚の毛孔、毛孔の中の小さな傷痕、傷痕の組織の中の小さな溝などとして同定されるのである。ところで、こうした変化する距離は、互いに分割される延長量ではなく、むしろそのたびごとに分割不可能なもの、「相対的に分割不可能な」ものであり、つまり、それらの諸要素が性質を変えることなしには、一定の閾以前と以降で分割されることがなく、増大することも減少することもないのである。蜜蜂の大群は、縞模様のシャツを着たフットボール選手たちの乱闘、あるいはトゥアレグ族の集団に変わる。あるいはまた——狼たちの一党は、周縁を疾走するモーグリ〔キプリング『ジャングル・ブック』中の「狼少年」〕の力によってドゥルス族の一味に対抗し、蜜蜂の大群と合流する（そうなのだ、キプリングは狼たちの呼びかけ、彼らのリビドーの意味をフロイトよりもよく理解していた。それにまた、〈狼男〉には、狼たちを引き継ぐことになる雀蜂や蝶の物語もある。狼たちは雀蜂に移行するのだ）。だが、たえず変化し、その諸要素がそのたびに性質を変えることなしには分割されることも、変化することもない分割不可能なこれらの距離とは、いったい何を意味するのだろう？　それはすでに、この種の多様体における諸要素およびその関係の強度的性質を意味しているのではなかろうか？　それはちょうど、ある速度、ある温度が、さまざまな速度や温度の集積からなるものではなく、そのたびに性質の変化を示すさまざまな速度や温度の中に包含され、あるいはこれらを包含するものであるのと同じことである。なぜなら、これらの多様体は、その計量の原則を一つの等質的な場の中にもってはいないのであって、それ以外のところ、つまり、それ自体において作用するさまざまな力の中、多様体を占める物理的諸現象の中、まさしくそれらを内部から構成するリビドー、可変的で質的に異なる流れに分割されることなしにはそれらを構成することのない、リビドーの中に持っているのである。フロイト自身、〈狼男〉のうちに共存するさまざまなリビドーの「流れ」を認めている。それだけにいっそうフロイトが無意識の多様体を取扱う仕方に、われわれはいまでも驚くのだ。なぜなら、彼にとってはつねに単一なるものへの還元が用意されているからだ――小さな瘢痕、小さな孔は、大きな瘢痕、あるいは去勢と名づけられた主要な穴の下位区分となり、狼たちは、いたるところに、いつも想定されては、見出される唯一の同じ父の代理となるだろう（ルート・マック・ブルンスヴィックの言うように、狼たち、それは「すべての父親と医者たち」なのだ、しかし〈狼男〉は考える――それならぼくのお尻、これは狼じゃないの？）

逆のことをするべきだった。つまり、強度において理解すべきだったのだ――狼とは群れなのだ。つまりあるがままに一瞬にして把握される多様体、ゼロへの接近と遠ざかりによって、そのたびに分解不可能な距離によって把握される多様体なのだ。ゼロとは〈狼男〉の器官なき身体である。無意識というものが否定を知らないとすれば、それは、無意識の中には何一つ否定的なものはなく、そこにはゼロ点への限りない接近と遠ざかりの動きがあるからである。このゼロ点は欠如を表現するものでは全然なく、支持体や基盤としての充溢せる身体の肯定性を表現するものだからである（というのも「ただ強度の不在を意味するためにも、ある充溢が必要不可欠である」からである）。狼たちは、一つの強度、強度の徒党、〈狼男〉の器官なき身体上の強度の閾を表示しているのだ。ある歯科医は〈狼男〉に言っていた、「あなたの歯は、顎の衝撃のせいで抜け落ちてしまうでしょう、あなたは顎を強く咬み過ぎるんですよ。」――そして同時に〈狼男〉の歯茎は膿疱や小さな孔で覆われていた[3]。卓越した強度としての顎、劣った強度としての歯、そしてゼロへの接近にほかならぬ膿疱で覆われた歯茎。このような領域における一つの多様体の瞬間的な把握としての狼、それは表象するものではなく、代理物ではない。それは一つの私は感じるなのだ。私は自分が狼になるのを感じる、狼たちのあいだの狼、狼たちの縁の狼になるのを。そして苦悶の叫び、フロイトが聴きとる唯一の叫び――「助けて、僕が狼にならないように」（あるいは逆にこの〈なること〉に失敗しないように）。問題は表象ではない――自分が狼であると思いこむとか、狼として自己を表象するとかいったことでは全然ないのだ。狼、狼たち、それはもろもろの強度、速度、温度、可変的で分解不能な隔たりである。それは蟻集であり、狼瘡化である。それに、肛門機械は狼機械となんの関係もないものであるとか、あるいは両者はただ単にオイディプス的装置によって、あまりに人間的な〈父〉の形象によって結ばれているだけであるなどと、誰が信じるだろうか？　なぜなら、結局肛門もまた一つの強度を、この場合は、要素が性質を変えることなしには分解されない距離ゼロへの接近を表現しているからだ。狼の群れにほかならぬ肛門の領域。そして、幼児が狼に、周辺に執着するのは、肛門によってではないだろうか？　顎から肛門への降下。顎と肛門によって狼たちに執着すること。顎といっても狼の顎ではない。ことはそんなに単純ではなく、顎と狼は一つの多様体を形成し、これが他の距離によって、他の速度にしたがって、他の多様性とともに、さまざまな閾の限界において、眼と狼に、肛門と狼に変化するのだ、逃走線の、あるいは脱領土化線の数々、〈狼になること〉、脱領土化された強度が非人間的なものになること、多様体とはこうしたものである。狼になること、孔になること、それは錯綜した、互いに異なるさまざまな線にしたがって自己を脱領土化することなのだ。狼と同じで、孔は否定的なものではない。去勢、欠如、代理——何という物語だろう。これは無意識の形成物としての多様体について何もわかっていないあまりに意識的な愚かものが喋った物語なのだ。一匹の狼、また一つの孔も無意識というもののさまざまな粒子であり、分子的多様体の要素としての粒子、粒子の生産、粒子の行程なのだ。強度の運動する諸粒子がもろもろの孔を通過するというのでさえ十分ではない。一つの孔はそこを通過するものに劣らず、やはり一つの粒子なのである。物理学者たちが言っているではないか——孔とは粒子の不在ではなく、光よりも速く進む粒子である、と。飛ぶ肛門、高速の膣。去勢など存在しないのだ。

あの多様体の物語に立ち戻ろう、このような実詞が産み出されたのは、実に重要な瞬間だったからだ、それはまさに多様なものと単一なものの抽象的な対立から逃れるため、弁証法から逃れるため、多様なものを純粋状態で思考するため、多様なものを、失われた〈統一性〉や〈全体性〉の数値的な断片に、あるいは逆に、来たるべき〈統一性〉や〈全体性〉の有機的要素に仕立てあげるのをやめるため――そしてむしろ、いろいろなタイプの多様体を弁別するためだった。こうして、数学者で物理学者のリーマンにおいては、離散的多様体と連続的多様体の区別が見出される（後者の方はその計量の原理をそれ自体において作用する諸力の中にしか認めない）。さらにマイノングとラッセルにおいては、外延的な、量または可分性の多様体と、より強度〔内包〕的なものに近い距離の多様体の区別が見出される。あるいはまた、ベルクソンにおいては、数値的または延長的な多様体と、質的かつ持続的な多様体の区別がある。

われわれは、樹木状の多様体とリゾーム状の多様体を区別することによって、これとほとんど同じことをしている。マクロな多様体とミクロな多様体。一方には外延的で分割可能でモル状の、統一化可能、全体化可能、組織化可能な、意識的または前意識的な多様体――そして他方には、リビドー的、無意識的、分子的、強度〔内包〕的な、性質が変化することなしに分割されない粒子からなり、さまざまな距離からなる多様体。これらの距離は、もう一つの多様体の中に入り込むとき、はじめて変化し、一つの閾の内部で、あるいは向こう側で、あるいは手前で、互いに交流し移行し合いながら、たえず形成されては、解体されるのである。この後の方の多様体の要素はさまざまな粒子である——つまり、それらの関係、距離、それらの運動、ブラウン状態、それらの量、強度、強度の差異である。

　ここにはただ一つの論理的基盤があるだけだ。エリアス・カネッティは、あるときは対立し合い、あるときは浸透し合う二つのタイプの多様体を区別している。群集 masse と群れ meute という二つのタイプである。カネッティの言う意味での群集の特性のうち、特に注目しなければならないのは、大きな量、構成員の分割可能性および一様性、集中状態、総体の社会性、階層的な方向づけの単一性、領土性または領土化の組織、もろもろの記号の発信、といったことである。群れの特性のうちで注目すべきことは、数量の乏しさまたは制約、散逸状態、分解不能で可変的な距離、さまざまな質的変容、残余または超過としての不等性、固定的な全体化や階層化が不可能なこと、さまざまな方向のブラウン運動的な変動、脱領土化線の数々、もろもろの粒子の放射、といったことである[4]。おそらく、群れにも群集にも一様性は存在せず、またどちらにも階層性が存在する。しかしそれらは同じものではない。群れや徒党のリーダーは、一手一手に勝負を賭ける、つまり彼は一手打つたびにすべてを新たに賭け直さねばならないのだ。これに対して団体や群集のリーダーは、獲得したものを統合し、蓄積化＝資本化するのである。群れは、自分の場所にあるときでさえ、一つの逃走線あるいは脱領土化線の上に成立し、この線は群れそのものの一部をなし、群れはそれにある高度な肯定的価値を与えるのだ。それに対して群集の方は、このような線の数々を切片化し、封じ込め、それらに否定的な符号《しるし》をつけるためにだけ統合するのだ。カネッティは、群れの中で各人は、他のものたちと共にありながらも、やはり単独であるということを指摘している（例えば狼たち—猟師たち）。一人一人が徒党に加わっていると同時に自分の関心事に集中するのである。「群れのたえず変化する星座の中にあって、個体はつねにその縁《へり》に位置するだろう。彼は内部にいるかと思うとたちまち縁に、縁にいるかと思うと、たちまち内部にいることだろう。群れが自分たちの火のまわりに円陣を組めば、各人は右と左に隣人たちを持つこともできようが、背後は空いていて、背中は野生の自然に無防備にさらされているのだ」。ここにも分裂症者の立場が認められる。周辺にいること、片手か片足で接していること……これには群集に属する主体のパラノイア的な立場が対置されるだろう。この場合、いつも、個体はグループに、グループはリーダーに、リーダーはグループに同一化される。群集の内部にしっかり拘束されていること、中心に向かうこと、命令にしたがっている場合を除いて決して周縁にとどまったりしないこと。（例えばコンラート・ローレンツにならって、）さまざまな徒党とこの種の仲間関係は、グループ社会あるいは婚姻社会よりも進化論的にいって原始的な状態を現わすものであるなどと仮定する必要がどうしてあるだろう。単に人間的な徒党があるばかりでなく、特別に洗練されたものもあるのだ——「社交性」は「社会性」と区別されるものである。なぜなら「社交性」はより群れに近いからだ。そして社会的人間は、社交的人間に対してある種の羨望を含んだ、誤ったイメージを抱いている。彼は、社交的人間に固有の立場や階層性、さまざまな力関係、実に特殊な野心やもくろみを見くびっているからだ。社交的な関係は決して社会的関係と重なり合わない、両者は決して一致しないのだ。もろもろの「マニエリスム」（これはあらゆる徒党につきものである）さえもがミクロ多様体に属しており、これは社会的な作法や習慣からは区別されるものである。

とはいえ問題は、多様体の二つのタイプ、モル状の機械と分子状の機械を、一と多の二元論よりもましなわけではない二元論によって対立させることではない。一つの同じアレンジメントを形成し、同じアレンジメントにおいて互いに作用しあう多様体の多様体があるだけである。つまり群集の内部にも群れがあり、そしてその逆もある。樹木はさまざまなリゾーム状の線をそなえているし、反対にリゾームの方もさまざまな樹木状の点をそなえている。乱流状態の粒子を産み出すには、巨大なサイクロトロンがどうして必要でないはずがあろう？　領土性の回路の外で、脱領土化線はどうして指定可能であろうか？　大きな延長においてこそ、またこの延長の内部に生じる大規模な攪乱にかかわってこそ、一つの新たな強度を孕んだ微小な流れが一挙に溢れ出すのではないか？一つの新たな音を響かせるためにしてはならないのはどんなことか？　動物になること、分子的になること、非人間的になることは、あるモル的な外延、ある人間的な超集中化を経由し、あるいはそれらを準備する。カフカにおいて、一個の巨大なパラノイア的官僚機械の屹立と、〈犬になること〉、〈甲虫になること〉の微小な分裂症機械を分離することはできない。〈狼男〉において、夢で狼になることと、もろもろの強迫観念の宗教的および軍隊的組織化を分離することはできない。軍人が狼を産み、軍人が犬を産むのだ。二つの多様体、二つの機械があるのではなく、ただ一つの同じ機械状アレンジメントがあって、それがすべてを、つまり「複合体《コンプレクス》」に対応する諸言表の総体を、生産しかつ分配する。こうしたことすべてについて、精神分析はわれわれに何を言おうとするのか? オイディプス、ただただオイディプスと言うだけだ。精神分析は何も、誰も聴こうとしない。それはすべてを、つまり群集と群れ、モル状機械と分子的機械、あらゆる種類の多様体を、押し潰してしまうのだ。〈狼男〉の第二の夢を取り上げてみよう。精神病的であるとされる挿間性疾患の時期のものだ。ある道、壁があって、閉じた扉がついている。扉の左側には空の衣裳簞笥。患者は衣裳簞笥の前にいる。顔に小さな傷痕のある大柄な女がいて、彼女は壁の向こう側に廻ろうとしているようだ。そして壁の向こう側には扉の方へ向かってひしめき合う狼の一群がいる。ブルンスヴィック女史ですら思い違いをしようがない。たとえ大柄な女とは自分のことだと思ってしまうにせよ、彼女にはよくわかっている。この場合狼たちはボルシェヴィキ、つまり衣裳簞笥を空にし、〈狼男〉の財産を没収した革命集団であるということが。準安定状態で、狼たちは巨大な社会機械の側に移行したのだ。だが精神分析はこうしたことすべてについて語るべき何も持ってはいない。フロイトがすでに繰り返し語っていたことをいうだけだ。つまり、こうしたことはみんな、またしてもパパに逆戻りするのだ（なるほど彼は帝政ロシアの自由党の幹部の一人だったが、そんなことはあまり重要ではなく、革命が「患者の罪責感を償った」と言えば十分というわけだ）。リビドーというものが、その備給と逆‐備給の過程において、群集の動揺、群れの動き、集団的記号、そして欲望の粒子などとは何の関係も持たないと本当に信じこまされてしまいそうになる。

したがって、前意識にモル状多様体あるいは群集機械を帰属させ、無意識の方には、別の種類の機械や多様体をあてるだけでは十分でない。なぜなら、いずれにしても無意識に属するものは、二つのアレンジメントであり、前者が後者を条件づける仕方、また後者が前者を準備し、あるいはそこから逃れ、あるいはそこに復帰する仕方だからである。リビドーはあらゆるものに浸透しているのだ。あらゆるものを同時に考慮に入れること――一つの社会機械あるいは組織された群集が分子的無意識を有し、この無意識がそれらの解体の傾向を示すだけでなく、それらの実践と組織そのものの現実的構成要素を決定する仕方。群集に拘束された何らかの個体そのものが、自分の所属する群集の群れに必ずしも似ていない、ある群れの無意識を有する仕方。一つの個体または群集が、その無意識において、別の群集や個体に属する群集と群れを生きようとする仕方。誰かを愛するとは、いったいどんなことを意味するだろう？　それは、つねにその人を一個の群集の中で把握すること、その人が加わっている一つのグループから、たとえ家族などのようにかぎられた狭いグループからでもその人を抽出することだ。――それから、その人に固有の群れを、つまりその人が自分の中に閉じ込めている、おそらくまったく別の性質をそなえたさまざまな多様体を探すこと。それらを自己の多様体と合体させること。それらを自己の多様体に入りこませ、それらに入りこむこと。天上的な婚礼、多様体の多様体。一つの形成すべき器官なき身体の上での非人称化の実践でないような愛は存在しない——そして、この非人称化の至高点においてこそ、誰かが名づけられ、自分の姓あるいは名を受け取り、その人に属しかつその人が属するもろもろの〈多〉を瞬間的に把握して、最高の強度を孕んだ識別可能性を獲得するのだ。顔の上のそばかすの群れ、女の声で話す少年たちの群れ、ド・シャルリュス氏の声の中に雛のように集まる少女たち、誰かの喉の中の狼たちの群れ、肛門の中の肛門の多様体、人がその上に身をかがめる口あるいは目。各人が各人のうちのたくさんの身体を通過するのだ。アルベルチーヌは、独自の数、組織、コード、階層をもつ少女たちのグループからゆるやかに引き離される——そして、ただ単に一つの無意識全体がこのグループと、この限定された狭い集団に浸透しているだけでなく、アルベルチーヌは彼女に固有のさまざまな多様体をもっており、語り手は、彼女を孤立させつつ、彼女の身体に、また彼女の嘘の数々に、彼女の多様体を発見するのだ——愛の終わりが彼女を再び識別不可能にするときまで。

とりわけ抱いてはならないのは、誰かが参加または帰属しているもろもろの外的な群集やグループと、その人が自己のうちに包みこんでいるかもしれないもろもろの内的な集合体を区別すればそれでこと足りるなどという考えである。区別があるとすればそれは、つねに相対的で変化する入れ替え可能な外部と内部のあいだの区別ではまったくなく、共存し互いに浸透し場所を変える多様体のタイプの区別なのである――つまり、さまざまな機械、歯車、モーターおよび諸要素であって、それらが、ある瞬間に介入して言表の生産装置としてのアレンジメントを形成するのだ――私はおまえを愛する、というような（あるいはまた別の）言表を。再びカフカについて言えば、彼にとってフェリーツェは、一個の社会機械と、また彼女が代表している商社のインタフォン装置と切り離せない。商取引と官庁組織に魅惑されたカフカの眼から見て、彼女がこの組織に属していけないわけがあろうか？　けれども同時に、フェリーツェの歯、大きな食肉類じみた歯は、彼女を他のさまざまな線に沿って走らせるのだ。〈犬になること〉、〈ジャッカルになること〉などの分子的多様体の中を。フェリーツェは、彼女のものでありカフカのものでもある（それぞれ同じではない）現代的な社会機械の表徴と切り離すことができないし、またもろもろの粒子、小さな分子的機械、異様な「生成変化」（なること）のすべて、カフカがその倒錯的エクリチュール装置を通してたどることになり彼女にもたどらせることになる行程と、切り離せないのだ。

個人的な言表などというものはなく、言表を生産するもろもろの機械状アレンジメントがあるのだ。われわれはこう言おう、アレンジメントは根本的にリビドー的なものであり、無意識的なものである、と。それは無意識そのものなのだ。さしあたってわれわれはそこにいろいろな種類の要素（または多様体）を見てとることができる。人間的な、社会的かつ技術的な、組織されたモル状の諸機械、〈非人間的になること〉の粒子をそなえた、分子状諸機械、オイディプス的諸機械（こう言うのは、そう、確かに、もろもろのオイディプス的言表が、たくさん現に存在するからだ）、可変的な様相と機能をもつ反オイディプス的諸装置。後にわれわれは検討することになるだろう。われわれはもはや互いに区別されたもろもろの機械について語ることすらできず、ただ、互いに貫入し合い、一定の瞬間にただ一つの同じ機械状アレンジメントを形作り、顔を持たないリビドーの形象を形作る、いろいろなタイプの多様体について語ることができるだけだ。われわれ一人一人がこのようなアレンジメントの中に捕えられており、まさに自分の名において語っていると信ずるとき、各人はその言表を再生産している。あるいはむしろ、その言表を生産するとき、まさに各人は自分の名において語るのである。これらの言表はなんと奇妙であり、正真正銘の狂人の言説であることか。われわれはカフカを語った。同じように〈狼男〉を語ることもできる。フロイトが強迫神経症に賦与する一個の宗教的軍隊的機械——群れの、あるいは〈狼になること〉の、そしてまた雀蜂や蝶になることの肛門機械、これはフロイトがヒステリー的性格に賦与するものだ——オイディプス的装置、フロイトは、これをいたるところに再び見出すべき唯一の原動力、不動の原動力に仕立てあげる——かたや反－オイディプス的装置（姉妹との近親相姦、近親相姦－分裂症、あるいは「哀れな境遇の者たち」との愛、あるいは肛門性、同性愛？）、こうしたものすべてに、フロイトは、もろもろのオイディプスの代理、退行、派生しか見ないのだ。実際フロイトは何一つ見ていないし、何一つ理解していない。あらゆる作動中の機械仕掛け、あらゆる多様な愛とともにある一つのリビドー的アレンジメントが何か、彼にはまるでわかっていないのだ。

もちろん、さまざまなオイディプス的言表が存在する。カフカの短篇、例えば『ジャッカルとアラブ人』を次のように読むのはたやすいことだ――つねに可能なことで、そうすれば何の危険もなく、いつでもうまく行く。ただし何一つ理解できない羽目になるのだ。アラブ人たちは明らかに父親に結びついているし、ジャッカルたちは母親に結びついている――両者のあいだに、錆びついた鋏によって表象される、まさに一個の去勢の物語が成立する。けれども、アラブ人たちは、組織され、武装しており、外延的であって、砂漠全域に広がる群集であり、ジャッカルたちの方は、さまざまな逃走線や脱領土化線に沿って砂漠の中に絶えず奥深く進んでいく、強度の群れであることがわかる（「連中は狂人、正真正銘の狂人なのです」）。両者のあいだ、辺境に、北から来た男、ジャッカルの人がいる。そして大きな鋏とは、粒子＝ジャッカルたちを導き、あるいは解き放つアラブ人の合図であり、それらを群集から切り離すことによって、狂気じみた疾走を加速する一方、それらをこの群集に連れ戻し、手なずけ、鞭で打ち、思い通りに動かすためのものではないだろうか？　餌というオイディプス的装置、ラクダの屍体、腐肉という反－オイディプス的装置――喰うために動物を殺すこと、あるいは腐肉をきれいに片づけるために喰うこと。ジャッカルたちは適切に問いを提出している――これは去勢の問題などではなく、「潔癖さ」の問題であり、砂漠－欲望の試練なのだ。どちらが勝ちをおさめるか、群集の領土性か、あるいは群れの脱領土化か、つまりドラマが演じられる器官なき身体にほかならない砂漠の全域をひたすリビドーか？

個人的な言表というものはない、そんなものは決して存在しないのだ。あらゆる言表は、一つの機械状アレンジメントの、つまり言表行為の集団的な動作主の産物である（「集団的な動作主」といっても、民族や社会と解してはならない。それは多様体なのだ）。ところで、固有名というものは、一個人を指示するのではない。——個人が自分の真の名を獲得するのは、逆に彼が、およそ最も苛酷な非人称化の鍛練の果てに、自己をすみずみまで貫く多様体に自己を開くときなのである。固有名とは、一つの多様体の瞬間的な把握である。固有名とは、一個の強度の場においてそのようなものとして理解〔包摂〕された純粋な不定法の主体なのだ。プルーストが名前《プレノン》について述べていること——ジルベルトと口にすると、私は自分の口の中に彼女の裸の全身を含んでいるような気がする。〈狼男〉、真の固有名、非人称化され多様化された一個人の生成変化〔なること〕、不定法、強度を示す親密なファーストネーム。だが、精神分析は多様化について何を理解しているだろうか？ 一こぶラクダが、空の下でせせら笑う幾千もの一こぶラクダになる砂漠の時。幾千もの孔が大地の表面に穿たれる夕刻。去勢、去勢、と精神分析の案山子《かかし》はわめく。それは狼たちがいるところに、一つの孔、一人の父親、一匹の犬しか見てとったためしがなく、野生の多様体があるところに、飼い馴らされた一個人しか見てとったためしがないのだ。われわれは、精神分析がひたすらオイディプス的言表を選別してきたことだけを非難しているのではない。なぜならこれらの言表は、ある程度までやはり機械状アレンジメントの一部をなしており、このアレンジメントとの関係で、訂正すべき指標として役に立つこともあるからだ。ちょうど計算ちがいのように。われわれは、精神分析がオイディプス的な言表を用いて、患者に、自分は人称的、個人的な言表を保持し、要するに自分の名において語ろうとしている、と信じ込ませたことを非難しているのである。しかし、すべてが最初から罠にはまっている――〈狼男〉は決して語ることができないのだ。彼が狼たちのことを語っても、狼のように叫んでも無駄だろう。フロイトはそれを聴きさえしないで、自分の犬を眺めては「それはパパだ」と答えるのである。これが続くかぎり、それは神経症であるとフロイトは言い、これが危うくなると、それは精神病であると言う。〈狼男〉は、大義のためにした数々の貢献によって精神分析の勲章を受け取ることになるだろう。そして傷痍軍人に支給される扶養年金さえ受けるだろう。彼のうちでしかじかの言表を生産していた機械状アレンジメントが明るみに出されたときはじめて、彼は自分の名において語ることができたのだ。しかし、精神分析はそんなことを問題にしない――およそ最も個人的な言表を口にしていいということを患者《シュジェ》に納得させるときですら、人はあらゆる言表行為の条件を患者から取り上げてしまう。口をふさぐこと、話すのを妨害すること、そしてとりわけ、人が話をしてもまるで何も話さなかったかのようにふるまうこと――これがかの名高い精神分析の中立性というやつなのだ。〈狼男〉は叫び続ける――六匹か七匹の狼なのです！

するとフロイトが応じる——なんだって？　仔山羊のことかな？　それは面白い、仔山羊たちをのけてみよう、狼が一匹残る、つまりそれはきみの父である……。そういうわけで、〈狼男〉はあんなにも疲れ果てているのだ。彼は、喉の中の彼の狼たちすべて、鼻の上の小さな孔のすべて、彼の器官なき身体の上のあのリビドー的な効果のすべてとともに横たわったままでいる。間もなく戦争がやってくる。狼たちはボルシェヴィキになる。〈狼男〉は彼が言おうとしていたことすべてのせいで、喉を詰まらせたままだ。人はわれわれにただこう告げるだろう、彼は再び行儀よく、ていねいでおとなしくなった、「誠実で細心に」なった、要するに彼は治癒したと。彼はといえば、精神分析というものが真に動物学的な洞察力を欠いていることに注意を促して、しっぺ返しするのだ。——「一人の若者にとって、自然への愛と自然科学、特に動物学の理解ほどに価値を持つものはありません[5]。」

3

BC一〇〇〇〇年——道徳の地質学（地球はおのれを何と心得るか）

二重分節

チャレンジャー教授、あのコナン・ドイルでおなじみの、地球を機械で責めて唸り声をあげさせたチャレンジャー先生が、例によって猿顔負けの気まぐれさで地質学や生物学の概説をあれこれミックスして、講演を行なった。教授の説明によれば、この大地――脱領土化された世界、大氷河、一巨大分子としての地球――は、器官なき身体そのものである。この器官なき身体は、まだ形をなしていない不安定な物質や、あらゆる方向の流れに縦横に貫かれ、自由状態の強度や放浪する特異性、狂ったような移行状態の粒子がそこを飛び交っている。だが、さしあたっていま問題なのはそのことではない。というのも、このとき同時に地球の上に、ある点ではありがたくもあるが他の多くの点では遺憾ともいえる、きわめて重要かつ不可避的な一つの現象が起きている。すなわち地層化という現象である。地層はまさに「層」であり、「帯」であって、その本質は、物質に形を与え、共鳴と冗長性にもとづく安定したシステムのうちに強度を閉じ込め、特異性を固定して、地球というこの身体の上に大小の分子を構成し、それらの分子をさらにモル状の集合体へと組み入れていくところにある。地層とは捕獲であり、いわば「ブラック・ホール」(1)であって、圏内を通過するいっさいのものを引き止めようとする閉塞の現象なのだ。地層は、この地球の上でコード化と領土化によって作用する。コードと領土性を両輪に進行する。地層は神の裁きであり、地層化全般は、まさに神の審判の体制そのものなのである（だが大地あるいは、この器官なき身体は、どこまでも裁きを逃れて逃走し、地層化を脱して、脱コード化し、脱領土化しつづける）。

チャレンジャーはここで、これはある地質学の概説書にあったのだが、理解できるようになるのは後になってからだから、よく覚えておくようにと断って、次の一節を引用している。「地層化の表面は、二つの層のあいだにあってもっと稠密な存立平面である。」層とは、形成される当の地層そのものであり、これは少なくとも二つが組となって、その一方が他方にとって基層となる。しかし地層化の表面の方は、一つの機械状アレンジメントであって、地層それ自体とは区別されなければならない。アレンジメントは二つの層のあいだ、二つの地層のあいだにあり、したがって一面では地層の方へと向かっているが（その意味でこれは間層である）、同時にまた器官なき身体、いいかえれば存立平面に向かう一面ももっている（メタ地層的な層である）。実際、器官なき身体は、それ自身平面を形作り、地層レベルで稠密化し濃度を増しているからである。

神は巨大なロブスター、二重挟み、ダブル・バインドである。これは、地層が少なくとも二つ組になって形成されるだけでなく、それとは別に一つ一つの地層もまた二重になっている（各地層自体が複数の層から成る）からだ。事実、どんな地層にも二重分節を構成する現象が認められる。B－A、BAと二度、はっきりと分節がわかるように区切って言ってみたまえ。といってもこれは、地層が話をしたり言語からなるなどということではまったくない。二重分節にはさまざまな変化があって、われわれは一般的なモデルから出発することはできず、比較的単純なケースから出発するしかない。第一次分節は、不安定な流れ－粒子群から、分子状もしくは準分子状の準安定的単位（実質）を選びとり、または取り出し、これに結合と継起の一定の統計的秩序（形式）を課すものといえるだろう。第二次分節は、稠密で機能的な安定した構造（形式）を配置して、モル状の複合物（実質）を構成するものといえるだろう。そうした構造自体も、この複合物において同時に実現をみるのである。例えばある地質学的地層では、第一の分節は「堆積作用」であり、これは周期的に沈降するさまざまな堆積単位《フリッシュ》を統計的な秩序にしたがって集積する。つまり砂岩と片岩の交互継起をともなう堆積物の形成である。第二の分節は「褶曲作用」であり、これによって安定した機能的構造が配置され、堆積物から堆積岩への移行が保証されるのである。

明らかにこの二つの分節は、その一方が実質をにない、他方が形式をになうといった形で区別されるのではない。実質とは形式化された物質以外の何ものでもない。形式は、一定のコードと、コード化、脱コード化のさまざまな様相を含んでいる。一方、形式化された物質としての実質は領土性や領土化、脱領土化のさまざまな度合にかかわっている。ところが、まさにこの二重の分節は、そのどちらにもコードもあれば領土性もあり、おのおのがそれなりの形式と実質をともなっているのである。さしあたって言いうることはただ、そうしたおのおのの分節が異なった二つのタイプの切片性 ségmentarité もしくは多様体に対応しているということだ。どちらかといえば分子レベルの、単に順序づけられているにすぎない柔軟なタイプと、もっと硬い、モル状の、組織化されたタイプの多様体である。実際、第一の分節にも体系立った相互作用が欠けているわけではないが、中心化、統一化、全体化、統合化、階層化、合目的化といった超コード化を形作る諸現象は、特に第二の分節のレベルで起きてくる。どちらの分節も、そのおのおのの要素の切片間に二項関係を打ち立てる。しかし一方の分節の切片と他方の分節のそれとのあいだには、もっと複雑な法則にもとづく一対一の対応関係が成り立っている。こうした関係や連関は一括してこれを構造という言葉で一般に呼ぶことができるだろうが、構造という言葉がこの地上の究極の言葉だと思いこむのは幻想である。それどころか、二つの分節がつねに分子状、モル状という区別によって分けられるかどうかも、確かではないのだ。

ここで話は、エネルギー論的、物理－化学的、地質学的な地層の厖大な多様性を一足跳びに超える。話は有機体の地層に、というか有機体にも大いなる地層化作用があるということに移るのだ。さて、有機体《オルガニスム》の問題――すなわち、いかにして身体を有機体に「する」か？――それはまたしても分節の、分節的関係の問題なのである。ドゴン族は教授が知りつくしている一族なのだが、彼らはこんなふうに問いをたてる。すなわち、鍛冶師の身体が有機体《オルガニスム》になるのは、身体に地層化をほどこすような機械の、または機械状アレンジメントの効果によってである、というふうに。「衝突のショックで、大槌と鉄床が、彼の腕と足を、肘と膝のところでへし折った——この肘と膝はそれまで彼にはついていなかったものである。彼は人間の新たな形態に特有の関節をもつようになったが、このような姿こそ、のちに地上に広まり、労働するべく定められていた人間の姿であった。(……)彼の腕は働くために折れまがった。[2]」とはいえ、分節関係を骨格の問題に還元するのは、もちろん一つの言い方にすぎない。有機体全体が二重分節のさまざまな種類として、それも実にさまざまなレベルで考察されなければならないのだ。第一にまず形態発生のレベルでは、一方において、もろもろの分子タイプの現実が偶然的関係のもとに結びついて、群集現象もしくは統計的集合のうちにとらえられ、これによって一定の秩序の決定をみる(蛋白質繊維の形成と、その連続あるいは切片性)。もう一方で、今度はそうした集合そのものが安定した構造のうちにとらえられ、これによって各種の立体構造をもつ複合物が「選択され」、さまざまな器官や機能、調節機構が作り出されて、モル状のメカニズムが組織される。群集の上を舞い、メカニズムを監視し、さまざまの道具類を使ったり修復したりすることができ、全体を「超コード化」することができるような各種の中心機構も、そうした安定した構造によって配分されるのである(稠密な構造における繊維の折り畳み、第二の切片性[3])。堆積と褶曲、繊維と折り畳みである。

だが、それとはまた別の水準でさまざまな蛋白質の構成を決定する細胞化学変化もまた、二重分節によって進行するのである。二重分節は分子的なものの内部で、つまり、大小の分子のあいだで、継起的な組み替えによって生ずる切片性と、重合によって生ずる切片性のあいだで作用するのである。「第一期には、環境からあらかじめ取り込まれた要素は一連の変換を通して結合される。(……)これらすべての活動には数百もの反応が関与する。しかし、結局のところ、それはせいぜい数十の、かぎられた数の小さな化合物を生産することに終わる。細胞の化学の第二期では、小さな分子は集められ、大きな分子を生産する。単位を端と端とで結ぶ重合によって、巨大分子を特徴づける鎖が作られる。(……)したがって、この細胞化学の二つの時期は、同時にその機能、その生成物、その性質によってちがっている。第一期は化学的パタンを刻印し、第二期にはそれらを集める。第一期は一時的にしか存在しない化合物を形成する。というのは、それは生合成の途上での中間体を構成するからである。第二期は安定した生成物を作る。第一期は一連の異なる反応によって操作され、第二期は、同一の反応の繰り返しである。[4]」——そしてさらに、細胞の化学変化そのものが依存する第三の次元では、遺伝子コードの方は二重の切片性、あるいは二重の分節と不可分である。この二重の分節は、今度は互いに独立した二つのタイプの分子群のあいだに介入する。一方には蛋白質単位のシークエンス、他方には核蛋白質《ヌクレイン》のシークエンス、もろもろの二項的関係をもつ同じタイプの諸単位と、一対一対応関係を有する互いに異なるタイプの諸単位。したがって、つねに二つの分節、二つの切片性、二種類の多様体が存在し、そのそれぞれがさまざまな形式と実質をともなうのである。しかしこの二つの分節は、ある特定の地層の内部においてすら、恒常的な仕方で配分されるわけではないのだ。

聴衆は、かなり機嫌を損ねて、教授の陳述に含まれているたくさんの誤解、たくさんの意味の取り違え、そればかりか横領めいた理屈を告発した。先生が、わが「友」と称して持ち出してくる権威たちにもかかわらず。教授は、ドゴン族さえもそう呼んでしまうのだ……。そして、事態はやがてさらに悪化する。教授は、人の目をかすめて、さまざまな子を生んでは、臆面もなく悦に入る。だがそれはほとんどつねにできそこない、傷もの、寄せ集めの類なのだ。馬鹿げた俗物根性とまでは言わないにしても。そもそも教授は地質学者でも生物学者でもなかったし、言語学者や民俗学者、あるいは精神分析学者でもなかった。もう長いこと人は、いったい何が彼の専門なのか忘れてしまっていたのだ。実際、チャレンジャー教授は二重の人、二度分節される人であり、そのことは事態を容易にはせず、みんなどのチャレンジャーを相手にしているのか決してわからないのだった。彼(?)は一つの学問を創り出したと主張し、それをさまざまな名で呼んでいた――いわく、リゾーム学、地層分析学、分裂分析、ノマドロジー〔遊牧学〕、ミクロ政治学、プラグマティック、多様体の科学。だが、人はこの学問の目的も、方法も、根拠も、はっきりわからないのだった。チャレンジャー教授の愛弟子である、若きアラスカ教授は、次のように説明することで、偽善的ながら師を擁護しようとした――一定の地層の内部でのある分節から別の分節への移行は、容易に確認されることである。というのも、この移行は、遺伝学においても地質学においても、つねに脱水によって生じ、言語学においてさえ、「唾液損失」とでもいうべき現象の重要性が評価されるのである。チャレンジャーとしては傷つけられた思いだった。そこで彼が引き合いに出すことにしたのは、友人の――と彼は言うのだが――デンマーク人でスピノザ主義地質学者のイェルムスレウである。ハムレットの末裔たるこの陰鬱なプリンスはまた、言語をも研究対象としているが、それはまさしくそこから「地層化作用」を掘り起こしてくるためなのだ。イェルムスレウは、質料、内容と表現、形式と実質という観念によってある解読格子の全体を構成するにいたった。そのようなものが「地層」strata なのだ、とイェルムスレウは言った。ところで、この解読格子にはすでに、形式－内容という二元性と手を切っているという利点がある。というのも、表現の形式があるように、内容の形式というものもあるからだ。イェルムスレウの敵たちはそこに、シニフィアンとシニフィエという、信用を失った概念を命名し直す方便しか見なかったが、問題はそんなことではない。そしてイェルムスレウ自身の意図に反して、この解読格子は言語学上のそれとは別の射程、別の起源をそなえている（二重分節ということに関しても同様のことを言っておかねばならない――言語というものになんらかの特殊性があるとしても、そして確かにそれはある特殊性をそなえているのだが、それは二重分節に存するのでも、イェルムスレウの解読格子に存するのでもない――この二つは地層の一般的性質なのである）。素材と呼ばれるのは、存立平面、また〈器官なき身体〉、つまりまだ形式化されていない、有機的に組織されていない、地層化されていない、あるいは脱地層化された身体のことであり、またそうした身体の上を流れるいっさいのもの、いいかえれば分子以下、原子以下の素粒子群、純粋状態の強度、物理現象や生命現象以前の自由な特異点のことである。内容と呼ばれるのは、形式化された素材のことであり、したがってこれはその実質と形式の二つの観点からとらえなければならない。ある個々の決まった質料が「選択」されるかぎりにおいては実質の観点から、またそうした一群の質料が一定の秩序のもとに選択されるかぎりにおいては形式の観点から、とらえなければならないのだ（内容の実質と形式）。表現と呼ばれるのは、機能的な構造のことだろうが、これはこれでやはり二つの観点からとらえなくてはならない。そうした構造自体のもつ形式の組織という観点、そして、これによって各種の複合物が形成されるというかぎりでは実質の観点である（表現の形式と実質）。一つの地層にはつねに、その相対的な不変性の条件として、表現されうるもの、もしくは表現という次元がある。例えば核蛋白質の配列は、一定の相対的に不変な表現と不可分に結びついており、この表現をとおしてそれら個々の配列は有機体を構成するさまざまな複合物や器官、機能を決定している(5)。表現することと、それはつねに神の栄光を歌いたたえることである。すべての地層が神の裁きであるからには、歌を歌い、自己を表現しているのは、何も植物や動物、蘭と雀蜂ばかりではない。岩山も河の流れさえも、およそこの地球の上にある地層化されたいっさいのものが歌っているのである。かくて第一の分節は内容に、第二の分節は表現にかかわっている。この二つの分節の区別は、形式と実質のあいだにあるのではなく、内容と表現のあいだにある。表現にも内容と同じく実質があり、内容にも表現と同じく形式があるからだ。二重分節が、ときには分子状とモル状の区分に一致し、ときには一致しないのは、内容と表現が、ある場合にはそうした形で分かれ、ある場合には別の形で分かれるからである。内容と表現とは、決して対応もしなければ符合もしない。この両者は、互いに他を前提しつつ同形的であるというにすぎない。内容と表現のあいだの区別は、さまざまに定義されるとしても、どこまでも現実的な区別である。これによって区別される両項がその二重分節以前に存在するということはできない。二重分節こそが、その軌跡にしたがって各地層のうちにこの両項を配分するのであり、両者の実在的区別をかたちづくっているからだ（これとは反対に、形式と実質のあいだには現実的区別は存在せず、単に思考の上で、あるいは様相的に区別されるにすぎない。実質は形式化された質料でしかない以上、形式をもたない実質など考えられないからである。たとえ場合によって、その逆は可能だとしても）。

たとえその区別が現実的なものであっても、内容と表現は互いに相対的なものである（「第一」と「第二」の分節というのもまたまったく相対的な仕方で理解されるべきものである）。たとえそれが不変性の力をそなえていても、表現は内容と同じく一個の変数である。内容と表現は、地層化作用という機能における二つの変数なのだ。それらは、ただ単に地層によって変化するだけではなく、それら自身互いのうちに分散し、同じ一つの地層において無限に多様化し、あるいは分割される。実際、すべて分節化というものは二重であるからには、内容の分節と表現の分節があるというわけではない。つまりそれは、内容の分節がそれ自体二重であり、同時に相対的な表現を内容のうちに構成するということを前提とする――そして表現の分節の方もまた二重であり、同時に相対的な内容を表現のうちに構成することがその前提である。それゆえに、内容と表現のあいだ、表現と内容のあいだにはもろもろの媒介的状態が、さまざまな水準、均衡と交換があって、一個の地層化されたシステムはこれらを経由するのだ。要するに、内容の形式と実質があって、それらは他に対して表現の役割を果たしており、表現に関してもやはり、その逆のことが言えるということだ。それゆえ、これらの新たな区別はおのおのの分節におけるもろもろの形式と実質の区別に一致するものではない。それらが教えてくれるのはむしろ、どうしてそれぞれの分節がすでに、あるいは依然として二重なのかということである。われわれはそれを、有機体の地層に関して見てみよう。内容をなす蛋白質は二つの形態をもち、その一方（折り畳まれた繊維）は他方に対して機能的表現の役割を担う。同じように、表現をなすもろもろの核酸の方では、二重分節によって特定の形式的かつ実質的要素が、他の要素に対して内容の役割を演じる。つまり、ただ単に連鎖の半分がもう半分によって複製されて内容となるのみならず、再構成された連鎖はそれ自体「メッセンジャー」との関連において内容となるのである。一つの地層の内部に、いたるところに二重‐挟みが、いたるところにダブル・バインド、ロブスターが存在し、四方八方へ向かって、あるときは表現を、あるときは内容を横断し、さまざまな二重分節からなる多様体があるのだ。これらのことすべてに関して忘れてはならないのは、イェルムスレウの次のような警告である――「表現面《プラン》と内容面《プラン》という言い方自体、慣例にしたがって選択されたものであり、まったく恣意的なものである。それらは機能的な定義にとどまるから、これらの広がりの一方を表現と呼び、他方を内容と呼ぶのが正当で、その逆の呼び方をしてはならない、などと主張するのは不可能である――二つのものは、ただ互いに結合し合うかぎりで定義されるのであって、どちらもそれ以上明確に定義することはできない。これらを切り離してとらえた場合には、それらは対立によって、また相対的な仕方でだけ定義することができる、つまり、同一機能の互いに対立し合う機能素としてだけ定義することができる。[6]」われわれはここで、現実的な区別、相互的前提、また一般化された相対主義のあらゆる源泉を組み合わせなければならないのだ。

まず第一に、ある特定の地層の内部で何が変化し何が変化しないか、と問うてみるとしよう。いったい何が、地層の統一性や多様性を作り出しているのだろうか？　物質、つまり存立（あるいは非存立）平面の純粋な質料は、もろもろの地層の外にある。けれども、地層上においては、基層から取り入れられた分子的な素材は、たとえ分子は同じものでないにしても、同じものでありうる。実質をなす要素は、実質そのものが同一ではないにしても、地層全体にわたって同一でありうる。形式の関係、あるいは結合は、たとえ形式が同じでなくても同じものでありうる。生化学における有機的な地層の構成の統一性は、素材とエネルギー、実質をなす要素あるいは基、もろもろの結合と反応の水準で定義されるのだ。しかし、それらは同じ分子でも同じ実質でもなく、同じ形式でもないのである。——ここでジョフロワ・サンティレールに讃歌を捧げるべきではないだろうか？　というのも、ジョフロワこそは、十九世紀にあって、地層化作用に関する一個の壮大なる概念を打ち立てた人であるからだ。彼の言うところによれば、物質はその最大の可分性という傾向にむけて、次第に縮小していく微粒子、つまり、空間中に放射して〈広がっていく〉しなやかな流れあるいは流体のことである。燃焼とは、存立平面上での、この流出あるいは無限の分割の過程《プロセス》である。だが帯電作用はといえば、それは逆に、もろもろの地層を構成する過程であり、この過程を通して互いに似通った微粒子が集まってさまざまな原子や分子となり、互いに似通った分子が集まってより大きな分子になり、最も大きくなった分子がさまざまなモル集合となるのである。つまりそれは、二重挟みないし二重分節と同じように、「〈自己〉に対する〈自己〉の誘引作用」なのである。こうして有機的な地層も何一つ特有の生命的物質をそなえているわけではないのだ。というのは物質はどんな地層にあっても同じだからである。しかし、それは特有の構成の統一性を、つまり唯一の同じ抽象的〈動物〉、地層の内部に捕えられた唯一の同じ抽象機械をもち、そして同じ分子的素材、解剖学上の同じ器官要素、同じ成分、同じ形式的連結を示すのである。このことは、器官や組成された実質、もろもろの分子が異なっているように、もろもろの有機的形態がそれぞれ異なっていることを妨げはしない。ジョフロワが実質の単位として、蛋白基や核酸よりもむしろ解剖学上の要素を選んだということは、少しも重要ではない。そもそも彼はすでに、分子の働きそのものに注目しているのである。重要なのは、地層の統一性と多様性であり、たがいに対応しないのに形式の同形性があり、組成された実質には同一性がないのに、要素あるいは成分には同一性があるということだ。

まさにこの点をめぐって生じたのが、キュヴィエとの対話、というか、むしろ激しい論争である。最後に残った聴衆を引き止めるために、チャレンジャーは、人形芝居を真似た実に認識論的な死者たちの対話を上演することを思いついた。ジョフロワは自分の側にいろいろな〈怪物〉どもを呼び寄せ、キュヴィエの方はありとあらゆる〈化石〉をそろえ、ベーアはといえば〈胎児〉の入ったフラスコを振りかざし、ヴィアルトンは〈四足類帯〉を体に巻きつけ、ペリエは〈口〉と〈脳〉の悲劇的《ドラマチック》な闘いを演ずる……等々。

ジョフロワ——異種間同形性の根拠、それは、形態が有機的地層上ではいかに異なっていようと、ある形態から別の形態に「折り畳み」を介して移行しうるということです。例えば、脊椎動物から頭足綱に移るには、脊椎動物の脊柱の二つの部位を引っ張り寄せてごらんなさい、つまり、頭部を足の方へ、骨盤を項《うなじ》の方へもっていくのです……——

キュヴィエ（かっとして）——そんなのはでたらめ、でたらめですぞ、象からクラゲへ移行するなんてことはできやしない、私はやってみたんだから。還元不可能な軸や型や分類学の門というものがあるんですよ。存在するのは諸器官の相似性と諸形態の類似性であって、それだけです。あんたは嘘つき、空想家だ。ヴィアルトン（キュヴィエとベーアの弟子）――それに、たとえ折り畳みが良い結果をもたらしたとしても、誰がそんなことをがまんできましょうか？　ジョフロワがもろもろの解剖学的器官しか考察しないのは偶然ではありません。いかなる筋肉も靭帯も帯も「折り畳み」の後には残らないでしょう。ジョフロワ――私は同形性があると言ったのでして、対応と言った覚えはありません。つまり、「発達ないし完成のさまざまな度合」というものを介在させる必要があるのです。もろもろの素材は、地層上のどこでも、一定の集合を構成することが可能な度合に到達するというわけではない。解剖学的要素は、分子の衝突、場の影響、あるいは隣接要素の圧力といったものによって、あちこちで抑制または阻害されるのであり、その結果それは同じような器官を構成するわけではないのです。形態の関係あるいは連結は、その際まったく相異なる形態および配置によって実現されることになります。それでいて、全地層上で現実化されるのは同一の抽象的〈動物〉であり、それはさまざまな度合、さまざまな様態で、そのたびごとに環境や場に応じてあたうかぎり完璧に現実化されるのです（問題はやはり明らかに進化ではない。つまり、折り畳みといっても、もろもろの度合といっても子孫や派生にかかわるのではなく、単に同じ一つの抽象物の独立した現実化にかかわるだけなのである）。ジョフロワがさまざまな〈怪物〉を引き合いに出すのは、このときだ。人間のさまざまな畸型とは、一定の発達段階にとどまった胚なのであり、胚の状態にある人間とは、人間的でない形式と実質にとってはある種の不純物にすぎないのです。そう、〈異種重複奇形体〉とは一匹の甲殻類なのです。ベーア（キュヴィエの味方であり、ダーウィンの同時代人、だがジョフロワの敵と同様にダーウィンについては沈黙している）——それは間違いです。発達の度合と形態のタイプを混同することはできません。なるほど同一のタイプはさまざまな度合をもち、同一の度合がいくつものタイプに見られます。しかし、度合をそのままタイプとすることは決してできません。あるタイプの胚は別のタイプを呈することはできず、せいぜい別のタイプの胚と同じ度合を示すことができるだけなのです。ヴィアルトン（ベーアの弟子、ダーウィンとジョフロワの両方に反対して居丈高に言う）——それに、一個の胚だけがなしえ、あるいは受け入れる事柄があります。胚がそれをなしえ、あるいは受け入れるのは、まさに自らのタイプのおかげなのであって、胚がその発達の度合にしたがってあるタイプから別のタイプへ移行しうるからではないのです。〈亀〉の見事なつくりをごらんなさい、その首たるや一定数の原椎骨の移動を必要とするものであり、前肢はといえば、鳥のそれに比べて一八〇度の移動を必要とするものであります。胚形成から系統発生を導き出すことなんか決してできないんですよ。つまり、折り畳みによって、あるタイプから別のタイプへ移行することが可能にはならないのであって、逆に、タイプの方が褶曲形態の還元不能性を証言しているのです……（こうしてヴィアルトンは、同一の主張のために二つの論拠を結びつけている。つまり、一方で、いかなる動物にもその実質によってはなしえない事柄があると言い、他方では、胚のみがその形態によってなしうる事柄があると言うのだから。この二つは確かに説得力のある論拠である(7)。

われわれにはもはや、何がどうなっているのかよくわからない。これらの問答には実にたくさんの事柄が含まれている。実にたくさんの区別があって、それが増殖し続ける。つまり、そこには実にたくさんの仕返しがあるのだ。というのも、認識論というものは決して罪のないものではないからだ。繊細でとても優しいジョフロワと、真面目で辛辣なキュヴィエが、ナポレオンの周囲で闘っている。キュヴィエはいかにも専門家、ジョフロワの方はいつでも専門を変える用意がある。キュヴィエはジョフロワを憎悪している。キュヴィエにはジョフロワの軽やかなものの言い方、ジョフロワのユーモアが我慢ならないのだ（そう、〈雌鶏〉には歯があるし、〈ロブスター〉には骨の上に皮膚がある、等々）。キュヴィエとは〈権力〉と〈領域〉の人であり、そのことをやがてジョフロワに悟らせることになるだろう。ジョフロワの方は、さまざまな速度を持つ遊牧の人の姿をすでに体現している。キュヴィエはユークリッド的空間で思索し、一方ジョフロワはトポロジックに思考する。今日は、大脳皮質の褶曲をそのあらゆるパラドクスとともに考えてみようではないか。地層とはトポロジックなものなのであり、ジョフロワは折り畳みの巨匠、最高の芸術家なのだ。彼はそのことによってすでにある種の動物的リゾームを、驚くべきコミュニケーションをもつリゾームを、つまり〈怪物〉どもを予感しており、一方キュヴィエはもろもろの不連続な写真と化石的な複写の術語でもってこれに対抗する。だが、われわれにはもはや何がどうなっているのかわからない、なぜなら、もろもろの区別がありとあらゆる方向に多様化してしまっているからだ。

われわれは、まだダーウィンを、進化論と新進化論を考慮に入れてさえいない。しかしながら、まさにそこで、ある決定的な現象が生ずるのである——われわれの人形芝居はますます混沌としたものに、つまり集団的かつ差異的〔微分的〕なものになってくる。一つの地層に関する多様性を説明するために、われわれは、二つの要因をその不確定な関係とともに取り上げたわけだが、この二つ、つまり発達または完成のさまざまな度合と、形態のタイプは深い変容をこうむるのである。すなわち、ある二重の傾向にしたがって、形態のタイプは次第にもろもろの人口、群れや集落、集団性または多様体によって理解されねばならず、発達の度合は、いろいろな速度、比率、係数、そして微分〔差異〕的関係といった術語によって理解されねばならないのだ。これは、二重の深化である。これこそがダーウィニスムの獲得した根本的な認識であり、それは地層上での個体－環境の新たな結合をもたらすのだ[8]。一方で、一定の環境における元素的なあるいはまさに分子的な集合を仮定した場合、もろもろの形態はこの集合に先立って存在するのではなく、それらはむしろ統計上の結果なのである。集団が相異なる形態をとればとるほど、集団の多様体が互いに性質の異なる多様体に分割されればされるほど、つまり、集団の諸要素が互いに区別される構成体または形態化された質料になればなるほど、集団はより適切に環境内で分配され、より多く環境を分有することになるのだ。このような意味で、胚形成と系統発生はその関係を逆転する。つまり、閉じた環境の内部にあらかじめ確立される絶対的な形態の存在を示すのはもはや胚ではなく、相対的な形態をとる自由をもつ集団の系統発生であり、開かれた環境においてはあらかじめどんな形態も確立されてはいないのである。胚形成の場合、「人は生みの親を参照し、発育過程《プロセス》の終点を先取りすることによって、発育しつつあるのが鳩か狼かいうことができる……。けれども、この場合は標識そのものが動いている――定点は便宜上存在するにすぎないのだ。宇宙的進化のスケールでは、この種の標識はまったく不可能なのである……。地球上の生命は、ときとして変動し、透過を許す境界によって分かたれ、相対的に自立したもろもろの動物相と植物相の総和として現われる。地理学上のさまざまな圏域に宿るものは、ただ一種のカオスだけ、あるいはせいぜい生態系の非本来的な調和、集団のあいだの一時的な均衡にすぎないのである。(9)」

他方、それと同時に、そして同じ条件で、度合は、あらかじめ存在する発達や完成の度合のことではなく、むしろ相対的かつ包括的な均衡である――それらが価値を持つのは、環境内のしかじかの要素に、またしかじかの多様体にそれらが与える優位のためであり、環境内のしかじかの変化のためである。このような意味で、もろもろの度合は、もはや増大する完成度だとか各部位の差異化と複雑化によって測られるのではなく、選択の圧力や触媒作用、繁殖速度、増殖や進化や突然変異の比率などのもろもろの微分〔差異〕的関係と要因によって測られる――相対的な進歩がなされるのはしたがって、量および形態の複雑化によってよりもむしろその単純化によって、構成要素と総合の獲得によってよりもむしろその喪失によってである（問題なのは速度であり、速度とは微分的なものである）。何かが形態化されるのは、何かが形態を得るのは、もろもろの集団によってであり、進歩が生じ、速度が得られるのは、喪失によってなのである。ダーウィニスムの獲得した二つの根本的な認識は、多様体の学の方向を目指しているのだ。つまり、類型に対して集団を提起し、度合に対して比率、あるいは微分的関係を提起したことだ[10]。これはノマド的獲得というべきものであり、集団の動いて止まない境界や多様体の変化を、微分的係数や関係の変化をともなうものだ。そして、現代の生化学、モノーの言う「分子的ダーウィニスム」は、まさに、ただ一つの同じ包括的かつ統計的個体のレベル、単一の標本のレベルにおいて、分子の集合と微生物学的比率の決定的な重要性を確言している（例えば、一つの連鎖内の無数のシークエンス、そしてこのシークエンス内のただ一つの切片《セグメント》の偶然の変化）。

チャレンジャーがはっきり口にしていたのは、自分が今しがた長々と脱線をしてしまったということ、だが、脱線と脱線でないものを区別することなどできないということだった。今や問題は、同じ一つの地層の、つまり有機体の地層のこうした統一性と多様性について、いくつかの結論を引き出すことだった。

第一に、ある地層は、とにかく構成の統一性を有し、そのことによっていわゆる一つの地層であることができる。すなわち、分子状の素材、実質的要素、形式上の関係あるいは特徴がそれだ。素材とは、存立平面の形式化されない質料のことではなく、すでに地層化されており、「基層」に由来するものである。だが、基層はもちろん単なる基層と見なされるべきではない——とりわけ複雑さに欠ける、下等な組織をもつわけではないのであって、あらゆる笑うべき宇宙的進化論を警戒しなくてはならない。一定の基層のもたらすもろもろの素材は、確かに地層の構成体よりも単純だが、それらが基層において属している組織の水準は、地層そのものの組織の水準に劣るわけではない。もろもろの素材と実質的要素のあいだには、別の組織、組織の変化があって、それは増大ではないのだ。与えられた素材は、当の地層の要素と構成体にとって外部環境となる。けれどもそれらは地層に対して外的であるというわけではない。もろもろの要素および構成体は、地層の内部を構成するが、それは素材が地層の外部を構成するのと同様であり、この二つはどちらも地層に属しているのである——後者は与えられ採取された素材として、前者は素材とともに形式化されたものとして。そしてさらに、この外部とこの内部は相対的で、それらの交換によってしか、したがってそれらを関係づける地層によってしか存在しないのである。例えば、結晶する地層上で、結晶がまだ構成されていないときには不定形の環境が核の外部にある。だが、結晶は不定形の素材の量塊を内部に入れ、一体化することなしには構成されない。逆に、結晶核の内部はシステムの外部へ移行しなければならない。そこで不定形の環境が結晶しうるのである（別の組織を把握する特性）。だから、結晶の核こそ外からくると言えるほどだ。一言で言えば、外部と内部はそれぞれ同じように地層に内在しているのである。それと同じことが有機的なものについても言える。つまり、基層によって与えられたもろもろの素材は、いわゆる前生命状態のスープを構成する外部環境であり、一方、もろもろの触媒は、核の役割を演じて諸要素を、また内部の実質的構成体を形成するのである。しかし、これらの要素や構成体は、素材を自己のものとし、複製によって原初的スープの条件そのものにおいてみずからを外在化する。そこでもまた、内部と外部は両方とも有機的地層に属しながら、たがいに交換しあうのである。両者のあいだには、限界、膜があり、それがもろもろの交換と組織の変形を、また地層の内部のさまざまな配分を調整し、地層上のもろもろの関係や形式的特徴の全体を決定するのである。(たとえこの境界が、地層に応じて実にさまざまな状況と役割をもっているにせよ——例えば、結晶の境界や細胞膜のように)。したがって、次のような構成の統一性の総体を、ある地層の中心層、中心環と呼ぶことができる。すなわち、外部の分子状の諸素材、内部の実質的諸要素、形式上の関係をになう境界または膜からなる総体である。あたかも、地層の中に内包され、地層の統一性を構成するただ一つの同じ抽象機械があるということだ。それは、存立平面の〈平面態《プラノメーヌ》〉に対する〈統合態《エキュメーヌ》〉である。

だが、地層のこの統一的中心層が分離可能なものであるとか、この層にそれ自体として、遡行によって到達しうるなどと考えるのは誤りであろう。何よりもまず、地層は必然的に、そして初めから、層から層へと成るものだ。それはすでにいくつもの層をそなえているのである。地層は中心から周辺へ向かうが、同時に周辺は中心に向けて反作用を及ぼし、すでに新たな周辺に対する新たな中心を形成する。もろもろの流れは、たえず放射状に広がり、かつ逆行する。つまり、もろもろの中間的状態の圧力と増加とがあり、この過程は中心環の局所的条件のうちに含まれているのである（さまざまな集中度の差、同一性の閾値以下の許容範囲内にある諸変化）。これらの中間的状態は、環境または素材の新たな形状だけでなく、要素と構成物の新たな形状も示すのである。実際それらは、外部の環境と内部の要素のあいだ、実質的要素とその構成体のあいだ、構成体と実質のあいだ、そしてまた、形式化されたさまざまな実質（内容の実質と表現の実質）のあいだを仲介するのだ。これらの仲介物や重畳、これらの圧力、これらの水準を、今後は「上位層《エピストラート》」と呼ぶことにしよう。われわれが扱っている二つの例のうち結晶層は、外部の環境ないし素材と内部の核とのあいだに、可能なかぎり多くの媒介物を含んでいる。すなわち、完全に非連続的なもろもろの準安定状態からなる多様体、それは同じだけの階層的な度合にほかならない。有機的地層もまたいわゆる内部環境と切り離すことができない。この内部環境は、まさに、外的素材との関連で内的要素であるのだが、同時にそれは内的実質との関連では、外的要素でもあるわけだ(11)。そして、周知のように、これらの有機的内部環境が、一個の有機体の複雑さの度合と、各部位の分化を統御しているのである。構成の統一性にとりこまれた地層は、したがって、その連続性を断ち切り、その環を分断し、段階化するような実質の上位層にしか存在しない。中心の環は、周辺から独立して存在することはない。この周辺は、新たな中心を形作って第一の中心に反作用を及ぼし、かつ自分の方でも分散して非連続的な上位層の数々となるのである。しかも、これですべてというわけではない。こうした内部と外部の新たな、あるいは二次的な相対性があるだけではなく、同時に膜の、あるいは限界のレベルでもまた、語るべきことがたくさんある。事実、要素と構成体が素材を取り込み、自分のものにするかぎりにおいて、これに対応する有機体は、さまざまの「より異質で不適合な」素材に向かわざるをえない。有機体は、こういった素材を、いまだ手つかずの量塊や、あるいは反対に他の有機体から借りるのである。環境は、ここでさらに第三の形状をとることになる。つまり、たとえ相対的なものであっても、それはもはや内部環境でも外部環境でもなく、媒介的環境でもなく、むしろ結合された、あるいは付加された環境というべきものである。結合された環境は、まず第一に、供給源としての素材そのものとは区別されるエネルギー源をともなう。そのようなエネルギー源が獲得されないうちは、有機体はみずからを養っているとはいえても、呼吸しているとはいえないのである。その場合、有機体は窒息状態にとどまっている[12]。これに反して、獲得されたエネルギー源は、要素や構成体に変形しうる素材の広がりを存在させる。結合された環境は、こうしてエネルギー源の捕獲（最も一般的な意味における呼吸）によって、素材の識別、つまり素材の現存あるいは不在の把握（知覚）によって、また素材に対応する要素ないし構成体の創出、あるいはそれが行なわれないこと（反応、反作用）によって定義されるのである。この点に関して、もろもろの分子的知覚や、また反応があることとは、まさに細胞のエコノミーに、そして調節因子の特性に見られることである。この特性とは、非常に変化に富む外部環境の中から、一つか二つの化学種を排他的に「識別」するという特性である。だが、結合された、または付加された環境の発達は、ユクスキュルが、そのエネルギー的、知覚的、また行動的諸特性とともに描き出したような動物界にまで到達する。〈ダニ〉のあの忘れがたい結合された世界、それは落下の重力のエネルギー、汗を知覚するその嗅覚特性、および生物を刺すという行動特性によって定義されるものだ。ダニは木の幹の高いところに登り、通りかかる哺乳動物に向かってわが身を落ちるのにまかせる。ダニは哺乳動物を匂いで識別し、皮膚の窪んだところを刺すのである（三つの因子で形成される結合された世界。それがすべてだ）。知覚と行動の特性はそれ自体二重挟み、二重分節に似ている。[13]

ところで、この場合、結合された環境は有機的形態と密接な関係にある。その形態は、単なる構造ではなく、結合された環境の構造化、構成なのである。例えば、蜘蛛の巣のような動物の環境は、有機体の形態に劣らず「形態発生的」なものである。確かに、形態を決定するのは環境であると言いきることはできない。けれども、その輪郭が確かなものになるためには、環境に対する形態の関係がやはり決定的なのだ。自立的なコードに依存しているかぎりにおいて、形態は結合された環境中でしか構成されず、そのような環境がコードそのものの要請に応じてエネルギー的、知覚的、および行動的特性を複雑な仕方で絡み合わせる。そして形態が発達するのは、その実質のさまざまな速度と比率を調節する中間的環境を通してのみである。つまり、形態は、結合された環境の比較的優位性と中間的環境の微分的関係を計量する外部性の環境においてはじめて試練にさらされるのだ。もろもろの環境は、淘汰によって、つねに有機体に働きかけ、有機体の形態は、それらの環境が間接的に決定するコードに依存している。結合された環境は、同一の外部性の環境を相異なる形態で分有する。同じように、中間的環境は同一の形態についてさまざまな比率ないし度合で外部性の環境を分有するのだ。けれども、これらの分有が行なわれるのは同一のやり方によってではない。地層の中心帯との関連で、もろもろの中間的環境ないし中間的状態は、互いに「上位層」をなし、新たな周辺に対して新たな中心を形作る。だが、この別の仕方――中心帯が側面と派生物に、また還元不能な諸形態とそれらに結合された環境へと断片化するこの別の仕方を、「傍層《パラストラート》」と呼ぶことにしよう。今度は、中心帯に固有の限界あるいは膜のレベルで、地層全体に共通する形態上の関係ないし特徴が、もろもろの傍層に対応するまったく相異なる形態またはは形態のタイプを必然的にとるのである。地層というものはどれもそれ自体、その上位層と傍層のうちにしか存在しないのだから、これらもまた結局地層と見なされるべきである。帯、理念的に連続的な地層の環、すなわち〈統合態《エキユメーヌ》〉――これは分子状の素材、実質的要素および形式上の関係の同一性によって定義されるのだが、寸断され、もろもろの上位層と傍層に断片化されてはじめて存在するのである。上位層と傍層は、それぞ

れに指標を持つ具体的機械をともない、異なる分子、特定の実質、還元不能な形式を構成するのである。(14)

ここにきて、先の二つの根本的な認識に立ち戻ることができる――なぜ、傍層中の形態や形態のタイプは、さまざまな集団との関連において理解されねばならないか、そしてなぜ、上位層における発達段階は、さまざまな比率、微分的関係として理解されねばならないか。それは、まず第一に、傍層はコードそのものを内包しているからである。形態はこのコードに依存し、またこのコードは必然的にさまざまな集団にかかわっている。つまり、コード化されるべき分子状の集団というべきものがここですでに必要なのだ。そして、コードの効果ないしコード内の何らかの変化の効果は、多かれ少なかれモル的な集団のレベルにおいて評価され、また環境中に伝播し、新たに結合された環境をみずからのために作り出すコードの能力によって評価される変異は、そのような新しい環境に波及することになる。そう、必要なのはつねに群れと多様体の術語《ターム》で思考することなのだ――あるコードが効力を発揮したり、しなかったりするのは、まさにコード化された個体がなんらかの集団の一部をなしているからである。そのような集団は「試験管や水溜り、あるいは哺乳類の腸に棲みついている」。だが、コードにおける変化、あるいはコードの変更、つまり傍層の変異とはいったい何を意味するのか。どこから新たな形態と新たに結合された環境が生じてくるのか。なるほど、変化それ自体は、明らかにあらかじめ確立された形態間の移行から、つまり、あるコードの別のコードへの翻訳から生ずるのではない。問題をそんなふうに立てているかぎり、解決は不可能であり、キュヴィエとベーアとともにおそらくこう言わねばなるまい——確定された形態のタイプは、それらが還元不可能である以上、いかなる翻訳も変形も許容しはしない、と。けれども、コードというものはみずからに内在する脱コード化の過程と分離しえないことを認めるなら、問題はまったく別の仕方で立てられることになる。「遺伝子の浮動《ドリフト》」なしには遺伝〔発生〕過程というものはないのだ。突然変異に関する現代の理論は、どんなふうに一個のコードが、コードは必然的に集団のコードなのだが、本質的に脱コード化の周縁を含んでいるか、ということを明らかにしてくれた。すなわち、どんなコードも自由に変異しうるさまざまな補足物を有するだけではなく、同じ一つの切片が二度コピーされ、二つめのコピーは自由に変異しうるものになるということだ。そしてまた、コードの断片の転送は、ウイルスの仲介や、別の過程によって、さまざまな種からきた一つの細胞から別の細胞に向けて行なわれる。〈人間〉と〈ネズミ〉、〈猿〉と〈猫〉など。そこでは、あるコードから別のコードへの翻訳が行なわれるわけではなく（ウイルスは翻訳者ではない）、むしろ、コードの剰余価値、また派生的コミュニケーションとでも呼ぶことのできる特異な現象が生ずる。(15) われわれは、この点について別の機会に再び語ろうと思う、なぜならこれこそ、あらゆる〈動物になること〉にとって本質的なことだからだ。しかしすでに、こうしたもろもろの補足物や剰余価値、つまり、多様体の秩序内の補足物や、リゾームの秩序内の剰余価値によって、ある任意のコードは脱コード化した周縁に侵されることになる。地層上に停止し、凝固するどころか、傍層の中の形態、傍層それ自体も、一つの機械状の連動装置にとらえられているのだ。それらはもろもろの集団にかかわり、集団はもろもろのコードをともない、コードはもろもろの相対的な脱コード化現象を含むのである。この脱コード化は、それが相対的でつねに「派生的」であるだけにいっそう有効で、合成可能、付加可能なのである。

もし形態がコードに、つまり傍層中のコード化と脱コード化の過程にかかわるなら、形式化された質料としての実質の方は、領土性に、つまり上位層における脱領土化と再領土化の運動にかかわるのである。そして実のところ、傍層がこのような過程から分離しえないように、上位層もまた、みずからを構成するそうした運動から分離しえない。中心の層から周辺へ、ついで新たな中心から新たな周辺へと、ノマド〔遊牧民〕的な波動や脱領土化の流れが走るのであり、この波動や流れは、古い中心に再び下降したり、新たな中心の方へ急上昇したりする。上位層は、しだいに激しくなっていく脱領土化の方向に組織される[16]。物理学的微粒子、化学的実質は、みずからの地層の上で、そしてさまざまな地層を貫いて、脱領土化の閾を横断しているのだ。この閾は多かれ少なかれ安定した中間状態、原子価、多かれ少なかれ過渡的な実在、他の何らかの身体への進入、隣接の密度、多かれ少なかれ局限しうる絆などに対応するのである。ただ単に物理学的な微粒子がさまざまな脱領土化の速度によって特徴づけられているだけではない――タキオン、穴-粒子、それに、「スープ」という根本的な観念を想起させるジョイス流のクォークなど。例えば硫黄や炭素等々といった同じ一つの化学的実質にも、多かれ少なかれ脱領土化された状態があるのだ。それ自身の地層上においても、有機体はやはり脱領土化される。有機体の自立性を保障し、かつ外部との偶然な関係の総体に有機体を導くような、もろもろの内部環境を包んでいるからである。発達段階が相対的にしか、またもろもろの速度、微分的な関係や比率との関連でしか理解されえないのはこの意味においてである。脱領土化を完全に肯定的な力として、みずからの度合と閾をもち（上位層）、つねに相対的で、裏面をもつ力、すなわち再領土化に対して相補性をもつ肯定的な力として思考しなければならない。外部にかかわって脱領土化された有機体は、みずからの内部環境において必然的に再領土化される。予定された胚の断片は、閾ないし勾配を変えつつみずからを脱領土化するのだが、新たな周囲から新たな配置を受け取るのである。もろもろの局地的運動は、まさに異変なのだ。例えば、細胞の移動、延伸、陥入、褶曲。つまり、あらゆる旅は強度的であり、それが進行し、それが超えていく強度の閾において行なわれるのである。人が旅をするのは強度によってであり、空間中のもろもろの移動、もろもろの形象は、ノマド的な脱領土化の強度の閾に、したがってもろもろの微分的関係に依存するのであって、これらが同時に、定住的で相補的な再領土化を定着させるのだ。各地層は、以下のように進行する。つまり、その挟みに最大限の強度と強度を孕んだ微粒子をとらえること、そこにみずからの形式と実質を展開し、特定の共鳴の勾配や閾を構成すること（脱領土化は、つねにそれと相補的な再領土化にかかわりながら、地層の上で規定されるのである)[17]。

あらかじめ確立された形態とあらかじめ規定された度合とを対比しているかぎり、人は、ただ単にそれらの還元不能性を確認するにとどまるしかないばかりか、この二つの因子間にありうべき交通を評価する手段を何一つ持てないのである。まさに、もろもろの形態は、傍層中のコードに依存し、かつ脱コード化やずれの過程にひたっているし、もろもろの度合はそれ自体、強度的な脱領土化と再領土化の運動に捉えられているのだ。コードと領土性、脱コード化と脱領土化は、互いに一部始終対応するわけではない。反対に、コードが脱領土化にかかわることもありうるし、再領土化が脱コード化にかかわることもありうるのだ。コードと領土性のあいだには、もろもろの大きな裂け目が口を開けている。それでもなお二つの因子は、一つの地層の内部に同一の「主体」をもつのである。つまり、みずからを脱領土化したり再領土化したりするもろもろの集団があり、それはさらに、みずからをコード化したり脱コード化したりするものである。そして、これらの因子はさまざまな環境の中で交通し、たがいに絡み合うのだ。

一方で、コードの諸変更は、確かに外部性の環境中になんらかの偶発的な原因をもつので、変更の一般化を決定するのは、それがもろもろの内部環境に及ぼす効果、内部環境に対するその適合性である。脱領土化と再領土化は、変更を規定するのではなく、その選択〔淘汰〕を厳密に規定するのである。他方で、あらゆるコードの変更は結合される環境をともない、今度はこの結合された環境が、外部性の環境について何らかの脱領土化を引き起こし、内的あるいは中間的環境に再領土化を引き起こす。一定の結合された環境において、もろもろの知覚や活動は、分子的次元においてさえ、さまざまな領土的記号（指標）を打ち立て、あるいは生産する。なおさら動物の世界は、さまざまな記号によって構成され、境界を画されている。こうした記号は、この世界をもろもろの地帯《ゾーン》（避難地帯、狩猟地帯、中立地帯、等々）に分割し、特有の諸器官を動員し、そしてもろもろのコードの断片——そこにはコードに内属する脱コード化の余地も含まれる——に対応している。獲得されたものに属する部分さえもコードによって保持され、あるいは規定されるのだ。けれども領土的指標ないし記号は、ある二重の運動と切り離すことができない。結合された環境は、動物が必然的に身を投じ、危険を冒すことになる外部性の環境につねに直面するので、危険が生じたときに動物が自己の結合された環境に引き返すことを可能にする逃走線というべきものが確保されなければならない（例えば、闘牛場における牛の逃走線——牛はこの逃走線によって、自分が選んだ場所に戻ることができる）[18]。ついで結合された環境が外部からのいろいろな衝撃によって動揺し、動物がちょうど脆い杖にすがるように、みずからの内部環境によりかかり、新たな外部の一部と結び合おうとして、結合された環境を放棄しなければならなくなるとき、第二の逃走線が現われる。海が干上がると、〈原始魚〉は、「自分を移動させる」ことを余儀なくされ、大地を探険しようとしてみずからの結合された環境を離れる。そして、胚を保護するためにもはや羊膜の内部にしか水をたくわえない。いずれにしても動物とは、攻撃するものというよりは、逃走するものであるが、その逃走とは、征服や創造でもあるのだ。領土性はしたがって、すみずみまでさまざまな逃走線によって貫かれているのであり、これは領土性のうちにさまざまな脱領土化と再領土化の運動が現存していることを示している。見方によっては、領土性とは二次的なものである。領土性は、それを廃絶するこうした運動なしには、それ自体何ものでもなかろう。一言で言えば、ある地層の〈統合態《エキュメーヌ》〉、または構成の統一性をめぐっても、もろもろの上位層と傍層がたえず揺れ動き、滑り、移動し、変化し続け、一方は逃走線と脱領土化の運動に、他方はもろもろの脱コード化またはずれのプロセスにまきこまれ、二つは諸環境の交叉するところで交通し合うのである。地層は、素材を供給する基層のレベルで、各地層が含んでいる「スープ」(前生命状態のスープ、前化学的なスープ……)のレベルで、堆積する上位層のレベルで、互いに隣接する傍層のレベルで、たえず分解や断裂の現象によって揺すぶられている。つまり、同時的な加速と遮断、比較される速度、相対的な再領土化の場を作り出す脱領土化の差異が、いたるところに生ずるのだ。

　確かに、これらの相対的な運動を、絶対的な脱領土化や、絶対的な逃走線や、絶対的なずれの可能性と混同すべきではない。前者が地層の、ないしは間地層的な運動であるのに対し、後者は、存立平面とその脱地層化作用(ジョフロワなら「燃焼」と言うところだ)にかかわっているのである。確かなことは、逸脱した物理学的微粒子は加速されて地層に衝突し、最小限の痕跡を残しつつ地層を貫き、時‐空間の座標を、そして実在の座標をさえ逃れ去って、存立平面上の絶対的脱領土化の、あるいは形態化されない物質の状態へと向かうことである。何らかの仕方で、相対的な脱領土化は加速されて音速障壁にまで達する。もし微粒子がこの障壁に撥ね返されるか、あるいはブラック・ホールに再び捉えられてしまうなら、微粒子は再び地層の中に、その関係と環境の中に戻ることになる、だが、壁を乗り越えた場合、それは存立平面の、形式化されざる、脱地層化された要素に到達するのである。人はこういうことさえできる——微粒子の数々を放射し組み合わせるもろもろの抽象機械は、いわば実に相異なる二つの存在様式を持っていると。すなわち、統合態と平面態である。あるとき抽象機械は、地層化作用に捉われたままで、それはこれこれの特定の地層の内部に包摂され、その地層のプログラムや構成の統一性を規定し（〈抽象的動物〉、〈抽象的化学体〉、〈即自的エネルギー〉）、地層上の相対的な脱領土化の運動を調節する。またあるときには、抽象機械は逆に、あらゆる地層化作用を横断し、唯一のものとして、それ自体で存立平面上に展開され、そのダイアグラム〔図表〕を構成する。つまり、同じ機械が同時に、天体物理学とミクロ物理学、自然と人工に作用し、絶対的な脱領土化の流れを導くのである（確かに、形態化されざる物質とは、決してカオスといったものではないのだ）。けれども、こうした説明は、まだ単純すぎるのである。

まず、われわれは相対的なものから絶対的なものに、単なる加速によって移行しうるわけではない、たとえ速度の増大によって、比較的にこうした結果に近づくにしても。

脱領土化とは、巨大な加速器によって定義されるようなものではなく、それが絶対的であったりそうでなかったりするのは、より速いとか遅いとかいうこととは無縁なのだ。相対的なゆるやかさや遅れの現象によって絶対的なものに到達することもできるのだ。例えば、発達の遅れ。脱領土化を規定すべきものは、その速さではなく（脱領土化にはとても緩慢なものもある）、その性格である。つまり、もろもろの上位層と傍層を構成し、分節された切片によって進行するという性格、または逆に、存立平面のメタ地層を描く分解不可能な非切片的な線にそって、ある特異性から別の特異性へ跳び移るという性格である。一方、とりわけ信じてはならないのは、絶対的な脱領土化が、一挙に、そのうえ事後に、あるいは彼方で生ずるなどと考えることだ。こんな条件のもとでは、なぜもろもろの地層がそれ自体、地層上の偶発事といったものではない相対的な脱領土化と脱コード化の運動によって活発になるのか理解できなくなる。実際、最初にあるのは一つの絶対的な脱領土化、絶対的な逃走線であり、どんなに複雑かつ多様なものであっても、それは存立平面ないし器官なき身体の脱領土化なのだ（〈大地〉、絶対的に脱領土化されたもの）。そして、それが相対的なものになるのは、ただこの平面、この身体の上で生ずる地層化によってのみである。地層はつねに残滓であって、その逆ではない――何かがどのようにして地層から脱するのかと問うべきではなく、むしろすべてのものがどんなふうに地層の中に入るのか問わなくてはならない。したがって、相対的なもののうちには絶対的な脱領土化が恒常的に内在し、地層間のさまざまな機械状アレンジメントは微分的関係と相対的運動を調節するのだが、絶対的なものに向かう脱領土化のさまざまな点もそなえている。つねに、もろもろの地層と存立平面の内在性があり、抽象機械の二つの状態が、二つの異なる強度の状態と同じく共存しているのだ。

大部分の聴衆が席を立っていた(はじめに、二重分節にこだわるマルチネ派が、ついで内容と表現にこだわるイェルムスレウ派が、そして蛋白質と核酸にこだわる生物学者たちが)。残っていたのは数学者たち——彼らはまた別の狂気に馴れっこになっているからだ——何人かの天文学者と考古学者、他にもちらほら。それに、チャレンジャーの方も始めたときとちがって、声はますます嗄れ、ときに猿のするような咳がまじった。彼が夢見ていたのは、人間相手に講演をすることなんかより、ただのコンピュータにプログラムを提供することだった。あるいは一個の公理系であった。というのも、公理系は本質的に地層化にかかわるものであるからだ。チャレンジャーはもう記憶装置《メモリー》に向かってしか語りかけない。さて、これまでは、実質と形式の観点から、地層上で一定しているものと変化するものについて語ってきた。残っているのは、ある地層から別の地層にかけて何が変化していくかを、内容と表現の観点から問うてみることである。というのも、内容と表現のあいだに、二重分節を構成する現実的な区別、相互的前提というものがつねにあるとすれば、ある地層から別の地層へかけて変化するのは、この現実的な区別の性質であり、区別される項のそれぞれの性質と位置だからである。まず、第一の大きな地層群《グループ》を検討してみよう。この群《グループ》を構成する諸地層は、簡潔に次のように特定することができる。すなわち、内容（その形式と実質）は分子状であり、表現（その形式と実質）はモル状である、と。両者のあいだの差異は、何よりもまず大きさないし規模の次元にかかわっている。二重分節は、ここでは大きさに関して二つの次元を含んでいるのである。地層化されたシステムを確立するのは、この二つの互いに独立した次元間に生起する共振、交通であり、分子状の内容はそれ自体、初期的な量塊の配分と分子間の作用に対応する形態をそなえている。同様に表現の方でも、巨視的レベルにおける統計的な集合と均衡状態を示す形態をそなえている。表現はここでは、「本来ミクロ物理学的である非連続性の活動特性をマクロ物理学的水準へ移行させる増幅的構造化の操作」といったものなのである。

われわれは、このような事例《ケース》から出発して、地質学上の地層や、結晶の地層や、物理－化学上の地層を見てきた。これらのいたるところで、モル的なものは微視的な分子状の相互作用を表現していると言える。（「結晶とは、微視的構造の巨視的表現である」、「もろもろの結晶の形態は、結晶を構成する単体のもつ一定の分子的ないし原子的特性を表現している」）。確かに、この点に関して実にさまざまな可能性があり、それは中間的状態の数と性質によって、また表現が形態化される際の外部の力の介入によって変化する。分子的なものとモル的なもののあいだには、多かれ少なかれ、中間的状態がありうる。また、モル的形式に介入してくる、外部からの力または組織化する中心が、多かれ少なかれ存在しうる。そしておそらくこの二つの因子は、二つの限界例を示しつつ、逆比例するのである。例えば、モル的表現形式は、「鋳型」タイプであって、最大限の外部の力を動員しうる。あるいは逆に、「変調」タイプであって、最小限の外部の力しか介入させないかもしれない。しかしながら、鋳型タイプの場合でさえ、特定の形態をとる分子状の内容と、鋳型の形態によって外から規定されるモル状の表現とのあいだには、ほとんど瞬時に数々の内的中間的状態が生ずるのである。逆に、中間的状態の多様化と持続化が、例えば結晶の場合のように、モル的形態の内因的性格を示すときにも、最小限の外部の力というものがあって、これらの段階のそれぞれに介入してくるのである。[19]したがって、内容と表現の相対的独立性、つまり形態をそなえた分子状の内容と、やはりみずからの形態をそなえたモル状の表現とのあいだの現実的な区別は、限界例のあいだで一定の幅を与えられた特別なステータスをもつのである。

もろもろの地層が神の裁きである以上、スコラ哲学と中世神学のありとあらゆる精妙さを活用することをためらってはならない。内容と表現のあいだには、確かに現実的な区別がある。それぞれに対応する形式が「物」自体のうちで現実に区別されるからであり、単に観察者の精神において区別されるだけではないからである。だが、この現実的な区別は実に特殊なものである、つまり、それはもっぱら形式上の区別なのだ。というのも、二つの形式《フォルム》は、ただ一つの同じ物、ただ一つの同じ地層化された主体を構成し、適合化するからだ。形式上の区別に関しては、さまざまな実例を示すことができよう。

すなわち、縮尺または大きさの程度の区別（例えば地図とそのモデル、あるいは他に、エディントンの二つのオフィスの比喩に見られるようなミクロ物理学的レベルとマクロ物理学的レベルのあいだの区別）——同一物が経由するさまざまな状態ないし形態的理由間の区別、ある形態をまとった物と、それに別の形態を与えるような、場合によっては外在的な因果関係の区別……等々（単に内容と表現がそれぞれみずからの形式をそなえているというだけでなく、もろもろの中間的状態が内容に固有の表現形式を導入し、表現に固有の内容形式を導入するのだから、それだけ多くの異なる形式が生ずるのである）。

形式の区別がいかに多様で現実的であっても、区別そのものが、有機体の地層とともに変化し、そのことによって、この地層上の内容と表現の分割そのものが変化する。だがそれでいて地層は、分子的なものとモル的なものの関係を、あらゆる種類の中間的状態とともに保ち続け、増幅しさえする。われわれはそのことを形態発生について見た——この場合、二重分節は大きさの二つの次元間の交通と切り離すことができなかった。細胞化学についても同様である。だが、有機的地層独自の性格というものがあり、それはこういった増幅作用そのものを説明してくれるにちがいない。つまり、先ほど見たように、表現は、あらゆる方向において、またあらゆる次元に応じて、表現される分子状の内容に依存しており、上位の大きさの次元や外部の力に訴えるかぎりにおいてしか自立性を持たなかった。つまり、現実的な区別は形式間にあり、しかも、ただ一つの同じ集合、同じ物ないし同じ主体に属する諸形式のあいだにあったのだ。だが今や、表現はそれ自体何にも依存しないもの、つまり自立したものとなる。先に述べた地層のコード化が地層と共通の外延をもったのに対して、有機的地層のコード化は、他に依存しない自立した線上に展開される。この線は二次元および三次元から最大限離脱しているのだ。表現は、もはや立体的または平面的なものではなく、線的で一次元的なものとなるのだ（その切片性においてさえ）。本質的なのは、核蛋白質《ヌクレイン》複合体のシークエンスの線形性[20]である。したがって内容－表現の現実的区別とは、もはや単に形式上のものではなく、厳密にいって現実のものである。つまり、それは今や、大きさの秩序とは無関係に分子的なもののあいだに存在する。分子の二つのクラスのあいだ、すなわち、表現としての核酸と内容としての蛋白質のあいだ、核要素ないしヌクレオチド要素と、蛋白質要素ないしアミノ酸要素とのあいだに存在するのである。表現と内容はそれぞれ分子的なものとモル的なものをそなえているのだ。区別はもはやただ一つの同じ集合ないし主体にかかわっているのではない。つまり、線形性がわれわれにとって有利なのは、統一性に向けてではなく、何よりもまず平らな多様体の秩序にとってなのである。表現はまさにヌクレオチドや核酸にかかわると同様に分子にかかわる。この分子は、その実質と形式において単に内容をなす分子から独立しているだけでなく、外部環境から方向づけられたあらゆる作用からも完全に独立している。だから不変性はある種の分子に属しており、もはやモル的段階に属してはいない。逆に、蛋白質もその内容としての実質と形式において、やはりヌクレオチドから独立している。つまり、一義的に規定されるのは、ただ単に、あるアミノ酸が他のアミノ酸よりも、三つのヌクレオチドからなる一シークエンスによく対応するということだけなのである。[21] 線形的な表現形式が規定するのは、したがって今度は内容に関係する、ある派生的な表現形式であって、これが最終的に、アミノ酸からなる蛋白質シークエンスの折り畳みにより、特定の三次元構造を示すことになる。要するに、有機的地層を特徴づけているのは、表現のこうした線形化、表現線のこうした放出ないし分離、すなわち表現の形式と実質を一次元の線上に投影することである。これによって大きさの諸次元を考慮に入れる必要なく、内容との相互的独立性が保証されることになる。

たくさんの帰結がそこから生じてくる。表現と内容のこうした新たな状況は、ただ単に有機体の生殖の力を条件づけているだけでなく、それ以上にまた、その脱領土化の力と加速さえも条件づけているのだ。コードの線形化ないし核蛋白質のシークエンスの線形性は、まさに「記号《シーニュ》」の脱領土化の閾を示しており、この閾こそが複写の新たな適合性を決定し、しかも結晶よりも脱領土化されたものとして有機体を決定する。つまり、ただ脱領土化されたものだけが自己を再生産するのである。事実、内容と表現が分子的なものとモル的なものとして分配されるかぎり、実質は状態から状態へ、先行する状態から後続の状態へ、あるいは層から層へ、すでに構成された層から構成途上の層へと移行し、その一方で、もろもろの形式は、最後の層または最後の状態と外部環境の境界で確立されるのである。その結果、層ごとに、状態ごとに、あるいは境界に生ずる一連の誘導によって、地層はもろもろの上位層や傍層に発展していく。結晶とは、この過程を純粋状態で抽出するものなのだ。というのは、結晶の形態はありとあらゆる方向に広がっていくが、ただしそれは、成長を止めることなく、その内部の最大部分を失ってしまいかねない実質の表層にしたがっているのである。結晶が三次元に従属しているため、つまりその領土性の指標のため、構造は形式的に自己を再生産したり表現したりすることができず、脱領土化しうるものとして接近可能な表面だけが再生産され、表現されるのみである。これと反対に、有機的地層上での純粋な表現線の分離は、有機体に次のようなことを同時に可能にするのである。はるかに高度な脱領土化の閾に到達すること、みずからの複雑な構造のあらゆる細部を空間中に再生産する機構《メカニズム》を所有すること、またみずからの内部のあらゆる層を外部と、あるいはむしろ極化した境界と、「トポロジックに接触」させることである（生体における膜の特殊な役割はここに由来する）。地層の、上位層や傍層への発達は、その際もはや単なる誘導によって起こるのではなく、もろもろの変換〔形質導入〕によって起こるのであり、この変換こそが、大きさの次元と無関係に生ずる分子的なものとモル的なものとの間の共振の増幅を、そして距離とは無関係に生ずる内的実質の機能的効力を、また、コードとは無関係に生ずる形式の繁殖や交叉の可能性さえ（コードの剰余価値、あるいはコード変換や非平行的進化の現象）[22]説明するのである。

第三の大きな地層群は、何らかの人間的本質によってというよりも、やはり内容と表現の新たな配分によって規定されるであろう。内容の形式は「異種形成的」なものになり、もはや「同種形成的」なものではなくなる、つまり、外界にもろもろの変更を加えるのである。表現の形態の方は言語的になり、もはや発生論的なものではなくなる。つまり、理解可能で伝達可能、そして変更可能な外部の象徴によって作用するのである。人間の特性と呼ばれるもの――技術と言語、道具と象徴、自由に動く手としなやかな喉頭、「身振りと言葉」――こういったものは、むしろこの新たな配分の特性というべきであって、これが人間という一個の絶対的起源から始まるものと見なすのは困難なことだ。ルロワ＝グーランの分析から出発して、われわれは、どのようにして内容が手－道具という対に結びつき、表現が顔面－言語、顔－言語という対に結びついているかを理解することができる。(23) 手は、ここでは単なる器官と見なされてはならず、一個のコード化作用（指によるコード《デイジタル》）、活動的な構造化、活動的な形成（手による形式、あるいは手による形式的特徴）と見なされねばならない。内容の一般形式としての手は、道具においてみずからを拡張するが、道具はそれ自体活動中の形式であり、形式化された質料としての実質をともなう。そして最後に、生産物は形式化された質料、または実質であり、今度はそれが道具として役立つことになる。手による形式的特徴が、地層にとって構成の統一性になるとすれば、道具や生産物の形式と実質の方は、傍層と上位層として組織化され、この傍層と上位層はといえば、それ自体、真の地層として機能し、人間集団におけるもろもろの非連続、断絶、交通や伝達、遊牧性と定住性、多様な閾と相対的な脱領土化速度を示すのである。なぜなら、内容の形式的特徴または一般的形式としての手によって、われわれはすでに脱領土化のある大きな閾に到達し、それを開放することになり、比較されるさまざまな脱領土化と再領土化の機動的な作用そのものを、それ自体で可能にする加速器が作動し始めるからである——まさに、有機的な基層における「発達の遅れ」の現象こそが、こうした加速を可能にするのだ。手はただ単に脱領土化された前肢ではない。自由に使える手は、物をつかみかつ移動するための猿の手に比べて脱領土化されているのである。他の諸器官の相乗的な脱領土化を考慮に入れること（例えば、足）。また、もろもろの環境の相関的脱領土化をも考慮に入れること——草原（ステップ）は森林よりも脱領土化された結合環境であり、身体と技術に脱領土化の選択的圧力をかけてくる（手が自由な形態として現われ、火が技術的に作り出せる質料として現われうるのは、森林においてではなく、草原《ステップ》においてである）。そして最後に、もろもろの補完的な再領土化を考慮に入れること（手を補償して、草原の上に実現される再領土化としての足）。こんなふうにしてさまざまな有機的、生態的、技術的地図を作ること、それを存立平面の上に広げること。

一方、言語は、確かに新たな表現形式のように、あるいはむしろ、地層全体にわたる新たな表現を定義する形式的特徴の総体のように見えはする。けれども、手による形式的特徴が、その連続性を断ち切り、その効果を配分するような形式や形式化された質料の中にしか存在しないのと同様に、表現の形式的特徴は、さまざまな形式的言語の中にしか存在せず、形式化すべき一つあるいは複数の実質をともなうのである。実質とは何よりもまず音声的実質であり、それがさまざまな有機的要素を、単に喉頭のみならず、口と唇、そして顔面の、顔全体のあらゆる機能を作動させる。ここでもまた、一個の強度地図の全体を考慮に入れること——獣の口の脱領土化としての人間の口（まさに「口と脳の葛藤」とペリエが言ったように）、口の脱領土化としての唇（ただ人間だけが唇を、すなわち、外側にめくれた内粘膜を持ち、ただ人間の雌だけが乳房を、すなわち、脱領土化された乳腺を持っている。つまり言語の習得に好都合な、長期にわたる哺乳によって、乳房の上で唇の、そして唇の上で乳房の補完的な再領土化が行なわれるということだ）。なんと奇妙な脱領土化であることか、自分の口を、食物やざわめきではなく、言葉でみたすとは。草原《ステップ》は、またも強い選択の圧力を及ぼしたように思われる。つまり、「しなやかな喉頭」とは、自由な手と交信する相手のようなものであり、森林を切り開いた環境においてはじめて形成されるものなのである。この環境ではもはや、絶えまない森のざわめきを叫びによって支配するために、巨大な喉頭嚢《のう》など持つことはもう必要でないのだ。分節すること、話すこと、それは小声で話すということであり、知ってのとおり、樵たちはほとんど話をしない[24]。けれども、ただ音声的実質だけが、つまり音響的かつ生理学的な実質だけが、これらすべての脱領土化を経由するのではない。言語としての表現形式もまた、一つの閾を踏み越えるのだ。

音声記号は時間的線形性をそなえている。そして、この超線形性こそが、音声記号特有の脱領土化を、つまり、遺伝子の線形性との差異を産み出しているのである。遺伝子の線形性は、たとえその切片《セグメント》の数々が相ついで構築され、複製されるにしても、まずもって空間的なものである。だから、それはこのレベルではいかなる実効的な超コード化をも要請しないで、単に累積的現象、局所的調節、そして部分的相互作用を要請するだけである（超コード化が介入してくるのは、大きさのさまざまな次元を巻き込む統合作用のレベルにおいてのみである）。だからこそ、ジャコブは、遺伝子のコードを言語と比較することについては慎重である。実際、遺伝子コードには、発信者もなければ受信者もなく、理解ということも翻訳ということもない、あるのは単にさまざまな冗長性と剰余価値だけなのである。[25] 反対に、言語表現の時間的線形性は、ただ単に継起にかかわるのではなく、時間における継起の形式的総合にかかわるのであり、この総合が、まさに線形的超コード化作用というべきものを構成して、他のもろもろの地層の未知の現象を生じさせるのだ。この現象こそがつまり、先に述べた誘導だとか変換〔形質導入〕に対する翻訳、翻訳可能性である。そして、翻訳といっても、単に、ある言語が別の言語のデータをいわば「再現」しうるという意味に受け取ってはならない。それ以上に言語は、その地層上の固有のデータを用いて他のあらゆる地層を再現〔表象〕することができ、そのようにして世界の科学的理解に近づくことができるのである。科学的世界（つまり、動物の環境 *Umwelt* に対する世界 *Welt*）は、実際他の地層のあらゆる流れ、微粒子、コード、領土性の、十全に脱領土化された記号体系への翻訳として、つまり言語に固有の超コード化への翻訳として出現する。こうした超コード化ないし超線形性の特性こそが、言語には単に内容に対する表現の自立性があるだけでなく、実質に対する表現形式の自立性もまたあるということを説明してくれるのである。つまり、翻訳が可能なのは、遺伝子のコードにおいて、例えば、RNA連鎖とDNA連鎖のあいだで生ずることとは反対に、同じ一つの形式がある実質から別の実質へ移行しうるからなのだ。こうした状況が、どんなふうにして言語に、ある種の帝国主義的思い上がりを与えるか後で見てみよう。この思い上がりは、素朴にもこの種の紋切り型で言い表わされている——「非言語的体系《システム》についてのどんな記号学も、言語という媒介手段を借りねばならない。(……)言語とは、他のあらゆる言語的および非言語的体系を解釈するものなのである。」これは、言語活動の一特性を抽出してきて、他のもろもろの地層は語られることによってしかこの特性にあずかることができないと言っているに等しい。いかにももっともらしいが、もっと肯定的に、次のことを確認しておかなければならない。すなわち、普遍的な翻訳がこんなふうに言語に内在しているため、上位層や傍層は、重畳し、伝播し、交通し、隣接する次元で、他の諸地層の上とはまったく別の仕方で作用するのである。つまり、人間のあらゆる運動は、およそ最も暴力的なものでさえ、もろもろの翻訳を前提としているのである。

先を急がねばなりません、とチャレンジャーは言った。今や時間の線が、この第三のタイプの地層上でわれわれを急き立てているのである。こうしてわれわれは、それぞれに形式と実質をそなえている新たな内容－表現の組織を手にしている。すなわち、科学技術的内容と象徴的あるいは記号的表現である。内容といっても、ただ単に手と道具と解してはならない。それは、手や道具に先立って存在し、さまざまな力の状態や権力の形成体を構成する技術的社会的機械と解すべきである。表現といっても、これをただ顔や言語、もろもろの国語と解してはならない。それは、これらに先立って存在し、さまざまな記号の体制を構成するような記号的集団的機械と解すべきである。権力の形成体は、はるかに道具以上のものであり、記号の体制は、はるかに言語以上のものである。つまり、それらはむしろ、言語や道具の構成に際しても、それらの使用、それらの相互的あるいは個別的交通や伝播に際しても、決定しかつ選択する因子として作用するのである。したがって第三の地層とともに生じるのは、この地層に十全に属し、しかも同時に隆起し、他の全地層に向けてあらゆる方向にその挟みを伸ばす、そんな〈諸機械〉の出現である。これは、〈抽象機械〉の二つの状態の中間状態のようなものではなかろうか――つまり、抽象機械が、それに対応する一つの地層に包摂されたままにとどまっている状態（統合態《エキュメーヌ》）と、抽象機械が、脱地層化された存立平面の上でそれ自体で発達していく状態（平面態《プラノメーヌ》）という二つの状態である。ここで、抽象機械は、みずからの襞を広げ始め、直立し始め、依然としてみずからは特定の地層に属しているにもかかわらず、ありとあらゆる地層を逸脱するような幻影を産み出す。これこそが明らかに、人間を構成しているいる幻影なのだ（いったい自分を何だと思っているのか、人間とは？）。それは言語それ自体に内在する超コード化作用から派生してくる幻影である。だが、内容と表現のこれらの新たな配置は幻影などではない。手－道具によって特徴づけられ、より根本的には一つの〈社会機械〉および権力の諸形成体にかかわるテクノロジー的内容。顔－言語によって特徴づけられ、より根本的には一つの〈記号機械〉また記号の諸体制にかかわる象徴的表現。この二つの側で、もろもろの上位層と傍層、つまり重畳する段階と隣接する形態は、これまでになく、それ自体自立的な地層としての価値を持っている。二つの記号の体制を、あるいは二つの権力の形成体を首尾よく区別できたとしたら、われわれは、それこそが、実際に人間の集団における二つの地層なのだと言えるだろう。しかしまさに、こうなると、内容と表現のあいだには、いったいどんな関係が、そしてどんなタイプの区別が成り立つのだろうか？　そうしたことすべては頭の中で起きることだ。だがそれでいて、これ以上に現実的な区別はかつて存在したことがない。われわれが言いたいのは、確かに全地層上に共通の、全地層内に捉えられた外部環境が、すなわち、脳神経的環境というものがあるということだ。それは有機的な基層に由来するものだが、これが果たしているのはもちろん基層の役割ではないし、受動的な支持体の役割でもない。脳神経的環境は、それ自体およそ組織化というものを欠いている。それはむしろ、前人間的スープを成しており、われわれはそこに浸っているのだ。われわれはそこにみずからの手と顔を浸す。脳とは、一個の集団であり、二つの極に向かう部族からなる集合なのだ。ルロワ＝グーランがまさにこのスープ中の二つの極を分析する際——その一方に顔の活動が依存し、もう一方に手の活動が依存することになるのだが——両者の相関性ないし相対性は、現実的区別を妨げるものではなく、反対に、この区別は、手による内容の分節と顔による表現の分節という二つの分節がたがいを前提していることを示している。そしてこの区別は、もろもろの分子、物、あるいは主体間の区別のように、単に現実的なだけではなく、互いに還元しえぬ属性、存在の類、またはカテゴリー間の区別、つまり、物と言葉のあいだのそれと同じように、本質的（と中世には言われていた）になっている。この水準に至っても再び見出されるのは、たがいに区別される二つの分節のそれぞれがすでにそれ自体二重になるという、最も一般的な運動であり、内容のある種の形式的要素は内容それ自体に対して表現の役割を演じ、表現のある種の形式的要素は表現それ自体に対して内容の役割を演じるのである。ルロワ＝グーランは、第一のケースにおいて、いかに手がもろもろの象徴からなる一世界を、つまり、単線的な音声言語とは異なって、内容に固有の放射的な表現を構成する多次元的言語を作り出すか、示している（それがエクリチュールの起源かもしれない）[26]。第二のケースに関して言えば、それは、言語それ自体に固有の二重分節において明白に現われる。なぜなら、音素は、線形的有意的切片としての記号素の表現に固有の放射的内容を形作るものであるからだ（このような条件においてのみ、地層の一般的特性としての二重分節は、マルチネがこれに与えているような言語学的な意味をおびるのだ）。とりあえず以上で、内容－表現の諸関係、それらの現実的な区別、および、地層の主要なタイプにもとづくこれらの関係とこの区別のヴァリエーションに関する話を終えることにしよう。チャレンジャーは、ますます速く話を進めようとしていた。誰一人残ってはいなかったが、それでも彼は先を続けるのだった。それに、彼の声はますます変化していたし、外見もまたそうだった。人間について語り始めたときからずっと、彼の様子にはどこか動物じみたところが出てきた。それはまだ漠としたものだったが、ともかくチャレンジャーは、その場で自分自身を脱領土化しているように思われた。彼は、さらに三つの問題を考察したいと思っていた。第一の問題は、とりわけ用語法に関するものであるように思われた——どんなときに、人は記号について語ることができるだろうか？　いたるところに、あらゆる地層の上に記号を位置づけ、表現の形態というものがあるたびに記号がある、と言うべきなのだろうか？　記号は、ほぼ三種類に区別されている。すなわち、指標（領土的記号）、象徴（脱領土化された記号）、図像（再領土化の記号）というふうに。地層というものはすべて領土性、脱領土化と再領土化の運動をともなっているというわけで、すべての地層にこれらを振りまいてもいいものだろうか？　このような拡張の方法は、危険極まりないものかもしれないのだ。なぜなら、そのようなやり方は、たとえ言語の普遍的翻訳者ないし解釈者という機能にもとづいているにすぎないにしても、言語の帝国主義を準備し、強化するものだからだ。もろもろの地層の総体を貫通する記号体系などというものは明らかに存在しない。象徴形成に先立つものとして、理論的に仮定される記号論的「コーラ」という形でも存在しないのだ。記号について厳密に語ることができるのは、表現の形式と内容の形式の間に単に現実的な区別だけでなく、カテゴリーの区別があるときだけであると思われる。その場合には、対応する地層上に記号的なものが存在する。なぜなら、その場合、抽象機械はまさに起立した態勢にあり、この態勢が抽象機械に「書くこと」を、つまり、言語を処理し、そこから記号の体制を抽出することを可能にするからだ。しかし、それ以前の段階、自然的といえるコード化においては、抽象機械はもろもろの地層に包みこまれたままになっている。それは決して書くことがなく、何か記号といったものを識別するためのいかなる自由度ももたない（ただし動物の領界について狭い意味でいう場合は別として）。そして、それ以上の段階にある場合、抽象機械は存立平面の上にみずからを展開し、もはや記号と粒子のあいだにカテゴリーの区別をする手段を持たない。例えば抽象機械は書く、しかし、それは現実的なものにじかに書くのであり、存立平面に直接書き込むのである。そんなわけで、厳密に言えば、記号という語を、後の地層グループのために取っておくのが理にかなっていると思われるのだ。けれども、こうした用語法に関する議論は、もしそれが別の危険にふれるものでなかったら、まったく何の役にも立たないだろう。その危険というのはもはや、すべての地層に対する言語の帝国主義、あるいはすべての地層への記号の拡張といったことではなく、言語それ自体に対する、さまざまな記号の体制の全体、またそれらの体制を含む地層の広がりに対する、シニフィアンの帝国主義のことである。問題はもはや、記号がすべての地層に適用されるかどうかを知ることではなくて、シニフィアンがすべての記号に適用されるかどうか、すべての記号が意味性をそなえているかどうか、もろもろの記号を含む記号系は必然的にシニフィアンの記号学にかかわるものであるかどうか、知ることだ。この方向に進む場合、記号という概念なしですむようになるかもしれない。というのは、言語に対するシニフィアンの優位は、あらゆる方向に記号だけを拡大適用する場合よりもはるかに、すべての地層に対する言語の優位を保障するからである。われわれが言いたいのは、抽象機械のこのような立場に固有の幻想、自分の挟みの中にすべての地層を把握し、かきまぜるという幻想は、記号《シーニュ》を拡張することよりも、シニフィアンを屹立させることによって、はるかに確実に実現されうるということだ（意味性《シニフィアンス》のおかげで、言語は、個々の地層について想定される記号を経由するという事実とは無関係に、諸地層に直接結合していると自負することができるのである）。だが、人は堂々めぐりして、同じ壊疽を蔓延させてしまう。

　言語学におけるシニフィアンとシニフィエの関係は、おそらく種々さまざまな仕方で理解されてきた――あるときは恣意的なものとして、あるときは一枚の紙の表裏と同様に必然的なものとして、またあるときは事項ごとに対応するもの、あるときは包括的に対応するものとして、あるいはまた、もはや区別できないほど両価的なものとして。いずれにせよ、シニフィエというものは、シニフィアンとの関係の外には存在せず、最終的なシニフィエとは、記号《シーニュ》の彼方に拡大して適用されるシニフィアンの存在そのものなのである。シニフィアンについてわれわれに言えるのは一つのことだけである。シニフィアンとは〈冗長性〉であり、〈冗長なもの〉である、ということだ。シニフィアンの信じがたい専制とそれが収めた成功はこれに由来する。恣意的なもの、必然的なもの、辞項ごとにあるいは包括的に対応するもの、両価的なものが、いずれも、内容をシニフィエに還元し表現をシニフィアンに還元することを許す、同じ要因を提供しているのだ。ところで、内容の形式と表現の形式とは、非常に相対的なものであり、つねに相互的前提の状態にあり、それらの形式は、おのおのの切片のあいだに、一対一の、外在的で、「不均衡」な関係を保っている、つまり、両者のあいだにも、一方から他方へかけても、同形性は決して存在せず、そこにあるのはつねに現実的な独立性と区別なのである。一方の形式をもう一方の形式に合致させるためには、そしてその諸関係を決定するためには、ある特有の可変的アレンジメントさえ必要になるのだ。これらの特性のどれ一つとしてシニフィアン－シニフィエ関係に適合するものではない。たとえそのうちのいくつかがシニフィアン－シニフィエ関係と、何かしら部分的で偶発的な一致をみるように思われるにしてもである。そしてこれらの特性の総体は、シニフィアンの一覧表《タブロー》とは根本的に対立する。内容の形式はシニフィエに属するものではなく、同様に、表現の形式はシニフィアンに属するものではない[27]。このことは、言語が介入している地層も含むすべての地層について真実なのだ。

シニフィアンの愛好家たちは、あまりに単純な状況を暗黙のモデルにしている。語と物、というのがそれだ。彼らは、語からシニフィアンを抽出し、物からは語に適合する――したがってシニフィアンに従属するシニフィエを抽出してくる。彼らはこうして、言語に内在する等質的な領域に身を落ち着けるわけだ。ここで、フーコーから一つの模範的な分析を借りてくることにしよう。この分析は、そんなふうには見えないだけに、いっそう言語学にかかわっている。例えば監獄という物がある。監獄とは、一つの形式、「監獄‐形式」、一地層上の内容の一形式であり、他のもろもろの内容の形式（学校、兵舎、病院、工場）と関連している。ところで、この物あるいは形式は、「監獄」という語にではなくて、まったく別の語と概念にかかわるのである。例えば、犯罪行為を分類し、言表し、翻訳し、実行しさえする一つの新たな仕方を表現する「犯罪者、犯罪行為」といったものに。「犯罪行為」とは、「監獄」という内容の形式と相互に前提し合う表現の形式なのである。それは、監獄をシニフィエとするシニフィアンなどではなく、法的なシニフィアンでさえないのだ。人はそんなふうに考えて分析の全体を台無しにしてしまうのだが。そもそも表現の形式とはもろもろの語に還元されるものではなく、地層と見なされる社会的領野に出現する言表の集合（それがまさに、記号の体制である）に還元される。内容の形式は、物に還元されるものではなく、力の形成体としての複雑な物の状態（建築、生命プログラム、等々）に還元される。そこにはいわば、たえず交錯し続ける二つの多様体が、つまり表現の「言説的多様体」と内容の「非言説的多様体」が存在するのだ。そしてそれは、内容の形式としての監獄がそれ自体その相対的表現をそなえ、つまり、監獄に固有のものであり、犯罪の言表とは必ずしも一致しないあらゆる種類の言表をそなえているために、それだけいっそう複雑なのである。逆に、表現の形式としての〈犯罪行為〉はそれ自体、その自立的内容をそなえている、というのも、それはただ単にもろもろの犯罪を評価する新たな仕方を表現しているだけでなく、犯罪を実行する新たな仕方をも表現しているからである。内容の形式と表現の形式、監獄と犯罪行為は、おのおのその物語、ミクロな物語、その切片をそなえているのだ。それらはせいぜい他の内容および他の表現とともに〈抽象機械〉の同じ一つの状態を含んでいるだけであり、この抽象機械はシニフィアンとして作動するわけではまったくなく、一種のダイアグラム〔図表〕として作動しているのである〔監獄、学校、兵舎、病院……にとって同一の抽象機械が存在する〕。そして、二つのタイプの形式、内容の切片と表現の切片を適合させるためには、それらの現実的な区別を考慮するアレンジメント、二重の挟み——あるいはむしろ二重の頭——をもつ具体的なアレンジメントが必要である。力の形成体と記号の体制を分節し、分子的レベルで働く組織化作用がまさに必要なのだ（フーコーはこれを規律的権力による社会と呼ぶ[28]）。要するに、互いに対応するものと仮定される語と物を対置することも、互いに適合するものと仮定されるシニフィアンとシニフィエを対置することも決してしてはならない。対置すべきなのは、不安定な均衡状態または相互的前提状態にあり、たがいに区別される形式化なのである。「見えるものを口で言ってみても無駄である、見えるものは言われることのうちには決して宿りはしないのだ。」こうしたことは、学校についてもいえる――任意のシニフィエに対して冗長性を示す大いなる〈シニフィアン〉の学習であるような書き方の学習などというものはない。あるのは、相互に前提され、そして一つの二重挟みを構成する、二つの異なる形式化である。すなわち、読み書きの学習における表現の形式化（それに固有の相対的内容がある）、および事物の学習における内容の形式化（それに固有の相対的表現がある）。人は決してシニフィアンでもシニフィエでもなく、ただ地層化されているのだ。

すべての地層の中に記号を持ち込み、あるいはすべての記号の中にシニフィアンを持ち込むような（たとえ究極的には記号さえなしですますことになっても）拡張的方法よりも好ましいのは、それゆえ、ある厳密に限定的な方法である。まず第一に、記号をともなわない表現の諸形式がある（例えば、遺伝子のコードは言語とは何の関係もない）。記号に言及しうるのはただ地層の一定の条件においてのみであり、それは決して言語一般と一致しない。むしろ記号とは、そのまま言語の現実的用法または機能であるような言表の諸体制によって定義されるのである。けれども、なぜ表現を形式化するこれらの体制のために記号という語を保持しておくのか、別の仕方で形式化されるもろもろの同時的内容の方は表示することも意味することもないままに。それは、記号とは何かの記号ではなく、脱領土化と再領土化の記号であり、こうした運動において踏み越えられるなんらかの閾をしるすものであるからだ。記号という語が保存されねばならないのは、この意味においてなのである（われわれはそのことを動物の「記号」に関してさえ見てきた)。

ついで、記号の体制の数々をこうした限定的な意味で考察するとしても、われわれの思うに、それらはシニフィアンではない。あるいは必ずしもシニフィアンなのではない。記号が、ある特定の地層群について行なわれる表現の一定の形式化だけを指すように、意味性それ自体は、この特殊な形式化における、たくさんの体制のうちの一定の体制だけを指すのである。非記号的なあるいは記号をともなわない表現があるように、非記号学的な記号の体制や、非意味的な記号が、もろもろの地層上に、また、存立平面上に存在する。意味性に関して言えることはせいぜい、意味性という語が名指しているのは一つの体制であるということ、しかもこの体制は、とりわけ興味深いものでも現代的なものでも、今日的なものでもなく、おそらく単に他の体制よりもいっそうたちが悪く、癌のように致命的で専制的であり、幻想の中でさらに前進する、そんな体制であるということだけなのだ。

いずれにせよ、内容と表現は、決してシニフィエとシニフィアンに還元されるものではない。そして(これが第二の問題なのだが)それらは、下部構造と上部構造にもやはり還元されないのである。決定因としての内容の優位を措定することはできないし、同様に、シニフィアンとしての表現の優位を措定することもできない。表現というものを内容を反映する形式と見なすことはできないのだ。たとえその形式に「一定の」独立性と一定の反作用を及ぼす可能性を認めるにしてもである。いわゆる経済的内容がすでに一個の形式を、そしてみずからに固有の表現の形式さえそなえているということを考えてみるだけでよい。内容の形式と表現の形式は、前提される二つの並行的形式化にかかわるのである。それらの形式が絶えずその切片を交錯させ、一方の切片を他方の切片に組み込み続けるのは明白なことである。ただこれは二つの形式がそこから派生してくる一つの抽象機械と、両者の諸関係を調節するもろもろの機械状アレンジメントによって可能になるのだ。もしこの並行関係をピラミッド形のイマージュに置き替えてしまったら、人は内容を（その形式に至るまで）、すっかり〈抽象的なもの〉の性質をおびた、生産の経済的下部構造に仕立ててしまうことになる。つまりその場合に、もろもろのアレンジメントは、上部構造の一階となり、そのようなものとして一つの国家装置の内部に位置づけられる。記号の体制と表現の形式は上部構造の二階となり、イデオロギーによって規定される。言語についてはもうどうしていいかわからなくなってしまう。偉大なる〈専制君主〉は、国民の共有財産であり情報の伝達手段である言語に特別の地位を与えるべし、と決定した。こうしてわれわれは、非等質的な記号の体制の中にしか存在しないのであり、情報を循環させるというよりも、むしろ相矛盾する秩序を配分するという言語の本性を見誤ってしまう。また、権力の組織化またはアレンジメントをまさに表現していて、内容が前提する表現としてのイデオロギーとは何の関係もないという記号の体制の本性（イデオロギーとは、あらゆる現実的社会機械を覆い隠してしまう最悪の概念である）、国家装置の内部に位置づけられるものではいささかもなく、ありとあらゆる場所で内容と表現の形式化に働きかけ、それらの切片を交錯させる権力の組織化の本性、さらに、決して「最終審級においては」経済的なものではない内容の本性を見誤ってしまうのである。というのは、直接に経済に関係する記号や表現に劣らず、非経済的な内容が存在するからである。社会的形成体の地位《ステータス》が作り上げられるのも、いくらかのシニフィアンを下部構造に組み込むこと――あるいはその逆――によってではない。つまり、政治経済学の中に、少しばかり男根《ファルス》や去勢を、精神分析学に少しばかり経済学や政治学を組み込むことによってではないのである。

最後に第三の問題がある。というのも、地層の体系を披瀝するに際して、あたかもそれらが段階的に秩序づけられ、完成に向かってさまざまな度合を経由するものであるかのように、それらのあいだに一種の宇宙的なあるいは精神的でさえあるような進化を導入するそぶりを見せずにすますのは難しいからである。しかし、そんなことは全然ない。内容と表現のとるさまざまな形象は、段階などではない。生物圏も精神圏もなく、いたるところあるのはただ唯一の同じ〈機械圏〉なのだ。まず第一に、諸地層をそれ自体として検討してみるなら、そのうちのどれかが他の一つより組織化の程度において劣るということはできない。基層の役割を果たす地層でさえそうなのだ。つまり、固定した秩序というものはなく、ある地層は、段階や度合の観点から見て、必要と思われる媒介とは無関係に、別の地層に対して直接、基層の役割を果たしうるのである（例えば、有機的現象にとっての無媒介な基層としてのミクロ物理学的領域）。あるいはまた、見かけの秩序が逆転して、技術的あるいは文化的現象が、昆虫やバクテリアや微生物、さらにまた微粒子の発達にとって好適な腐植質、おいしいスープになることもある。昆虫の時代として定義される工業の時代……今日では、事態はもっと悪化している。どの地層がどの地層とどんな方向に交通するか予測することができないのだ。とりわけ、そこには低次のものにせよ高次のものにせよ組織化と呼べるものはまったくなく、基層は地層の全体をしめ、地層にとりこまれ、組織化の増大ではなく、変化が生ずるような環境となっている[29]。他方、存立平面を検討してみるならば、人は、それがすみずみまで実に雑多な物と記号によって貫かれているのに気づく。記号の断片は化学的相互作用に隣接し、電子《エレクトロン》は言語に衝突し、ブラック・ホールが遺伝子のメッセージをキャッチし、結晶作用が情念を生み出し、蜜蜂と蘭が一つの文字を横断する……。こうしたことは、何かの「ように」生じているのではない、つまり「電子のように」とか「相互作用のように」ではない。存立平面とはあらゆるメタファーの廃絶であり、すべて存立するものは〈現実〉なのだ。それらは電子そのものであり、真のブラック・ホールであり、現実の細胞小器官、真正の記号シークエンスなのである。ただし、それらはみずからの地層から引き剝がされ、脱地層化され、脱コード化され、脱領土化されており、そのことによって、存立平面においてそれらの隣接と相互浸透が可能になるのである。沈黙のダンス。存立平面は、水準の差異や大きさの次元や距離を受けつけない。それは、人工的なものと自然なものとのどんな差異も受けつけない。それは、内容と表現の区別も、形式と形式化された実質の区別も受けつけない――、こうしたものはただ、地層によってのみ、そして地層との関係によってのみ存在する。

だが、もし事物がみずからを規定していた地層を失ってしまったとしたら、もし事物が絶対的な脱領土化に移行してしまったとしたら、人はいかにしてなおも事物を同定し、名指すことができるのだろうか？　眼はブラック・ホールであるが、みずからの地層と領土性の外にあるブラック・ホールと眼とはいったい何なのか？　確かに、われわれは地層と脱領土化された存立平面のあいだの大まかな二元論や対立に満足することはできない。つまり、地層とはそれ自体相対的な脱領土化の諸速度によってつき動かされかつ限定されているのである。しかも、絶対的な脱領土化はそもそもはじめからそこにあり、地層とは存立平面上での降下であり凝固であって、存立平面はいたるところに現存し、いたるところで一次的であり、つねに内在的である。そしてまた、存立平面は〈抽象機械〉によって占められ、横断されるのである。ところで、抽象機械というものは、それが横断する脱地層化した平面の上に展開されて存在すると同時に、みずからがその構成の統一性を規定している各地層の内部に包摂されて存在してもいる。そして、みずからがその把握の形式を規定しているいくつかの地層の中で半ば屹立した形で存在してもいる。存立平面の上を走り、あるいは踊るものは、したがってその地層のアウラを、波立ちを、記憶を、あるいは緊張をともなうのである。存立平面は、ちょうど十分なだけ地層を保持し、自分自身の機能としてみずからのうちで作用するもろもろの変数をそこから抽出してくる。存立平面または平面態《プラノメーヌ》とは、形式化されない素材からなる未分化な集合ではまったくなく、かといって、任意の形式化された素材からなるカオスといったものでもない。確かに、存立平面上には、形式も実質もなく、内容も表現もなく、相対的で相互的な脱領土化もないのである。しかし、諸地層の形式と実質のもとに、存立平面（あるいは抽象機械）は強度の連続体を構成しているのだ。つまり、存立平面は互いに区別される形式と実質からさまざまな強度を抽出し、そのために一つの連続性を作り出すのである。もろもろの内容と表現のもとで、存立平面（または抽象機械）は記号‐微粒子（分節子）を発し、かつ組み合わせ、この記号‐微粒子は、最高度に脱領土化された微粒子のうちに最も非意味的な記号を機能させる。もろもろの相対的な運動によって、存立平面（または抽象機械）は、脱領土化の流れの接続を行ない、このような接続は、それぞれの指標を絶対的な価値に変容させる。地層の方は、もっぱら諸強度を、非連続的で形式と実質の中に捉えられたものとして含み、分節子を、内容の微粒子と表現の項とに分割されたものとして含み、また、脱領土化された流れを、分離され再領土化されたものとしてのみ含むのである。諸強度の連続体、分節子あるいは微粒子‐記号の組み合わさった発信、脱領土化された流れの接続——このようなものこそは、反対に、抽象機械によって操作され脱地層化作用を構成する因子であり、これは存立平面に固有の三つの因子なのだ。ところで、こうしたことすべてのどれ一つとして、混沌とした白夜というべきものではなく、未分化な暗黒の夜でもない。そこにはもろもろの規則、すなわち、「平面化《プラニフィカシオン》」や、ダイアグラム化の諸規則があるのだ。われわれは、それをもっと後で、あるいは別の個所で見るつもりである。抽象機械とは任意のものではない。連続性、発信、それに組み合わせ、接続は、どんなふうにでも行なわれるわけではないのだ。とりあえず、最後の区別をしるさねばならない。抽象機械は、存立平面上で生起することの複雑さを説明するさまざまな同時的状態を呈するというだけではなく、具体的な機械状アレンジメントと呼ばれるものと混同されてはならないものである。抽象機械は、あるときは存立平面の上に展開されて、存立平面の連続体や発信や接続を構成し、あるときは一つの地層の内部に包摂されたままで、その構成の統一性と、牽引や捕捉の力を規定する。機械状アレンジメントの方は、これと密接な関係をもつにしても、まったく異なるものだ。まず第一に、それは、ある地層上で内容と表現の相互調整を行ない、双方の切片間の一対一対応を確固たるものにし、さまざまな上位層と傍層に地層が分割されるのを統御する。ついでそれは、それぞれの地層について基層となっているものに対する関係と、それに対応する組織の変化を確固たるものにする。そして最後にそれは、存立平面の方を向いている。なぜなら、機械状アレンジメントは、一定の地層上に、また地層間に、そして平面に対する地層の関係の中に、必然的に抽象機械を現実化するからである。有機体の地層に分節が生ずるためには、例えばドゴン族の鍛冶屋の鉄床のような一つのアレンジメントが必要だった。二つの地層間に関係が生ずるためにも一つのアレンジメントが必要なのだ。もろもろの有機体が、それらを活用する社会的領野にとらえられ、深く入り込むために。アマゾネスたちは、有機体の地層が一つの戦争技術的地層に適合するように、みずからの乳房の一つを切り落とさねばならないのではなかろうか。まるで女－弓－草原《ステップ》という恐るべきアレンジメントが要請されているようだ。力の状態と記号の体制がその関係を交錯させるためには、さまざまなアレンジメントが必要である。ある地層の内部に包摂された構成の統一性や、一定の地層とその他の地層との関係、それらの地層と存立平面との関係が、任意のものではなく、組織化されたものであるためには、さまざまなアレンジメントが必要である。これらすべてに関して、機械状アレンジメントは、存立平面上に展開され、あるいは一地層の内部に包摂されている抽象機械を現実化するのだ。だから、これ以上に重要な問題はないのだ。一つの機械状アレンジメントが存在する場合、抽象機械に対するその現実化の関係はどんなものか？　それは、どんなふうに、いかなる妥当性をもって抽象機械を現実化するのか？　もろもろのアレンジメントを分類すること。われわれが機械圏と呼ぶのは、同時に諸地層の外と上とのあいだにある、もろもろの抽象機械と機械状アレンジメントの総体のことなのである。

地層のシステムは、だからシニフィアン－シニフィエとも、下部構造－上部構造とも、物質－精神ともまったく関係がない。こうしたものはみな、すべての地層を一つに切りつめる仕方、あるいは、脱地層化としての存立平面からシステムを切り離すことによってシステムを自閉させる仕方なのだ。声がわれわれから遠ざかってしまう前に、要約をしておく必要があった。チャレンジャーは話を終えようとしていた。その声は、聴き分けがたい金切り声になっていた。彼は息を詰まらせていた。その両手は伸び切った挟みと化していて、もう何一つつかむことはできなかったが、それでもなお何かを漠然と指し示していた。二重の仮面、二重の頭は、ある種の物質となって内側から流れ出しているようだったが、はたしてそれが凝固しつつあるのか、反対に液化しつつあるのか、もうわからなかった。聴衆は戻って来ていたが、まるで影か亡霊のようだった。「お聴きになりましたか? こいつは獣の声ですな。」だから、大急ぎで要約し、決定し、できるかぎり、何のためにならなくても用語法を決定しなければならなかった。まず、第一の概念群がある。すなわち〈器官なき身体〉または〈脱地層化された存立平面〉、――〈平面の質料〉つまりこの身体の中であるいはこの平面の上で生起すること〈強度の連続体や記号‐微粒子群の発信や流れの接続からなる、切片化されない特異な多様体群〉、――この身体を構築し、この平面を産み出し、あるいはそこに生起することを「ダイアグラム化」するものとしての、一つのあるいは複数の〈抽象機械〉〈逃走線または絶対的な脱領土化〉。

次に、地層のシステムというものがある。強度の連続体の中から、地層は形式を裁断し、質料を実質として形作る。組み合わせられた発信において、地層は表現と内容、表現の単位と内容の単位を、例えば記号と微粒子を区別する。接続作用によって、地層は相対的運動とさまざまな領土性、相対的な脱領土化と相補的な再領土化を流れに割り当てつつ、もろもろの流れを分離させる。こうして地層は、さまざまな運動によってつき動かされる二重分節をいたるところに確立する。つまり、内容の形式と実質、表現の形式と実質を確立し、これらが、そのたびごとに規定可能な諸関係のもとに切片的な多様体を構成するのである。地層 *strata* とはこのようなものである。各地層は内容と表現の二重分節であり、その二つはどちらも現実に区別され、相互的前提の状態にあって、たがいにもう一方の中に分散し、二つの頭をもつさまざまな機械状アレンジメントによってそれらの切片を関係させる。地層間で変化するのは、内容と表現のあいだの現実的区別の性質、形式化された質料としての実質の性質、また相対的運動の性質である。現実的区別は、ほぼ三大タイプに分類することができる。もろもろの大きさの次元に関する現実的‐形式的の区別——ここに表現の共鳴が確立される（誘導《アンデュクシオン》）——、相異なる主体に関する現実的‐現実的の区別——ここに表現の線形性が確立される（形質導入《トランスデュクシオン》）——、相異なる属性あるいはカテゴリーに関する現実的‐本質的の区別——ここに表現の超線形性が確立される（翻訳《トラデュクシオン》）。

一つの地層は、別の地層にとって基層の役割を果たす。地層は、その環境、その実質的要素、その形式的特徴にしたがって構成の統一性をそなえている（〈統合態〉）。だが、地層はその還元不可能な形式と結合される環境にしたがってもろもろの傍層に分裂し、その形式化された実質からなる層と、媒介的環境にしたがってもろもろの上位層に分裂する。上位層と傍層はそれ自体地層と見なされるべきものである。機械状アレンジメントは、地層間の関係を調整し、さらに、先ほどのさまざまな分割に合わせて各地層上の内容と表現の関係をも調節するかぎりにおいて、間層である。一つの同じアレンジメントが、もろもろの相異なる地層にまたがり、見かけ上は無秩序を呈することもありうる。逆に、ある地層ないし地層の要素が、異なるアレンジメントによって、さらに別の地層とともに機能することもある。結局、機械状アレンジメントとはメタ地層である、なぜなら、それは他方では存立平面の方を向いており、必然的に抽象機械を現実化するものだからである。抽象機械は、各地層の内部に包摂されて存在しつつその〈統合態《エキユメーヌ》〉または構成の統一性を規定しており、かつ存立平面の上に展開されて存在し、その脱地層化作用を導くのである（〈平面態《プラノメーヌ》〉）。アレンジメントは、したがって、地層の外にある抽象機械を何らかの仕方で現実化することなしには、地層の変数をその統一性に応じて調整することができない。機械状アレンジメントは、各地層上で内容と表現が交叉するところにあり、同時に、諸地層の総体と存立平面が交叉するところにある。アレンジメントは、ちょうど灯台のように、実際あらゆる方向に向きを変えるのである。

　これで終わりだった。こうしたことすべてが具体的な意味を持ってくるのは、もっと後になってからのことにすぎなかった。分節された二重の仮面が、手袋や長上衣《チユニツク》までもが崩れ落ちて、そこからいろいろな液体が流れ出し、それらが脱走する道筋となって「香の煙が充満し、風変わりな柄の壁紙をはりめぐらせた」講演会場の地層を浸蝕するように思われた。非分節化され、脱領土化されて、チャレンジャーはこうつぶやいていた——大地をわが身とともに運び去り、神秘の世界、毒にみちたわが庭園へ向けて出発するのだ、と。彼はさらにこう囁くのだった——事態が進行し、記号が増殖するのは、潰走によってであると。パニック、それは創造なのだ。一人の少女が叫んだ、「最高に荒々しくて、最高に深刻でみにくい、狂暴なパニックの発作ね」。誰一人要約を理解した者はいなかったし、誰一人チャレンジャーを引きとめようとする者はいなかった。チャレンジャーは、というか彼の残り滓は、もう何も相対的なもののない奇妙な軌道に沿って、ゆっくり存立平面の方へと急いでいた。彼は滑り込もうとしていた、回転扉の役割を演じるアレンジメントの中、分節子で作動し、強度のチク・タクという音をたて、絶対を連打する相乗的リズムを刻む〈大時計〉の中へ——「シルエットはくずれて、ほとんど人間のものとはいえぬ姿勢になり、異様な宇宙的リズムをチク・タクと刻む棺の形をした大時計の方へ、魅きつけられて奇異な運動を開始した。(……)シルエットは今や不思議な大時計にたどりついていた。そして観客たちは濃い煙ごしに何やらはっきりしない鉤爪のようなものが、象形文字で覆われた大きな扉を撫で廻しているのを見た。鉤爪が触れると、ガチャガチャと不気味な音がした。シルエットは、それから柩の形をした箱の中に入り、背後の扉を閉めた。異様なチク・タクという音が再び鳴り始めた——、それはあらゆる秘密の扉が開かれるときの基調となる宇宙的な暗黒のリズムを打ちならしていた。[30]」——〈機械圏《メカノスフエール》〉、あるいはリゾーム圏。

4

一九二三年十一月二〇日——言語学の公準

指令語のアレンジメント

I　言語は情報を与えるもの、そして伝達するものであろう

学校の女性教師は、文法や計算の規則を教えるとき、何か情報を与えるというわけではなく、また生徒に質問するときも、生徒から情報を手に入れるわけではない。彼女は「記号へと導き」ensigner、指図を与え、命令するのだ。教師の命令は、教えられることの外側にあるのではなく、これにつけくわえられるのでもない。命令は最初の意味から出てくるわけではなく、情報の結果ではないのだ。指図はいつも、そしてすでに、さまざまな指図に向けられており、それゆえに冗長性である。義務教育の機械は情報を伝えるのではなく、文法のあらゆる二項的なベースとともに、記号論的座標を子供に強要する（男性－女性、単数－複数、実詞－動詞、言表の主体－言表行為の主体など）。言語活動の基本的統一性、つまり言表とは指令語 le mot d'ordre である。共通の意味、情報を中心化する能力よりもむしろ、指令語を発し、受け取り、伝達する一つの忌まわしい能力を定義しなければならない。言語は信じるために作られてさえいないのであり、従うため、従わせるために作られている。「男爵夫人は、わたしに善意を示そうという意図は少しも持っていなかった。彼女はただ、わたしに認めたふりをしてほしいと思う

ことをほのめかしているだけだ。(1)」本当らしさや真実性などたいして気にかけず、遵守され、記憶にとどめられるべきことだけを実に巧みに言う警察や政府の発表にも、同じことをわれわれは見るのだ。これらの発表が信頼性に無関心なことは、しばしば挑発的なほどだ。これはまったくほかのことが肝心だという証拠だ。そのことを人が自分自身に向けて言うこと……、言語はそれ以上のことを要求しない。シュペングラーは、言葉の根本的な形態は、判断の言表でも感情の表現でもなく、「命令、従属の証拠、断言、質問、肯定または否定」であり、生に対して命令し、事業や大工事と切り離せない実に短い文章であると述べている。「用意はいいか」、「はい」、「始め」(2)。単語は道具ではない。しかし、子供たちには、言語と、ペンと、ノートが与えられる。労働者にシャベルやツルハシが与えられるのと同じだ。文法の規則は、構文法の目印である前に、権力の目印なのだ。指図は、先行する意味にも、先行する弁別的諸単位の組織にも関係がない。その反対だ。情報は、命令としての指図を送り、伝え、遵守するために必要最小限のものでしかない。火事だAu feuと、ゲーム始めAu jeuを混同しない程度に、またルイス・キャロルの教師と生徒の実に困った場面(教師は階段の上から質問を述べ、それを下男たちが各階ごとに歪曲して伝える。生徒は下の庭から答えるが、この答えも階を昇るごとに歪曲されるのだ)を避けることができる程度に、情報を得るだけでいいのだ。(3)言語は生ではない。それは生に指図を送る。生は語らない。生は聴き、待つのである。どの指令にも、たとえ父から子にであっても、小さな死刑宣告が含まれている。——「判決」とカフカは言った。

難しいのは、指令語のステータスと広がりを定義することだ。言語の起源を問題にしているのではない。なぜなら、指令語は単に言語の機能であり、言語と共通の外延をもつ機能にすぎないからだ。言語がいつも言語を想定し、非言語的な出発点を定めることができないのは、言語が、見られたこと（あるいは感じられたこと）と言われたことのあいだに成立するのではなく、いつも言うことから言うことへと移動しているからである。この点で、物語は見たことを伝達するものではなく、聞いたこと、ある他人があなたに言ったことを伝達するものだと考えられる。いわゆる聞き伝えである。情念から発して事柄を歪曲してしまう幻影を引き合いにだすだけでは不十分である。「最初の」言語、あるいはむしろ言語に与えられる最初の限定は、比喩でも暗喩でもなく間接話法である。換喩や暗喩に人が与えようとした重要性は、言語の研究にとっては致命的であることがわかる。暗喩や換喩は単に効果にすぎず、すでに間接話法を仮定してはじめて言語に属するのだ。一つの情念の中には多くの情念が含まれており、一つの声の中にはあらゆる種類の声、あらゆるざわめきや異言異語が含まれている。そのためどんな言説も間接的であり、言語に固有な変換とは、間接話法の変換なのだ[4]。バンヴェニストは、蜜蜂が有機的なコード化機能をもち、比喩さえ用いるにもかかわらず、言語をもっていることは否定する。蜜蜂は自分の見たことを伝えることはできるが、自分に伝えられたことをさらに伝えることはできないから言語をもたないのだ。蜜を見つけた蜜蜂は、それに気づかない仲間にメッセージを送ることはできるが、蜜に気づかなかった蜜蜂が、やはり蜜に気づかなかった他の蜂にメッセージを送ることはできないのだ。[5] 言語は、第一の人から第二の人に、目撃した者から目撃していない者に伝わるだけでは十分ではない。必ず、事柄を見なかった第二の者から、やはり見ていない第三の人にも伝わらなくてはならない。言語が、指令語として機能する言葉の伝達であって、情報としての記号のコミュニケーションではないというのは、この意味においてである。言語は一つの地図であって、複写ではない。それにしても、指図や命令が、命令法によって示される明らかな命題のかぎられた型にかかわるように見えるのに対して、いかにして、指令語は言語と共通の外延をもつのだろうか。

　オースチンの周知の理論は、行動と言葉のあいだには、言表が、直説法によって一つの行動を記述したり、命令法によってそれを喚起したりできる、というような外的な関係だけが存在するのではないことをよく示している。一定の行為を言いながら遂行するとき（遂行 performatif、つまり「誓って言う」と言いながら誓う場合）、その言葉と一定の行為とのあいだには、またさらに一般的に、言葉と人が話しながら遂行する行為（発話内行為 illocutoire、つまり私は“est-ce que”と言いながら質問し、「愛している」と言いながら約束し、命令法を用いながら命令する、等々）とのあいだには、内的な関係があるのだ。潜在的な、あるいは非言説的な前提と呼ぶことができるのは、この言葉の内部の行為、言表と行為との内在的な関係であり、これは言表をいつも他の言表や、外的行為と関係づけてしまう、つねに明示しうる仮定とは異なっている（デュクロ）。遂行の領域、またもっと莫大な発話内行為の領域を取り上げることによって、すでに次にあげるような三つの重要な結果が生じていた。⑴ 言語をコードとしてとらえることの不可能性。なぜなら、コードは説明を可能にする条件だからである。そして、言語を情報の伝達としてとらえることの不可能性。命令し質問し許可し肯定することは、命令や疑問や同調や確信を伝えることではなく、固有の、内在的な、必然的に潜在的な行為を遂行することなのだ。⑵ 意味論、構文論また音素論さえ、プラグマティックと独立した、言語の科学的領野として定義することは不可能となる。プラグマティックはもはや「ごみだめ」ではない〔以下「プラグマティック」は言語学の一分野としての「語用論」よりもはるかに広汎な「実践論」というほどの意味で用いられる〕。プラグマティックな限定は、もはや二者択一に隷属すること、つまり、言語の外部にうっちゃられてしまうか、構文化し記号化する明白な条件にしたがうかすることをやめる。プラグマティックは逆に他のあらゆる次元の前提となり、いたるところに浸透する。⑶ ラング－パロールの区別を保存することの不可能性。なぜなら、パロールはもう本来の意味の単なる個別的で外的な適用とか、先行する構文の可変的な適用として定義されはしないからだ。反対にラングの意味と構文は、ラングが前提とするパロールの行為と無関係に定義されることはありえないのだ。⑹

実際まだわれわれは、パロールの行為や潜在的前提を、なぜ言語と共通の外延をもつ機能と見なすことができるのか、まだよく理解していない。遂行（「それ」を言いながら実行すること）から出発し、発話内行為（話しながら実行すること）にまで拡張すると、なおさらわかりにくくなる。なぜなら、普遍化したプラグマティックに依拠することをいつも避ける意味論的、構文論的特性にしたがって遂行を説明すれば、いつでもこの拡張を妨げ、遂行をそれ自身のうちに閉じこめておくことができるからだ。こうして、バンヴェニストによれば、遂行は行為に関するのではなく、反対に自己言及的な用語の領域（「わたし」、「きみ」……等、転位語として定義される真の人称代名詞）に関連する。それゆえ、言語においてあらかじめ存在する主観性や間主観性の構造は、言葉の諸行為を前提とするどころか、十分これを説明するものとなる[7]。だから、言語はここでは、情報性としてではなく、むしろ伝達性としてとらえられ、この間主観性、この言語に特有の主体化こそが、残余を、つまり、人が「それ」を言いながら存在させることのすべてを説明することになる。しかし、問題は、主観的な伝達が、理想的な情報よりもましな言語の概念かどうか知ることである。オスヴァルド・デュクロは、バンヴェニストのシェーマを転倒してしまう根拠を展開した。遂行を考慮することを可能にするのは、自己言及の現象ではない。逆に「一定の言表が、社会的に、一定の行動の実現のために役立つ」という事実、この事実こそが、自己言及を説明するのだ。したがって、遂行そのものが発話内行為によって説明されるのであって、その逆ではない。潜在的、非言説的な前提を構成するのは、発話内行為である。そして、発話内行為の方は、言表行為のさまざまな集団的アレンジメントによって、法的行為によって、または法的行為の等価物によって説明される。これらは主体化の過程や、主体の指定をラングの中に割り振るのであり、ラングに依存するどころではないのだ。それぞれの国語において、主体的な形態素の役割と分担を決定するこれらの「言表＝行為」というアレンジメントを説明するために、伝達は、情報よりもましな概念とはいえないし、間主観性は、意味性よりもすぐれているとはいえない。(8)（間接話法の分析はこの観点を確認することになるだろう。なぜなら、主体化が始めにあるのではなく、これは複雑なアレンジメントから発生するからだ。）

われわれが指令語と呼ぶのは、明瞭な言表の特別なカテゴリー（例えば、命令法）ではなく、あらゆる言葉や言表と潜在的な前提との関係、つまり、言表において実現され、また言表においてしか実現されることのないパロールの行為との関係なのだ。指令語はしたがって命令にのみかかわるのではなく、「社会的義務」によって言表と結びつくあらゆる行為にかかわるのだ。直接、または間接にこの絆を示さないような言表は存在しない。一つの質問、一つの約束は指令語である。言語は一定の瞬間にラングにおいて機能する指令語の集合、潜在的前提、またはパロールの行為によってのみ定義される。

言表と行為のあいだで、関係は内的、内在的であるが、そこに同一性はない。関係は、むしろ冗長性である。指令語はそれ自体、行為と言表の冗長性なのだ。新聞やニュースは、考えたり、覚えたり、待ったり、等々、「しなければならぬ」ことをわれわれにいうかぎりで、冗長性によって作用する。言語は情報的でも伝達的でもなく、情報の伝達ではない。こういったこととまったく違って、一つの言表から他の言表への、またそれぞれの言表の内部での、指令語の伝播なのだ。一つの言表は一つの行為を実現し、行為は言表において実現されるからである。情報科学の最も一般的なシェーマは、原則として最大の理想的情報を提起し、冗長性は、理論的最大値がノイズにおおわれてしまわないように、ノイズを減少させる限定的条件と見なされる。われわれは逆に、何よりもまず指令語の冗長性があり、情報は指令語の伝達にとって最小条件にすぎないと考える（だからノイズを情報と対立させる余地はなく、むしろ言語に働きかけるあらゆる不規則を、規則または「文法性」としての指令語に対立させる）。冗長性は、二つの形態をもつ。頻度と共振である。前者は、情報の意味性にかかわり、後者（私＝私）は、伝達の主体性にかかわるのである。しかし、まさに、この見方から明らかになるのは、情報や伝達、さらに意味性や主体化さえも冗長性に従属することだ。情報と伝達とは区別されることがある。また、情報からは抽象的な意味性が、伝達からは抽象的な主体化が取り出されることもある。しかし、こうしたことはどれも、言語の基本的で潜在的な形態を与えはしない。支配的な意味と無関係な意味性はなく、確立された服従の秩序と無関係な主体化はない。二つとも与えられた社会的領野における指令語の性格と伝播にもとづいているのだ。

個人的な言表など存在せず、まして言表行為の主体など存在しない。しかし、言表行為の必然的に社会的な性格を分析した言語学者は比較的わずかである。(9)この性格はそれ自体では不十分で、まだ外的なものにとどまるおそれがある。そのため、これについて語りすぎてしまうか、あまりにわずかしか語らないことになってしまう。言表行為の社会的性格は、いかにして言表行為がそれ自体集団的アレンジメントにかかわっているか示すことができるとき、はじめて内的に基礎づけられる。そのとき、言表の個人化や、言表行為の主体化は、非人称的で集団的なアレンジメントがこれを要求し、決定するからこそ存在することがわかる。これがまさに間接話法の、そしてとりわけ「自由」間接話法の典型的な価値なのだ。明らかに識別される輪郭など存在しないし、まずいろいろに個人化された言表の挿入や、さまざまな言表行為の主体の入れ子構造が存在するのではなく、結果として主体化の相対的な過程や、個人性の指定を決定し、言説の中へのこれらの動的な配置を決定することになる集団的アレンジメントがあるのだ。間接話法は主語を区別することによっては説明されない。この言説の中に自由に現われるものとしてのアレンジメントこそ、一つの声の中に出現するあらゆる声、シャルリュスの独白の中の若い娘たちの歓声、一つの言葉の中の無数の指令語を説明するものだ。「サムの息子」というアメリカの殺人鬼は、祖先の声に煽動されて殺人を犯したが、この声は一匹の犬の声を通じてやってきた。最も重要なのは言表行為の集団的アレンジメントである。それは社会的な性格を考慮にいれざるをえないからだ。ところで集団的アレンジメントは、おそらく行為とこれを必然的に実現する言表との冗長な複合体によって定義することができる。しかし、これはまだ名目的な定義にすぎない。そして、冗長性は単なる同一性に帰することはない（あるいは言表と行為の単なる同一性があるのではない）という、前にわれわれが述べた立場は、まだ立証されるところまでいっていない。集団的アレンジメントの現実的な定義を手にいれたいと思うなら、言表とともに冗長性を形成し、あるいは指令語を形成する、言語に内在的な行為とはいったい何から成り立っているか問わなければならない。

これらの行為は、与えられた社会の内部にいきわたり、この社会の身体に向けられる非身体的変形の集合によって定義づけられるように思われる。われわれは「身体」という言葉にごく一般的な意味を与えることができる（道徳的な身体というものがあり、また魂も身体である、等々）。しかし、これらの身体にかかわる行動と受動と、非身体的な属性にすぎない、あるいは言表による「被表現」〔表現されたもの〕にすぎない行為とを区別しなければならない。デュクロは、行為が何によって成立するかと問い、厳密に法的なアレンジメントに到達し、例として、被告を受刑者に変えてしまう判事の判決をあげている。実際、前に起きること、つまり訴えられた犯罪と、後に起きること、つまり受刑者への罰の行使とは身体に働きかける行動－受動である（財産の身体、犠牲者の身体、受刑者の身体、刑務所の身体）。しかし、被告が受刑者に変わってしまうことは、純粋な瞬時の行為、または非身体的な属性でありこれが判事の判決の被表現である。(10) 平和や戦争は、実にさまざまな身体の状態であり混合である。しかし総動員の政令は、身体の、非身体的で瞬時の変化を表わしている。身体には、年齢、成熟、老化がある。しかし、過大評価、定年退職、あれこれの年齢の区分は、しかじかの社会において、瞬時に身体のものとなる非身体的変形なのである。「おまえはもう子供じゃないんだよ」。この言表は、たとえ身体について言われ、その行動と受動に干渉するにしても、やはり非身体的変形に関するものである。非身体的変形とは、その瞬時性、直接性、それを表現する言表と、この変化が産み出す作用との同時性によって確かめられる。このため、指令語は、時、分、秒まで正確に日付をもち、日付を得るのと同時に効果を発する。愛は、矢に射しぬかれた心臓や、魂の結合などによって表わされる身体の混合である。しかし、「私はあなたを愛している」という宣言は、愛する人にとっても、愛される人にとっても、身体の非身体的な属性を表わしている。パンを食べワインを飲むことは身体の混合である。キリストと一体になることもまた、まさに精神的で、しかも「現実的な」身体のあいだの混合である。しかし、パンとワインの身体を、キリストの体と血に変形することは、身体に向けられる純粋な言表の被表現である。ハイジャックがあったとき、ピストルをふりかざした侵入者たちの威嚇は、まさに行動である。人質の処刑があれば、これも同じく行動である。しかし、旅客の人質への変化、飛行機－身体から牢獄－身体への変化は、瞬時の非身体的変化であり、イギリス人のいうスピーチ・アクトと同じ意味で、マス・メディア・アクトなのだ。指令語、あるいは一社会における言表行為のアレンジメント、つまり発話内行為は、言表と、言表が表わす非身体的変形との、あるいは身体的でない属性との関係を示すのである。

指令語のこの瞬時性は実に不思議なもので、無限遠に投影し、社会の起源におくこともできる。こうして、ルソーにおいては、自然状態から市民的状態への移行は、即座の跳躍、ゼロの瞬間に行なわれる非身体的変形に似ている。現実の〈歴史〉は、たぶん社会的地平で展開される身体の行動と受動について語り、何らかのやり方でそれらを伝えるのだ。しかし、〈歴史〉はまた、指令語を、つまりこの展開に介入する純粋な行為もまた伝達するのだ。〈歴史〉は日付なしには存在しない。一つの集団的プロセスにおけるこれらの決定的行為の存在と瞬時性を最もよく示すのは、おそらく経済学、あるいは財政分析であろう（言表が決してイデオロギーの一部をなすことなく、下部構造と見なされる領域ですでに機能するのはそのためである）。一九一八年以降の、ドイツにおける急速なインフレは、貨幣の身体や、他のいろいろな身体を襲った一つのプロセスである。しかし「諸状況」の集合は、理論的には土地の身体や、具体的な資産に帰することもできるが、やはり純粋な行為、または、非身体的変形であるような記号的変化を一気に可能にしたのである——一九二三年十一月二〇日……(11)。

アレンジメントは変容してやまず、それ自身いつも変化に従っている。まず、状況を介入させなければならない。バンヴェニストは、遂行的な言表は、それを成立させる状況の外では、何ものでもないことをよく示している。誰でも「私は総動員を布告する」と叫ぶことができる。もし、言表する権利を与える変数が実現されなければ、それは子供じみた、あるいは狂気じみた行動にすぎず、言表行為とはならない。「ぼくはきみを愛している」も同じことである。それを信じうるものにするだけにとどまらず、一つの真のアレンジメントにし、権力の印にする諸状況の外では、意味も主体も相手もないのだ。これはたとえ不幸な愛の場合でも同じだ（やはり、力への意志によって人は隷属するのだ……）。ところで、諸状況という一般的な用語は、単に外的な状況だけにかかわるものと考えてはいけない。「誓って言う」と言っても、家庭で言うか、愛においてか、秘密結社か、法廷かによって異なるのであり、同じ事項ではなく、同じ言表でもない。同じ身体の状況ではなく、また同じ非身体的変形でもない。変化は身体についていわれるのだが、この変化そのものは非身体的であり、言表行為の内部にある。言語を外部と関係づける表現の変数があるのだが、それはまさにこれらの変数が、言語に内在しているからだ。言語学が、音韻的、形態的、構文的定数にとどまっているかぎり、それは言表をシニフィアンに、言表行為を主体に結びつけ、アレンジメントをとらえそこね、状況を外部に追い出し、言語をそれ自身に閉じこめ、プラグマティックを残滓にしてしまうのだ。そうではなく、プラグマティックは外的状況だけにかかわるものではない。それは表現や言表行為の変数を出現させ、このことは言語が自身に閉じこもってはいられない内的理由となるのだ。バフチンのいうように、言語学が定数を抽出するものにとどまるかぎり、一つの単語がいかにして完全な言表行為を形成するかを決して理解させることはできない。「あらゆる言語学的なカテゴリーや限定によっては決してとらえられないある補完的要素」が必要である。ところがそれは、言表行為や言語の理論のまったく内部にあるものだ[12]。実際、指令語は、このように言葉を言表行為と化する変数なのだ。指令語の瞬時性、その直接性は、変形が起きる身体にかかわる変化の動力を指令語に与える。

プラグマティックは、言語の政治学である。ドイツの社会的地平におけるナチの言表の成立についてジャン・ピエール・ファイユが行なったような研究は、この点で典型的なものである（そして、これをイタリアのファシストの言表の成立にそのままあてはめることはできない）。このような変形の研究は、指令語の変化、または内在的行為を遂行しつつ社会的身体に結びつく非身体的属性の変化に関連するものである。レーニンの「指令語に関して」と題されたテキストによって、他の条件のもとで、レーニン的な固有の言表のタイプが、ソビエトのロシアで形成されたことを例にとってみるのもいいだろう。身体としてのプロレタリアの条件が与えられる以前に、これはすでに群集から、言表行為のアレンジメントとして、一つのプロレタリア階級を抽出した非身体的変形なのだ。新しいタイプの階級を「発明する」第一回マルクス主義者国際会議の天才的な閃き。「万国のプロレタリアよ、団結せよ。[13]」しかし、社会民主主義者との決裂のおかげで、レーニンはまさに官僚的な冗長性のシステムに陥っても、プロレタリア階級から言表行為のアレンジメントとして前衛を引き出し、「党」に、つまり区別された身体としての新しいタイプの党に向けられる非身体的変形を発明し布告する。レーニンの賭、大胆不敵なやり口？「すべての権力をソビエトへ」という指令語は、ただ二月二七日から七月四日まで、革命の平和的発展にとって重要であったが、戦争状態にとってはもう重要ではないと、レーニンは公言する。一方から他方への移行は、大衆から指導的プロレタリアに移るのでは不十分で、プロレタリアから指導的前衛に移るあのような変形をともなったのである。正確に七月四日にソビエトの権力は終わりを告げる。あらゆる外的状況を指摘することはできる。戦争ばかりではなく、レーニンのフィンランドへの亡命を余儀なくした内乱もあった。七月四日、非身体的変形が属する身体、つまり党自身が組織されるまえに、非身体的変形は言表されてしまう。「どんな指令語も、限定された政治的状況の特殊性の総体から演繹されねばならない。」もしこのような特殊性は、厳密には政治学にかかわるもので、言語学とは関係ないという反論があるなら、政治は指令語が変わるたびに、単に語彙だけではなく文の構造やすべての要素を変化させながら、どこまでも内側から言語に働きかけることを強調しなくてはならない。あるタイプの言表は、プラグマティックな帰結との関連においてしか、つまり潜在的前提との関連においてしか、この言表が表わしている内在的行為あるいは非身体的変形との関連においてしか評価することができない。この非身体的変形が身体のあいだに新しい切断を導入するのだ。真の直観とは、文法性の判断ではなく、状況の総体との関連で、言表行為の内的変数を評価することだ。

われわれは、明白な命令から、潜在的前提としての指令語に到達した。また、指令語から、それが表わす内在的行為あるいは非身体的変形に移り、ついで指令語がその変数となる言表行為のアレンジメントにいたった。これらの変数が一定の瞬間に規定可能な関係に入るかぎり、さまざまなアレンジメントは、一つの記号の体制、あるいは記号機械において連結される。しかし、一つの社会がいくつかの記号系に横断され、実際、混合した体制をもっていることは明らかだ。そのうえ別の瞬間には、まだ既知の体制に属していない新しい指令語が出現して変数を変化させる。それゆえ、指令語はいくつかの仕方で冗長性なのである。これにとって本質的な伝播との関連でだけ冗長性だというわけではなく、それ自身でもまた冗長性なのであり、発信されるとたちまちそれが遂行することになる行為または変化との「即時的な」関係においてもそうなのだ。想定された記号系と断絶した指令語でさえも、すでに冗長性なのだ。このため、言表行為の集団的アレンジメントは、いつも間接的な話法の言表しかもたない。間接話法とは、報告する言表の中に、報告される言表が現われること、言表の中に指令語が現われることである。言語全体が間接話法なのだ。間接話法は、直接話法を前提にするどころか、直接話法こそ間接話法から抽出されるのだ。意味性の働きと、主体化のプロセスは、アレンジメントにおいて分配され、割り当てられ、指定され、アレンジメントの変数はたとえ仮にであっても、定常的な関係の中に入るからである。直接話法は、一つの集合から切り離された断片であり、集団的アレンジメントの分割から生まれる。しかし、集団的アレンジメントはいつも、そこから私が私の固有名詞をくみとるざわめきであり、私が私の声を引き出す声の集合、一致することもあれば、一致しないこともある声の集合なのだ。意識に与えられない、また見かけの社会的限定にだけ依存するものではない、多くの異質な記号の体制を結集する分子的な言表のアレンジメントに、私はいつも支えられている。異言異語《グロソラリー》〔舌語〕。書くこと、それはこの無意識のアレンジメントを明るみに出し、ささやく声を選び取り、部族や秘密の声を呼び寄せることだ。そういったものから、私は私と呼ばれる何かを抽出しているだけだ。〈私〉とは、一つの指令語である。ある分裂症者は言う「私は多くの声がこう言うのを聞いた。彼は生を意識している。[14]」この意味で、いわば分裂症的なコギトといったものがあるのだが、それは自意識を指令語の非身体的変形に、あるいは間接話法の結果にしてしまう。私の直接話法もやはり、他の世界、他の天体からやってきて、私を貫通する自由間接話法である。あんなにも多くの芸術家や作家が心霊現象にひかれるのはそのためである。こうして指令語に固有の能力とは何かと問うなら、これについて次のような奇妙な性格を認めなければならないであろう。指令語の発信、感知、伝播における一種の即時性、大きな可変性、また別の指令語を受け入れるため、われわれが従属し、ついで放棄してしまった指令語について無縁であると感じさせる忘却の力、非身体的変形を把握する固有の観念的、亡霊的能力、一つの巨大な間接話法のいろいろな種類にしたがって言語をとらえる適性[15]。吹き込み、吹き込まれる能力、一つのメロディーを、いつも他のメロディーに、冗長性にかかわらせて挿入する歌の能力、真の霊媒的な能力。異言論、外言論。

言語－機能、言語と同じ広がりをもつ機能は、なぜこんなふうに定義されるか、という問いにもどろう。指令語、集団的アレンジメント、または記号の体制は、言語と混同されてはならないことは明らかだ。だが、それらは言語の条件（表現の超線形性）を設定するのだ。それらはいちいちの場合に、言語の条件となるのであり、それらがないなら、言語は純粋な潜在性（間接話法の超線形的な性質）にとどまる。そして、おそらくもろもろのアレンジメントは変化し、変形するものである。しかし、それらは必ずしも言語によって変化するものではなく、さまざまな言語に対応するものでもない。一つの言語は、言表の中に入る音韻論的、意味論的、構文論的定数によって定義されるように思われる。集団的アレンジメントは、逆に言表行為そのものに内属する変数（表現の変数、内在的行為、または非身体的行為）に応じてこれらの定数を使用することにかかわる。異なる言語の異なる定数が同じ用法をもつことがありうるのだ。また、一定の国語の中で同じ定数が、相ついで、あるいは同時にさえ、異なる用法をもつことがありうる。明確な、または明確にしうる言語的要素としての定数と、非言語的な外的要素としての変数とのあいだの二重性に立ち止まってはいられない。プラグマティックな使用の変数は、言表行為の内部にあり、言語の潜在的な前提を形成しているからである。それゆえ、もし集団的アレンジメントが、問題の言語と、または言語活動自体と、いつも共通の外延をもつとすれば、それはこのアレンジメントが、言語活動の条件を設定し、言語の諸要素を使用する非身体的変形の全体を表現するからである。こんなふうに定義された言語‐機能は、情報的でも伝達的でもない。意味する情報にも、間主観的伝達にもかかわりがない。情報の外に意味性を、伝達の外に主体性を抽象しても、何の役にも立ちはしない。なぜなら、主体化の過程と意味性の運動こそ、記号の体制、あるいは集団的アレンジメントにかかわっているからだ。言語‐機能は、指令語の伝達である。そして、アレンジメントが、機能の変数を成立させる非身体的変形にかかわっているように、指令語はアレンジメントにかかわっている。言語学は、言語活動の条件の実現と、言語の諸要素の使用とを定義するプラグマティックがなければ何ものでもない。

Ⅱ　どんな「外的」要素にも依存しない言語抽象機械が存在するであろう

一つの社会的地平において、その多様性にもかかわらず、身体的変容の集合と非身体的変形の集合とを区別するならば、われわれは内容と表現という二つの形式化に向かい合うことになる。内容は形式に対立するものではなく、独自の形式化を、つまり手‐道具という極、あるいは物の学習をともなう。しかし、表現もまた独自の形式化、つまり顔‐言語という極、または記号の学習をともなうのだから、内容と対立するのである。確かに内容も表現と同じように形式をもっているので、われわれは決して表現方式が、対応する内容を単に表象し、描写し、確認する機能をもつと考えるわけにはいかない。そこには対応も一致もないのだ。二つの形式化は同じ性格のものではなく、独立しており異質である。この独立性の理論を最初に作ったのはストア派である。彼らは、身体の行動および受動（「身体」という言葉には、最大の広がり、つまり、すべての形成された内容という意味が与えられる）と、非身体的行為（言表による「被表現」である）とを区別する。内容の形式が身体の組み合わせによって成立するように、表現の形式は、被表現の連鎖によって成立するのだ。ナイフが肉体の中に入り、食物や魚が身体に入り、葡萄酒の滴が水の中に注がれるときには、身体の混合が起きる。しかし、「ナイフが肉を切る」、「私は食べる」、「水が赤くなる」といった表現は、まったく異なる性質の非身体的変形（事件）[16]を表わしている。ストア派の天才は、このパラドックスを最大限まで、狂気あるいはシニスムまで導き、最も真剣な根拠にこれを基礎づけたことである。その報いとして彼らは最初に言語哲学を実現したのだ。

ストア派とともに次のことを付け加えるのでなければ、このパラドックスに価値はない。つまり、非身体的変形、非身体的属性は、身体それ自身について、そしてそれだけについていえることなのである。それらは、言表の被表現なのだが、身体そのものに帰属するのだ。といっても、諸身体を描写し、表象するためではない。なぜなら、諸身体はすでに固有の性質、自分の魂、つまり、それ自体身体である形式をもっている。——そして、表象もまた身体である。もし非身体的属性が身体についていわれ、「赤くなる」という非身体的表現と、「赤い」という身体的性質とを区別する理由があるとすれば、したがってそれは、表象とはまったく別の理由のためである。身体あるいは物の状態は、記号の「指示物」であるとさえいえないのだ。身体的でない属性を表現しながら、また同時にこれを身体に帰属させながら、人は表象するのでもなく、指示するのでもなく、いわば介入するのであり、これはまさに言語の行為なのだ。表現と内容という、二つの形式の独立性は、これによって反駁されるのではなく、逆に確認される。もろもろの表現または被表現は内容の中に挿入され、介入して、もろもろの内容を表象するのではなく、それらを予感し、それらに逆行し、それらを緩慢にしたり、または加速したり、分離したり、または結合したり、あるいは切断したりする。瞬時的な変形の鎖は、つねに連続的な変容の組み合わせの中に挿入される（そこにストア派における日付の意味がある。どの瞬間から人は誰かが禿になったと言えるのか。どんな意味で「明日海戦がある」といったタイプの言表は、日付または指令語となるのか）。一九一七年七月四日、八月四日夜、一九二三年十一月二〇日。諸身体に帰属し、それらに介入するどのような非身体的変形が、表現されているのだろうか。表現の形式と内容の形式の独立性は、二つのあいだにいかなる並行関係も、一方の他方による表象も成立させることはないが、逆に、二つのものの細分化を、表現が内容に挿入され、一つの特徴から、他の特徴へと人がたえまなく跳躍し、記号が物自身に働きかけると同時に、物が記号を通じて拡張し、展開していく仕方を確立するのだ。一つの言表行為のアレンジメントは、物に「ついて」話すのではなく、物の状態または、内容の状態にじかに話すのだ。それゆえに、一つの同じx、同じ粒子は、それがとる形態にしたがって、作用し、作用される身体として、あるいはまた行為し、指令語となる記号として機能するだろう（理論－実験物理学の総体におけるように）。要するに二つの形式の機能的独立は、単にそれらの相互的前提の、また一方から他方へのたえまない移動の形態にすぎないのだ。おのおのがそれ自体で価値をもち、あるいは一方が他方を表象し、他方は指示物となるような、指令語の連鎖と内容の因果関係などは決して存在しない。それどころか、二つの線は配分的なものであり、一方の切片は他方の切片とたえず交代し、他方に滑りこみ、侵入する。フーコーのいうように、指令語から、物の「沈黙せる秩序」へと、また逆方向へと、人は移動し続けるのだ。

それにしても、われわれがこの漠然とした「介入する」という語を用いるとき、表現は内容に介入し、あるいは挿入されるというとき、これは指令語が、瞬間的に、空から舞い下りてくるというのに似た一種の観念主義ではないだろうか。起源といったものではなく、介入や挿入のポイントをはっきりさせなければなるまい。しかも、二つの形式のあいだの相互的な前提という枠の中で、これをはっきりさせなければならない。ところで、内容の形式は表現のそれと同様に、表現の形式も内容のそれと同様に、それらの形式を巻きこむ脱領土化の運動と切り離すことができない。表現と内容はそれぞれ多かれ少なかれ脱領土化される。その形式の状態にしたがって、相対的に脱領土化されるのだ。この点で、内容に対する表現の優位を主張することも、その逆を主張することもできない。記号的要素が、物質的要素よりもいっそう脱領土化されることがあるのだが、その逆も存在する。例えば、数学的な記号の複合体が、微粒子の集合よりも脱領土化されることがある。しかし逆に、微粒子は記号のシステムを脱領土化する実験的な作用をもつことがある。一つの犯罪行為は、存在する記号の体制との関連で脱領土化的でありうる（地面が復讐を叫び、すべっていく。私の過ちはあまりに大きい）。しかし、処罰の行為を表わす記号の方も、あらゆる行動と反動との関連で脱領土化でありうる（「おまえはこの大地の逃亡者、逃走兵」、われわれはおまえを殺すことさえできない）。要するに、おのおの形式を量子化し、それにしたがって内容と表現が結合し、交代し、たがいに加速しあい、あるいは逆に、再領土化して停止するような脱領土化のさまざまな度合が存在するのだ。われわれが状況または変数と呼ぶもの、それはまさに度合である。身体の混合または集合体における比率である内容の変数があり、また言表行為の内的要素である表現の変数がある。一九二三年十一月二〇日頃のドイツでは、貨幣の身体の脱領土化的なインフレが起こるのだが、ライヒスマルクからレンテンマルクへの記号的変形が起きてこれを引き継ぎ、再領土化を可能にする。一九一七年七月四日頃のロシア、臨時〈ソビエト政府〉にも身体の一状態のさまざまな比率があり、また物事を加速し、他方ではまた〈党〉の身体の爆発的な行動によって引き継がれるボルシェヴィキの非身体的記号系が完成される。要するに、表現が内容と関係し始めるのは、内容を発見し、表象するからではない。表現と内容の諸形式がたがいに介入しあい、たがいに機能しあって通じあうのは、それらの相対的な脱領土化の量子の結合によるのである。

ここから、われわれは〈アレンジメント〉の性格について一般的な結論を引き出すことができる。第一の水平的な軸にしたがえば、一つのアレンジメントは二つの切片を含む。内容の切片と表現の切片である。一方でそれは、身体の行動、受動の機械状アレンジメントであり、たがいに作用しあう身体の混合である。他方ではそれは、言表行為の、つまり行為と言表の集団的アレンジメントであり、身体に向けられる非身体的変形である。しかし、方向づけられた垂直の軸にしたがえば、アレンジメントは一方では、これを静止させる領土的または再領土化された側面をもち、他方ではそれを上回る脱領土化の先端をもっているのだ。カフカは誰よりもよくこうしたアレンジメントの複数の軸を抽出し、いっしょに機能させることができた。まず、船－機械、ホテル－機械、サーカス－機械、城－機械、法廷－機械、といったそれぞれの機械が、その部品、歯車、その工程、混合され、接合され、取り外されるその諸身体とともにある（例えば、屋根を破る頭）。それから、記号あるいは言表行為の体制があり、それぞれの体制が、その非身体的変形、その行為、その死刑宣告、判決、訴訟、その「権利」とともにある。ところで、言表が機械を表象しないことは自明である。〈火夫〉の言説は、身体としてのボイラーを描写するわけではない。この言説は独自の形式をもっており、その発展は相似によるものではない。それでもなお、それは身体に、身体としての汽船全体に向けられるのである。指令語に従属する言説、議論、要求、糾弾、弁護の言説。つまり、第二の軸にしたがえば、一つの側面と他の側面のあいだで、比較され、連結されるもの、一つを他にたえまなく挿入するものは、結合され中継される脱領土化の度合であり、しかじかの瞬間に集合を停止させる再領土化の働きなのだ。K、または機能－Kは、あらゆるアレンジメントを巻きこむ一方、またあらゆる再領土化と冗長性、子供や、村や、愛や、官僚制……の冗長性を通過する逃走線または脱領土化線を示している。

アレンジメントの四価性。例えば封建的アレンジメント。封建性を定義する身体の混合を考えてみよう。大地の身体と社会体、封建君主、臣下、農奴の身体、騎士の身体、馬の身体、それらが、身体の緊密な結合を保証するあぶみ、武器、道具などとともに確立する新しい関係、これらは一つの機械状アレンジメントの全体である。また言表、表現、紋章の法的体制、一連の非身体的変形、とりわけその変数とともにある誓約、隷属の契約、また愛の契約など。これらは言表行為の集団的アレンジメントである。そして、他の軸にしたがうなら、騎士とその馬をさらってしまう脱領土化線と同時に、封建的な領土性と再領土化、言表と行為とがある。こういったものはすべて、〈十字軍〉においてはどんなふうに結合するのだろうか。

したがって、たとえ表現について、内容を「反映する」だけではなく、内容に活動的に働きかける力さえ認めるにしても、因果的作用によって、内容が表現を限定すると考えるなら、それは誤りであろう。このように言表を一次的な経済的内容に依存させる言表のイデオロギー的概念は、弁証法に固有のあらゆる難点につまずくのだ。まず、やむをえず内容が表現に及ぼす因果的作用を認めるとしても、内容の形式と、表現の形式という、おのおの形式にとって事情は異なるのだ。表現の形式については、まさに表現が内容に対して作用することを可能にする独立性をまず認めなくてはならない。しかし、この独立性は十分に認識されてはいない。内容は経済的と称されても、内容の形式はそうではなく、純粋な抽象に、つまり、財の生産と、それ自身において考慮されたこの生産の諸手段に還元される。同様に表現が仮にイデオロギー的であるといわれても、表現形式はそうではなく、抽象としての、共有財産の運用としての言語に還元される。こうして人はさまざまな内容と表現を、二つの異なる形式のもとでそれらを横断するあらゆる闘争や葛藤によって定義しようとする。しかし、これらの形式そのものはといえば、あらゆる闘争や葛藤を免れ、その関係はまったく規定されないままにとどまっているのだ。[17] これを定めるには、イデオロギーの理論を再検討し、表現と言表を、意味や価値ー記号の生産形態として、あらかじめ生産の中に介入させなければならない。生産のカテゴリーは、たぶんこの場合、表象、情報、伝達などの図式と訣別するという長所をもつだろう。しかし、それはこれらの図式よりも十分なものだろうか。物質を意味に変形し、内容を表現に、社会的過程を意味の体系に変形する恒常的な弁証法的奇跡に依存しているかぎり、生産のカテゴリーを言語に適用することは実にあいまいである。

一つのアレンジメントは、その物質的または機械状側面において、財の生産にかかわるものだとは思えない。むしろたがいに関係しあうあらゆる種類の身体に影響するあらゆる引力や反発力、共感と反感、変動、合体、浸透と拡張などを含んだ、一社会内の身体の混合の一定の状態にかかわるのだ。食物の体制、性の体制は、何よりもまず、強制的な、必要な、あるいは承認された、身体の混合を定める。テクノロジーでさえ、道具をそれ自体として考えるなら過ちを犯している。道具は、それらが可能にする、またそれらを可能にする混合との関連でしか存在しない。あぶみは、人間－馬の新しい結合をもたらし、それがまた同時に新しい武器と、新しい道具をもたらす。道具は〈自然－社会〉の機械状アレンジメントを定義する共生や合体と切り離すことができない。道具はそれを選択し、自身の「系統流《フィローム》」〔生物学上の用語としては「門」を意味する。〕の中にとりこむ社会的機械を前提とするのだ。一つの社会はその社会におけるもろもろの合体によって定義されるのであり、道具によって定義されるのではない。そして、同様に、集団的あるいは記号的側面では、アレンジメントは言語の生産性にかかわるのではなく、記号の体制に、その変数が言語の諸要素の使用を決定するような表現機械にかかわるのだ。道具と同じように、これらの要素はそれ自身だけでは価値をもたない。道具や財に対しては、諸身体の機械状アレンジメントが優位にあり、言語や単語に対しては、言表行為の集団的アレンジメントが優位にある。アレンジメントの二つの側面の分節は、それらの形式を量子化する脱領土化運動によって実現される。そのため、一つの社会的地平は、その葛藤や矛盾によってよりも、それを横断する逃走線によって定義されるのだ。一つのアレンジメントは、下部構造も上部構造も、深層構造も表層構造ももたず、あらゆる次元を唯一の存立平面に平たく伸ばしてしまうのであり、そこでは相互的な前提と、相互的な挿入が機能するのだ。

もう一つの誤りは、(要求に応じて第一の誤りと結びつくものだが)言語の体系としての表現形式の自足性を信じこんでしまうことだろう。この体系は、意味作用をもつ音韻論的構造として、あるいは深層の構文的構造として理解されうるものである。内容は単なる「指示対象」という任意性に委ねられ、プラグマティックは非言語学的な要素という外在性に委ねられたのだが、この体系はいずれにせよ意味論を成立させ、こうして表現を充足させるという効果をもっているようだ。これらの目論見に共通していることは、言語の抽象機械を打ち立てることであり、しかもこの機械を、諸定数の共時的な集合として成立させることである。ところでわれわれは、このように理解された機械があまりにも抽象的だというわけで反論するのではない。逆に、それは十分に抽象的でなく、「線的」なままにとどまっている。この機械は媒介的な抽象の水準にとどまっていて、そのため一方では言語的要素をそれ自身として、非言語的要素から独立させて考えることが可能になり、他方ではこれらの言語的要素を定数として考えることが可能になるのだ。しかし、もっと抽象を深めるなら、必然的に、言語の擬似的な定数が言表行為の内部にある表現の変数に場所をゆずるような水準にたどりつく。こうして、これらの表現の変数は、内容の変数と、たえまなく相互作用し、もはやこれと不可分なのだ。非言語的要素の外的なプラグマティックが考慮されなければならないのは、言語学自身がみずからに固有の諸要素に関与する内的なプラグマティックと不可分だからである。意味されるもの、あるいは指示対象でさえ、それらを考慮にいれるだけでは不十分なのだ。なぜなら、意味や指示の概念そのものが、やはり独立し一定したものと仮定された表現の構造にかかわっているからだ。何らかの意味論を構築しようとしたり、あるいはプラグマティックにいくらかの権利を承認しようとしても、もしそれらをあらかじめ処理することになる構文的あるいは音韻的機械を相変わらず設けるのであれば、何の役にも立ちはしない。なぜなら、真の抽象機械は、一つのアレンジメントの全体に関するものであり、それはこのアレンジメントの図表〔ダイアグラム〕として定義されるからだ。それは言語的なものではなく、図表的なものであり、超線形的である。内容はシニフィエではなく、表現はシニフィアンではなく、二つともアレンジメントの変数である。だからプラグマティックな規定だけではなく、意味論的、構文論的また音韻論的規定を、それらが依存する言表行為のアレンジメントに直接結びつけるのでなければ、何もしたことにはならない。チョムスキーの抽象機械は、樹木状のモデルに、つまり文とその結合における、言語的要素の線形的な秩序につながっている。しかし、とりわけ間接話法との関連で、プラグマティックな価値、あるいは内的変数を考えると、たちまちわれわれは「ハイパー・フレーズ」を介入させ、「抽象的対象」（非身体的変形）を構築することを余儀なくされる。これらは、超線形性を、つまり諸要素がもはや固定した線形的な秩序をもたない平面、すなわちリゾーム・モデルをともなうのである(18)。この観点からして、社会的視野や政治的問題と言語との相互浸透は、抽象機械の最も深層にあるのであって、表層にあるのではない。アレンジメントの図表にかかわるものとしての抽象機械は、抽象が十分でない場合を除いて、決して純粋な言語の機械ではない。言語の方こそ抽象機械に依存するのであって、その逆ではない。せいぜいこの抽象機械のうちに二つの図表の状態が区別されるだけだ。一つは、内容と表現の変数が、それらの非等質的な形式にしたがって、一つの存立平面上で相互的前提のもとに配置されるという状態、もう一つは、同じ平面の可変性が確かに形式の二重性を超えてしまい、形式を「識別不可能」にしてしまうため、もはや二種類の変数を区別することさえできなくなるような状態である。(最初の状態はまだ相対的な脱領土化運動にかかわるものだが、第二の状態は、脱領土化の絶対的な閾に達してしまうだろう。)

Ⅲ　言語を等質的体系として定義することを許す、言語の定数や普遍的特性が存在するだろう

構造的な不変数の問題は——そして構造のアイデアそのものが、このような原子的、あるいは関係的不変数と切り離せないのだが——言語学にとって本質的なものである。この条件にしたがってこそ、言語学は、いわゆる外的なあるいはプラグマティックなものと見なされるどんな要素も避けて、純粋な科学性、他の何ものでもなく科学……を自称することができる。この不変数の問題は、たがいに密接に結びついたいくつかの形態

をとる。(1)　言語の諸定数（換入可能性による音韻論的定数、変形性による構文論的定数、生成性による意味論的定数）。(2)　言語活動の普遍的特性（音素を弁別的特徴に、統辞法を基礎的な構成要素に、意味作用を最小の意味論的要素に分解する）。(3)　諸定数をたがいに結びつける樹木と、樹木の全体にわたる二項的関係。(4)　言語と理論上同じ広がりをもち、文法性の判断によって定義される能力。(5)　直観的判断ばかりか要素や関係にまで及ぶ等質性。(6)　客観的体系から、これを理論上把握する主観的意識（言語学者の意識そのもの）にたえず移動しながら、言語の「即自性」、「対自性」を確立する共時性。

こうした要素をすべて用いることもできれば、その一部を差し引くことも、また付け加えることもできる。しかし、一つのレベルに他のあらゆるものの本質を見ることができるのだから、すべてはたがいに支えあっているのだ。例えば、ラング‐パロールの区別は、能力‐遂行の区別によって、しかし文法性のレベルで踏襲される。もし能力と遂行の区別はまったく相対的なものだ、とわれわれが反論すれば、――言語能力は、経済的、宗教的、政治的、美学的……などでありえ、教師の教授能力は、監査官の審査や大臣の発する規則とのかかわりで一つの遂行であるにすぎないからである――言語学者は、能力のレベルを多様化し、体系の中にプラグマティックな価値を導入する用意もあると答えるだろう。ブレックルはこうして、言語学的、心理学的、あるいは社会学的要素の総体と結びついた「個人に特有の遂行能力」という要素を付け加えることを提唱する。

しかし、このプラグマティックの導入も、それが固有の定数や普遍的特性をもつものと見なされるなら、いったい何になるだろう。また、「私」、「約束する」、「知る」といった表現がどうして、「挨拶する」、「名づける」または「有罪にする」よりも普遍的なのだろうか。[19] 同様にチョムスキー的樹木を栽培し、線形的な秩序を破壊しようとしてみても、決裂をしるすプラグマティックな要素が樹木の頂におかれたり、あるいは派生の際に消されたりするかぎり、実は何も勝ち取ったことにはならないし、リゾームを作り上げたとはいえない。[20] 実は、最も普遍的な問題は抽象機械の性格にかかわっているのだ。抽象機械は変数や変化をめぐって構築されるのだから、抽象を普遍や定数に結びつけて抽象機械の特異性を消してしまう理由はないはずだ。

チョムスキーとラボヴを対立させた議論を参照すると、何が問題なのかもっとよくわかるだろう。どんな言語も本質的に非等質的な、混合した現実であること、言語学者はそのことをわきまえており、それを口にもする。しかし、それは事実として指摘しているだけのことだ。チョムスキーはただ、人はこの集合の中に、理論上、科学的研究を可能にする抽象化と理想化の条件として等質的または標準的な体系を切り取るのだ、と主張する。だからといってスタンダードな英語だけにこだわろうというわけではない。なぜなら、たとえブラック・イングリッシュあるいはゲットーの英語を研究しても、言語学者は研究対象の恒常性と等質性を保証する標準的体系を抽出するという義務を見出すであろう（どんな科学もこれ以外の方法では達成されないだろうというわけだ）。だからチョムスキーは、ラボヴが言語の可変的特徴への関心を主張するとき、ラボヴはこうして言語学の外にある事実のプラグマティックに身をおいているのだと信ずるふりをする[21]。しかし、ラボヴは別の望みをもっているのだ。内的変化の線を抽出しながら、彼は単に、発音、スタイル、定常的でない特徴などにかかわって、体系の外にあり体系の等質性の存在を許している「自由な変数」をそこに見ているばかりではない。またそれぞれがそれ自体では等質的な二つの体系のあいだで事実上の混合が起き、話者はあたかも一つの体系から他の体系に移動していくようにすることを見ているのでもない。彼は言語学がそこにいすわろうとした二者択一を拒否するのだ。変数を異なる体系に所属させるか、またはそれらを構造の内部に逆戻りさせるか、という二者択一である。音楽家たちが「主題はヴァリエーションである。」というのと同じ意味で、変化そのものが体系的なのだ。ラボヴは、変化の中に、それぞれの体系に内側から働きかけ、この体系が内に閉じこもったり、原理上等質的になったりすることを禁じ、その固有の動力で体系を逃走させ、爆破するような理論上の構成要素を見るのだ。そしておそらく、ラボヴによって考えられた諸変化は、音声学的、音韻論的、構文論的、意味論的、文体論的等々、あらゆる性格をもつものである。ラボヴに対して、理論と事実との区別——あるいはまた、言語学と文体論、共時性と通時性、定常的特性と非定常的特性、能力と遂行、ラングの文法性とパロールの非文法性の区別を知らない、と反論することは難しい。ラボヴの立場を強化することになっても、われわれはむしろ、彼が事実と理論について別の分布を、とりわけ理論そのものについて、また抽象化について別の概念を主張しているのだといいたい。ラボヴは、非常に短い一連の文章で、黒人英語の体系から標準英語の体系に、またその逆に十八回も移行する若い黒人の例をあげている。しかし、二つの体系のあいだの抽象的区別の方こそが、任意で、不十分なことが明らかになるのではないか。なぜなら、ほとんどの形態は、しかじかの系列の偶然によって、どちらかの体系に関係づけられるだけだからである。どの体系も変化の中にあり、その定数や等質性によって定義されるのではなく、逆に内在的、連続的な、非常に特別な仕方（可変的または随意的な規則）[22]で決定されるような性格をもつ可変性によって定義されるものと考えなくてはならないのではないだろうか。

もしラボヴが自分に課した限界を、また言語学が依存している科学性の諸条件をわれわれが突破しなくてはならないとしたら、一つの言語に内側から働きかけるあの連続変化をどのように考えるべきだろうか。たった一日のあいだに、一人の個人はたえず一つの言語から他の言語に移動する。次々と、彼は「父親らしく」話し、また主人として話し、愛する人には子供じみた言語を話し、眠っているときは夢幻的な言説の中に潜りこみ、電話がなると突然職業的な言語にもどる。これらの変化は外的なものにすぎず、やはり同じ言語があるにすぎない、と反論する人があるだろう。しかし、それは問題となっている事柄に予断を下すことになる。なぜならまず、それが同じ音韻論、同じ構文論、同じ意味論であるとはかぎらないし、また肝要なのは、同じと見なされる言語が、不変数によって定義されるか、それとも逆にこれを横断する連続変化の線によって定義されるかどうか知ることなのだ。数人の言語学者が、言語の変化は体系の破壊によってではなく、頻度の漸進的な変容によって、異なる使用の共存と連続によって起きることを暗示した。「私はそれを誓う」というただ一つの同じ言表をとってみよう。これは父親を前にした子供が言うか、恋する女を前にした男が言うか、法廷で証人が言うかによって、同じ言表ではないのだ。三つの系列のようなものがここにある（あるいはメシアンの、七つの系列上に配置された四つのアーメン）。ここでもわれわれには、変数が単に状況に関するものだとか、言表は理論上は定数にとどまる、とかいう理由はまったくない。実行と同数の言表があるだけでなく、言表の総体が、その中の一つが実現される際に現前するのであり、したがって変化の線は潜在的なのである。つまり現働的《アクチュエル》ではないが現実的《レエル》であり、それゆえどんなに言表の飛躍があろうと連続的なのである。連続変化に導くこと、これによって言表はほんの一瞬（最小のインターバルで）それに影響しうるあらゆる音韻的、構文的、記号的、韻律的変化を通過するのである。〈私は誓って言う〉の連続体を、これに対応するさまざまな変形とともに構築すること。それはプラグマティックな見方である。だが、プラグマティックは言語に内的に、内在的になったのであり、何らかの言語学的要素の変化を含んでいるのだ。例えば、カフカの三つの訴訟の線、家族における父の訴訟、ホテルにおける婚約の訴訟、裁判における訴訟。人はいつも「還元」を求めがちである。人はすべてを、父に対する子、去勢に関する男性、法に関する市民の状況によって説明するだろう。しかし、そのとき人は、内容の偽の定数を抽出することで満足してしまう。これは表現の偽の定数を抽出することよりもましなことではない。変化に導くことで、このような危険に陥ることが避けられるにちがいない。なぜなら、こうして始まりも終わりもない連続体、または媒体が構築されるからだ。連続変化と、変数それ自体の連続または不連続な性格とを混同してはならない。指令語とは、不連続な変数に対する連続変化である。一つの変数は、その行程の一部分で連続的でありえ、ついで爆発し飛躍することがありうる。そのとき連続変化は影響をこうむることがないまま、潜在的であり、しかも現実的でもありうる「選択的な連続性」として目立たない発展を強制するのだ。

一つの定数、不変数は、その永続性と持続性によってではなく、たとえ相対的な中心であっても、その中心の機能によって定義される。調性の、あるいは全音階の音楽体系においては、共振と引力の法則は、あらゆる旋法を通じて、静態と引力をそなえた有効な中心を定義する。それゆえこれらの中心は、ある時間の幅にわたって明確に設定された、判明な、弁別的形態のオーガナイザーになる。つまり、中心化され、コード化された、線形的な樹木状システムを組織するのだ。確かに、短「調」は、そのインターバルの性格や、和音の最小限の安定性によって、調性音楽に、とらえ難い、逃走的な、非中心化された特質を与える。だから短調は、みずからを長調のモデルあるいは基準に適合させる操作に従属するという両義性をもってはいるが、調性に還元できないある種の旋法の力を優先させるのだ。あたかも音楽が旅にでかけ、あらゆる復活、アジアの幽霊、想像上の地方、あらゆる場所の伝統を集めてくるかのようだ。しかし、さらにまた、平均律、平均律的な半音階性は、別の両義性を示すのである。中心の運動をもっと遠い音色にまで及ぼし、また一方、中心の原理の解体を準備し、中心化された形式の代わりに、これを解消し変形しつづける一つの形式の連続的発展をおくという両義性である。ベートーベンにおけるように、発展が形式を従属させ、全体に及んでしまうとき、変化は解放され、創造に等しいものとなる。しかし、半音階が解き放たれ、普遍化した半音階となり、平均律に対立して、単に高さだけではなく、音のあらゆる要素、持続、強度、音色、衝撃に働きかけるのを待たなくてはならない。そのとき、人はもう物質を組織することになる音の形式について語ることはできない。ある形式の連続的発展について語ることさえできないのだ。むしろ、音に属さない力を聴かせる、実に複雑で、洗練された素材が問題になる。質料－形相という組み合わせに、素材－力という組み合わせがとって代わる。シンセサイザー〔総合装置〕が、かつての「先天的総合判断」にとって代わる。しかし、これによってあらゆる機能が変わるのだ。あらゆる要素を連続変化に導くことによって、音楽はそれ自体超線形的となり、樹木ではなくリゾームとなり、潜在的な宇宙的連続体にしたがうことになる。穴、沈黙、断絶、分離でさえこの連続体の一部なのだ。それゆえ、重要なことは、調体系と無調音楽との見かけ上の切断ではない。調体系と断絶しながら、無調音楽は、その極限の成果にまで平均律を推し進めただけだ（しかし、ウィーン派のうちの誰一人としてそれだけにとどまったわけではない)。本質的なのはほとんど逆の動きである。十九世紀、二十世紀にわたる広大な時代に、調体系自体に作用し、平均律を解体し、相対的な調性は保存しながらも、半音階を拡大した熱狂は、新しい旋法を発明し、長調と短調を新しい結合に導きつつ、ある種の変数に対して、ことあるごとに連続変化の領域を獲得している。この熱狂は、前面にきて、それ自体聴かれうるものになり、こんなふうに鍛えられた分子的素材によって、音に属さずにたえず音楽を揺さぶる宇宙の力までも聴かせるのだ。純粋状態の一瞬の〈時間〉、絶対〈強度〉の一粒……調性、旋法、非調性などはもはやたいした意味をもたない。宇宙としての芸術となり、無限の変化の潜在的な線をしるす音楽があるだけだ。

ここでもまた、音楽は言語ではなく、音の構成要素は言語の関与的な特性ではなく、両者のあいだに対応は存在しない、という反論があるだろう。しかし、われわれは対応を問題にしているのではなく、問題になっていることを開いたままにし、前提されたどんな区別も斥けることを要求しつづけているのだ。何よりもまず、ラング－パロールの区別は、表現あるいは言表行為に働きかけるあらゆる種類の変数を言語の外に締め出すために作られたものだ。ジャン＝ジャック・ルソーは逆に、音声学や韻律法だけではなく、言語学全体を別の方向に導きかねない〈声－音楽〉の関係を提起した。音楽における声は、言語と音を同時に使用しながら、たえず特権的な実験の軸であり続けた。音楽は声と楽器をさまざまな仕方で結びつけた。しかし、声が歌であるかぎり、声は音を

「持続する」ことを第一の役割とし、楽器で伴奏されながら、音符に限定されて定数の機能をみたすのだ。声が音色に結びつけられたとき初めて、声をそれ自身に対して異質化し、連続変化の力を与える音域が見出される。そのとき声はもう伴奏されるのではなく、現実に「機械化」され、一つの音楽機械に属して、話され、歌われ、擬音となった器楽的、場合によっては電子的なパートを、同じ音の平面で延長や重層の状態に導くのだ。ある普遍化した「グリッサンド」の音の平面が統計的な空間の構築をもたらし、そこでは、それぞれの変数が平均値をもつのではなく、一定の頻度の確率をもち、これが他の変数とともにその変数を連続変化に導くのだ[23]。ベリオの『顔』、あるいはディーター・シュネベルの『異言』はこの典型的な例である。ベリオ自身がこれについて何を言おうと、見かけの定数によって言語の幻影や、声の隠喩を産み出すことではなく、中性の、秘密の、定数なしの、すべてが間接話法の中にあるあの言語にたどりつくことが問題なのだ。この言語において、シンセサイザーと楽器は、声のように語り、声は楽器のように奏でる。メカニックにあるいは原子的になった世界でわれわれは、音楽にはもう歌うことなどできないと思うわけではない。むしろ莫大な変化の係数が、一つの音のアレンジメントのあらゆる部分、交話的な、非交話的な、言語的な、詩的な、器楽的な、音楽的な部分を侵蝕し、巻きこむのだ。――「あらゆる度合を通過する一つの単純な叫び」(トーマス・マン)。声の変化のプロセスは数々あり、下降と上昇によって高さをたえず離れていく叙唱 *sprechgesang* だけではなく、循環的な呼吸の技術や、あるいはいくつかの声が、一つの口から出てくるように感じさせる共振帯域もある。洗練された音楽においても、民衆の音楽においても、秘密の言語は大きな重要性をもつ。民族音楽学者は、例えばダホメーのような、驚くべき場合を紹介した。この場合、第一の声の全音階部は、一つの音から、他の音へと連続してすべり、しだいにインターバルを小さくし、音の連続体を変化させながら、あらゆるインターバルが曖昧になってしまう「パルランド」にたどりつき、秘密の言語における半音階的な下降に場を譲ってしまう[24]。――そしてまた、全音階部は、階段状の建築をなす半音階レベルにしたがって、それ自身移調され、歌はパルランドによって、つまり定まった高さをもたない単純な会話によってときたま中断される。因みに、語彙上の発見や修辞的形態によってではなく、言語の共通要素に対して連続変化を作用させる方法によってこそ、秘密言語、俗語、隠語、職業用語、はやし歌、商人の呼び声などはおそらく価値をもつのだ。これらは音楽の記譜法に似た半音階的言語である。秘密の言語は、単に定数によって機能し副次的システムを形成する数字や隠されたコードをもつばかりではない。それは公的言語の変数のシステムを変化状態に導くのだ。

　われわれの言いたいことはつまり、普遍化された半音階法ということである……。何らかの要素を連続変化におくこと、それはたぶん新しい区別を成立させる操作なのかもしれない。しかし、この操作は、どんな安定も既得のものとして保存したりはしないし、どんな安定もあらかじめ前提としない。逆に、この操作は、原理上同時に、声、パロール、ラング、音楽に向けられる。先行する原理的区別をたてる理由はまったくないのだ。言語学一般は、まだある種の長調、ある種の全音階、ドミナントや定数や普遍性への奇妙な好みを捨ててはいない。そのときも、あらゆる言語は内在的な連続変化のうちにあるのだ。共時性でも通時性でもなく、非共時性が、言語の可変的で連続的状態としての半音階が問題である。プラグマティズムに固有の強度と価値を与える半音階的言語学をめざそう。

スタイルと呼ばれるものは、実に自然なものでありうるが、これはまさに連続変化のプロセスである。ところが、言語学によって確立されたあらゆる二分法のうちでも、言語学を文体論から区別する二分法ほどあやふやなものはない。スタイルは個人的、心理的な創造ではなく、言表行為のアレンジメントであって、それが言語の中に一つの言語を作り出すことを阻止することはできないのだ。われわれが愛する作家たちの気紛れなリストを作ってみよう。われわれはカフカ、ベケット、ゲラシム・ルカ、ジャン＝リュック・ゴダールを繰り返し引用する。彼らが、多かれ少なかれ、ある種の二国語併用の状況にあったことに気づく。チェコのユダヤ人であるカフカはドイツ語で書き、アイルランド人ベケットは英語とフランス語の両方で書き、ルカはルーマニア出身、ゴダールはスイス人たろうとする。これは一つの場合や機会にすぎず、その機会は他でも見出されるはずである。われわれはまた、彼らのうちの多くは単に作家ではないこと、あるいは彼らがまず作家であることに注目する（ベケットと演劇あるいはテレビ、ゴダールと映画・テレビ、ルカと彼の視聴覚装置)。なぜなら、言語学的要素に連続変化の処理を受けさせるとき、また言語に内的プラグマティックを導入するとき、われわれは必然的に、同じ仕方で、非言語的要素、身振り、装置を取り扱うことになるからだ。あたかも、プラグマティックの二つの側面が、同じ変化線にしたがって、同じ連続体において出会うかのように。そのうえ、たぶん観念はまず外からやってくるのであって、言語活動は、一つのスタイルの必然的に外的な源泉にしたがっただけだ。しかし、本質的なことは、これらの作り手たちのそれぞれが、独自の変化のプロセス、拡大した半音階主義、速度とインターバルの異様な生産を行なっていることだ。「情熱的に」[25]という詩におけるゲラシム・ルカの創造的などもり、さらに、ゴダールのどもり。演劇においては、ボブ・ウィルソンの固定した高さのないささやき、カルメロ・ベーネの昇降する変化。どもることはやさしいことだ。しかし、言語活動そのものについてどもりであることはまた別のことであって、それはあらゆる言語的要素、そして非言語的要素、表現の変数、内容の変数さえも変化に導くのである。冗長性の新たな形式。〈そして……そして……そして……〉言語活動において、動詞「ある」être と接続詞「そして」et とのあいだ、est と et とのあいだには、いつも闘いがあった。この二つの語が調和し、結合するのは見かけのことでしかない。なぜなら、一方は言語活動において定数としてしか作用せず、あらゆる言語の全音階しか形成しないのだが、他方は普遍化した半音階の線を構成しつつ、あらゆるものを変化に導くからだ。一方から他方に向けてすべてが逆転する。英語あるいは米語で書く人々は、われわれ以上に、この闘争、この賭け、そして er の誘発力に対して意識的であった[26]。プルーストは言っていた。「傑作はある種の外国語で書かれる。」それはどもることと同じなのだが、単にパロールにおいてどもるばかりではなく、言語活動《ランガージュ》においてどもることによってである。外国人であること、しかし、単に自国語ではない言語を話す誰かのようにではなく、自分自身の言語においてどもること。二国語あるいは多国語を用いるものであること、しかも地方語、あるいは方言とは関係なく、唯一の同じ国語において。私生児であり、混血児であるが、人種としては純粋であるというふうに。こうしてスタイルは言語となる。こんなふうにして言語活動は強度的となり、価値や強度の純粋な連続体になるのだ。こうして言語は秘密となるが、別に言語の中に秘密の下位システムを出現させるわけではなく、何も隠すことなどないのだ。われわれはこのような結果に、ただ簡潔さ、創造的な引き算によって到達する。連続変化には、禁欲的な線と、わずかな草と、純粋な水しかない。

言語のどんな変数をとってみてもよい。すると、この変数の二つの状態のあいだの、当然ながら潜在的な連続線上に、この変数を変化させることができる。われわれはもはや、言語の定数が一種の突然変異を受け、単にパロールに蓄積された諸変化の効果をこうむるのを待っている言語学者の立場にはいないのだ。変化と創造の線は、全面的かつ直接的に、抽象機械の部分をなしている。イェルムスレウは、一つの言語が必然的にまだ未開発の可能性を含んでいること、そして、抽象機械はこのような可能性と潜在性を内蔵していることに注目していた[27]。確かに、「蓋然的なもの」、「潜在的なもの」は、現実的なものと対立しない。それどころか、創造的なものの現実性も、変数を連続変化状態に導くことも、単に、変数の恒常的関係の現働的な規定と対立するだけである。われわれが変化線を引くたびに、変数は、音韻的、構文的、あるいは文法的、意味的、などさまざまな性質をもつのだが、線そのものは、非関与的、非構文的、あるいは非文法的、非意味的なのだ。例えば、非文法性はもはやラングの文法性と対立するパロールの偶発的な性格ではない。逆にそれは、文法的な変数を連続変化状態におく線の理念的性格なのだ。カミングスのいくつかの奇妙な表現に関するニコラ・リュヴェの分析を取り上げてみよう。he danced his did あるいは they went their came。われわれは文法的な変数が、潜在的にこのような非文法的表現にいたるまでにたどる変化を再構成することができる。he did his dance, he danced his dance, he danced what he did..., they went as they came, they went their way...[28] リュヴェの構造的解釈にもかかわらず、非定型的な表現が、継続する正しい諸形態によって生み出された、とは信じないようにしよう。むしろ非定型的な表現の方が、正しい形態の変化を産み出し、それらを定数の状態から引き離すのだ。非定型的な表現は、言語の脱領土化の先端を成立させ、テンソルの役割を演じる。つまり、言語がその諸要素、形態や概念の限界に、言語以前に、または言語の彼方に近づくようにするのだ。テンソルは文の一種の転移性を実現し、連鎖の全体を遡及し、最終項がそれ以前の項に作用するようにする。これが言語の強度的、かつ半音階的操作を保証する。〈そして〉et のように単純な表現は、言語活動全体を通じて、テンソルの役割を演じるのだ。この意味で〈そして〉は、接続詞というよりも、それが連続変化に導くあらゆる可能的接続の非定型的表現である。テンソルもまた、定数にも変数にも還元されてしまうことなく、いつでも定数の値を引き算しながら（n−1）、変数の変化を保証するのだ。テンソルはどんな言語的カテゴリーとも一致しない。しかし、言表行為のアレンジメントにとっても、間接話法にとっても本質的なプラグマティックな価値をなしているのだ(29)。

ときとして、このような変化は、言語における創造の通常の働きを説明するものではなく、詩人や、子供や、狂人に固有の、周縁的なものにすぎないと考えられるかもしれない。なぜなら人は、累積的効果や、連辞的な突然変異によって二次的にだけ変更されることのある定数によって、抽象機械を定義しようとするからである。しかし、言語の抽象機械は、普遍的なものでも、また一般的なものでさえもなく、特異なものである。それは現働的ではなく、潜在的−現実的である。それは義務的、または不変的ではなく、一手一手が規則に影響するゲームのように、変化そのものとともに変化する自在な規則である。それゆえ、抽象機械と言表行為のアレンジメントとは補完的であり、一方の中に他方が出現する。つまり、抽象機械は、一つのアレンジメントのダイアグラムのようなものである。それは連続変化のさまざまな線を描くのであり、一方、具体的なアレンジメントは変数を処理し、変数とこれらの線とのさまざまな関係を組織するのだ。アレンジメントは脱領土化の度合にしたがって、ある変化のレベルで変数をやりとりし、定常的な関係に入ったり、義務的な規則に従ったりする変数を定め、逆に、変化に対して流動的な素材として働く変数を定めもするのだ。そこからアレンジメントは単に、ある種の抵抗や、不動性を、抽象機械に対立させるだけだと結論できるわけではない。なぜなら「定数」でさえも、変化が起きる潜在性の規定にとって本質的なのであって、それ自体、自在に選択されるのだ。あるレベルでは、抵抗や制動が存在し、またアレンジメントの別のレベルでは、変数のさまざまなタイプのあいだの往復、二方向に通じるさまざまな通路だけがある。もろもろの変数がたがいの関係の総体にしたがって機械を成立させるのは、まったく同時にである。だから、集団的にして定常的な言語と、可変的で個人的な言葉の行為を、区別する余地はない。抽象機械はつねに特異であり、集団あるいは個人の固有名詞によって示される一方、言表行為のアレンジメントは、個人においても集団においても、集合的である。レーニン－抽象機械、ボルシェヴィキ－言表行為のアレンジメント……。文学においても、音楽においても、同じことがいえる。個人の優位などはなく、特異な抽象と、集団的な具体があるだけだ。抽象機械はアレンジメントと独立に存在することはないし、アレンジメントは機械と独立には機能しないのだ。

Ⅳ 言語は主要な、あるいはスタンダードな言語という条件においてしか、科学的に研究されないだろう

誰もが、一つの言語は変化する非等質な現実であることを知っているのだが、科学的研究を可能にするために、等質的なシステムを抽出しようとする言語学者たちの要求は何を意味しているのだろうか。諸変数から定数の集まりを取り出し、あるいは諸変数のあいだに定常的な関係を定めることが問題なのだ（われわれはこのことをすでに音韻学者たちのいう換入可能性において見た）。しかし言語を研究対象とする科学的モデルは、それによって言語が等質化され、中心化され、標準化されるような政治的モデル、メジャーなまたは支配的な権力の言語と一体になっている。言語学者は科学を、他の何ものでもなく科学を主張するかもしれないが、科学の秩序が他の秩序の要求を保証してしまうのはよくあることなのだ。文法性とは、記号Sとは、言表を支配する範疇記号とは、何なのだろうか。それは構文的な標識である前に、権力の標識なのであり、チョムスキー的な樹木は、権力の変数のあいだに定常的な関係を確立するのだ。文法的に正しい文章を作ることは、普通の個人にとっては、社会的な法に完全に従属するための前提なのだ。誰も文法を知らないとは見なされない。それを知らないものは特別な制度に属する。言語の統一性とは、何よりもまず政治的なものだ。母語などというものはなく、支配的な言語が権力を奪取して、広く前面を占め、また同時にさまざまな中心を襲うだけだ。一つの言語が等質化し、中心化するには、いくつかの手段が認められる。共和制的な手段は必ずしも王政的なものと同じではないし、より容易というわけでもない[30]。しかし、定数や定常的な関係を取り出そうとする科学的な企ては、話すものにそれらを強制し指令語を伝達する政治的な企てといつでも重なっている。

白く大声で話せ (Speak white and loud)
なんて素晴らしい言語
募集し
命令を与え
活動に死のときを定め
息を吹き返す休息のときを定めるため……

それでは「高い」と「低い」、メジャーとマイナーという、二種類の言語を区別しなければならないだろうか。一方はまさに定数の権力によって、他方は変化の能力によって定義されるだろう。われわれは、単にメジャー言語の統一性を方言の多様性に対立させようとは思わない。むしろそれぞれの方言こそ、移行や変化の帯域をそなえているのであり、しかも、マイナー言語のおのおのが、方言に固有の変化の帯域をそなえているのだ。マルムベールによれば、方言の地図に明確な境界が見出されるのはまれであり、境を接した移行的な識別不可能の帯域が見られるのである。また、「ケベック語は、地方的アクセントの抑揚と変化や、強勢アクセントの作用がたいへん豊かなので、別に誇張するわけではなく、ときにはどんな綴りのシステムよりも、音楽的表記によってよりよく保存されるだろうと思われるほどだ。(31)」そもそも方言の概念自体が実に不確かなものだ。そのうえ、それがどのようなメジャー言語と関係して機能するのか知らなくてはならないのだから、それはあくまで相対的である。例えば、カナダのケベック語は単に標準的なフランス語との関係で評価されるだけではなく、メジャーな英語との関係でも評価され、これからあらゆる種類の音声的、構文的要素を借りて変化させているのだ。バントゥー族の方言は、単に母語だけではなくメジャー言語としてのアフリカーンス語や、黒人たちによって好まれている反メジャー言語としての英語との関連で評価されなければならない。(32)要するに、マイナー言語の概念を明らかにするのは方言の概念ではなく、逆にマイナー言語の方こそ、その固有の変化可能性によって方言を定義するのだ。それでは、少なくとも一つの支配的言語と一つの被支配的言語を含む二国語併用または多国語併用という地域的状況に身をおいたり、一定の言語に、他の言語に対する帝国的な権力（例えばアメリカ英語の今日的役割）を与える世界的状況を考慮しながら、メジャー言語とマイナー言語とを区別すべきだろうか。

少なくとも二つの理由で、この立場をとることはむつかしい。チョムスキーが指摘しているように、方言や、ゲットーの言語や、マイナー言語は、そこから等質的なシステムを取り出し、定数を抽出しようとする処理の制約を免れることができない。黒人英語は確かに標準英語に対する一定の誤謬や違反などとして定義することのできない固有の文法をもっている。しかしまさにこの文法は、標準英語に対するのと同じ学習の法則が適用されるときはじめて考慮されるのだ。この意味で、マイナーとメジャーの概念は、言語学的には何の関心も呼び起こさないようだ。フランス語は、その世界的多数派の機能を失っても、その定常性、等質性、中心性を少しも失っていない。逆にアフリカーンス語は、それが英語とせめぎあう地域的なマイナー言語であったとき等質性を獲得した。政治的に見てさえ、あるいはとりわけ政治的に見て、マイナー言語の信奉者は、たとえ書く場合にすぎないにしても、それに定常性と等質性を与えることなしにはやっていけないように思われる。これによってマイナー言語は部分的にメジャーである言語となり、公的な承認を強いるのだ（そこから、マイナー言語の権利を価値あるものにする作家の政治的役割が由来する）。しかし、逆の考え方がはるかに有効のように思われる。ある言語がメジャーな言語の性格をもち、あるいはこのような性格を獲得すればするほど、その言語はそれ自身を「マイナー」にもたらす連続変化によって作用される。一つの言語の世界的帝国主義を、それが他の言語にもたらす頽廃を告発することによって批判しても無駄である（例えば英語の影響に対する純粋主義者の批判、プジャード派〔プチブル排外主義〕的な、あるいはアカデミックな「フラングレ」の告発）。なぜなら、英語あるいは米語のような言語は世界のあらゆる少数民族によって、実に多様な変化によって影響されなければ、世界的にメジャーであることはできないからだ。ゲール語や英アイルランド語が英語を変化させる仕方。黒人英語や数々の「ゲットー」が、米語を変化させ、ニューヨークがほとんど国語のない都市になってしまう仕方（そのうえ、英語と違って米語は、少数派のこのような言語的活動なしには成立しなかった）。あるいはかつてのオーストリア帝国における言語の状況。ドイツ語は、それをドイツ人のドイツ語に対してマイナー言語にしてしまう処理を少数派からこうむることなしには、少数派に対するメジャー言語ではありえないのだ。そもそも内的、内因的、言語内的な少数派をもたない言語などないのだ。それゆえ、言語学の非常に一般的な観点から見て、チョムスキーとラボヴの立場はたがいに移動しあい、転換しあう。チョムスキーは、マイナーな、方言的な、あるいはゲットーの言語でさえも、そこから不変数を取り出し、「外的または混合的」変数を排除するという条件なしには研究できない、というだろう。しかし、ラボヴは、一つの言語は、たとえメジャーで、スタンダードであっても、確かに混合的でも外的でもない「内属する」変化と切り離しては研究できないと答えるだろう。あなたが手にする等質的システムは、必ず内在的、連続的な、調節された変化によってさらに影響され、あるいはすでに影響されている（なぜチョムスキーはこのことがわからないふりをしたのだろうか）。

それゆえ二種類の言語があるのではなく、一つの言語について可能な二つの処理法があるのだ。あるときわれわれは、そこから定数や定常的な関係を取り出すようにして、また別のときは、それらを連続変化の状態におくようにして変数を処理する。あたかも定数が変数のかたわらにあり、言語的な定数が言表行為の変数のかたわらにあるように見なすとき、往々にしてわれわれは誤っていた。この方がいかにも通りがよいからだ、なぜなら、定数が変数自体から引き出されることは自明だからだ。普遍的特性は、言語学においても、経済学においても、それ自体で実在するものではない。いつも、変数にかかわる普遍化や画一化から導きだされるのだ。定数は変数と対立するものではない。定数は他の処理と対立する、つまり連続変化の処理と対立するような変数の処理なのだ。義務的といわれる規則は、変数の処理に対応し、任意の規則は、連続変化の構築にかかわっている。しかも、いくつかのカテゴリーや区別はとても頼りにならない。それらは応用することも、対象化することもできないのだ。なぜなら、それらはすでに、変数の処理を前提としており、すべてが定数を探究することに従っているからだ。こうしてラングがパロールに、共時性が通時性に、言語能力が言語遂行に、弁別的特性が非弁別的（あるいは二次的に弁別的な）特性に、対立させられるのだ。なぜなら、非弁別的、語用論的、文体論的、韻律論的な特徴は、単に定数の存在または不在と区別される遍在的な変数であり、線形的切片的要素と区別される超線形的、かつ「超切片的」要素であるにとどまらない。それらの特性そのものがそれらに、あらゆる言語の要素を連続変化の状態に導く力を与えるのだ。例えば、音素に対する音調の、形態素に対するアクセントの、構文に対するイントネーションの作用。だからそれらは二次的特性ではなく、もはや先行するカテゴリーを通過しないもう一つの言語の処理法なのだ。

「メジャー」と「マイナー」は、二つの言語ではなく、言語の二つの使用法、または機能を示している。二国語併用は確かに典型的な重要性をもっているが、それはまだ単に便宜上のことでしかない。おそらくオーストリア帝国において、チェコ語はドイツ語に対してマイナー言語だった。しかしプラハのドイツ語は、ウィーンとベルリンのドイツ語に対してはすでに潜在的にマイナー言語として機能していたのだ。そして、チェコのユダヤ人としてドイツ語で書くカフカは、ドイツ語に、マイナー言語の創造的処理をこうむらせ、連続変化を構築し、あらゆる変数を取り扱って、定数を縮小し、同時に変数を拡張するのだ。すなわち、言語をどもらせること、あるいは言語に「吠え」させること、あらゆる言語に、書き言葉にさえテンソルを広げ、そこから叫びや、絶叫や、高さ、持続、音色、アクセント、強度を取り出すこと。われわれはしばしば、マイナーといわれる言語の二つの切り離せない傾向を強調した。構文的あるいは語彙的形態の貧困化や減衰であり、また同時に転換効果の奇妙な増殖や過剰と、言い換えの傾向である。このことはまさに、プラハのドイツ語、黒人英語、ケベック語についても言えることだ。しかしまれな例外をのぞいて、言語学者たちの解釈は、本質的に同じ貧困と洗練とを引き合いにだすので、かえって悪意にみちたものだった。貧困さといわれるものは、実は定数の制限であり、過剰さは変数の拡張であって、あらゆる要素を巻きこむ連続体を展開するにいたる。この貧困さは欠如ではなく、一つの真空あるいは省略であり、それによってわれわれは定数にとらわれることなく、定数を迂回し、定数にいすわることなく、上から下から、それに接近することができるのだ。またこの過剰は、修辞の形態、暗喩、あるいは象徴的構造などではなく、あらゆる言表において間接話法がどこにも局限されずに出現することを示す活動的な言い換えなのだ。両方の場合とも、指標が拒否され、動態的な差異に向けて定常的な形態が解体するのが目撃される。そして言語がこのような状態に入れば入るほど、それは単に音楽的な表記法に近づくだけでなく、音楽そのものに近づくのだ[33]。

引き算し、変化に導くこと、切断し、変化に導くこと、それは唯一の同じ実践である。メジャーなあるいはスタンダードな言語に対して、マイナー言語を特徴づける貧困さや過剰が存在するのではない。スタンダードな言語のマイナーな処理や、メジャーな言語のマイナー生成変化としての簡潔さと変化があるのだ。問題はメジャー言語とマイナー言語の区別ではなく、生成変化である。問題は方言や地方語のうえに再領土化してしまうことではなく、メジャー言語を脱領土化することである。アメリカの黒人たちは英語に黒人語を対立させるのではなく、彼ら自身の言語である米語でブラック・イングリッシュを産み出すのだ。マイナー言語はそれ自体で存在するものではない。メジャー言語との関連でしか存在しないから、それはまたメジャー言語がマイナーになるように、メジャー言語を役立てることである。おのおのが、方言でもいい、あるいはむしろ特有語でもいい、とにかくマイナー言語を見出し、それによって自分自身のメジャー言語をマイナーにしなければならないのだ。われわれが、「マイナー」と呼ぶ最も偉大な、真に偉大な作家たちの力とはこのようなものである。自分自身の言語を征服しなければならず、つまりメジャー言語の使用においてあの簡潔さに到達し、この言語を連続変化状態におかなければならない（地方主義の反対である）。われわれが、二国語併用や他国語併用を行なうのは、自分自身の言語においてである。メジャー言語を逃走させるため、マイナー言語を用いること。マイナーな作家は、自分自身の言語において異邦人なのだ。彼が私生児であり、私生児のようにして生きるとすれば、それは言語の雑居や混合によるものではなく、むしろ自国語にテンソルを広げることによって、自国語を引き算し、変化させることによってである。

少数派〔マイノリティ〕の概念は、音楽、文学、言語、法律、政治などにかかわる実に複雑な概念である。少数派と多数派は単に量的に対立するのではない。多数派は、それを測るメートル原器として、表現と内容の定数をともなう。定数または原器は、何らかのスタンダードな－ヨーロッパの－異性愛的な言語を話す男性－白人－雄－大人－都会人であるとしよう（ジョイスあるいはエズラ・パウンドのユリシーズ）。「男性」が多数性をおびていることは、たとえ男性が、蚊や、子供や、女性や、黒人や、農民や、同性愛者などよりも少数だとしても明らかである。つまりそれは、定数において一度、われわれがそこから定数を抽出する変数においてもう一度と、二度現われるのだ。多数派は、権力あるいは支配の状態の方を前提としているのであって、その逆ではない。それは、メートル原器の方を前提としているのであって、その逆ではない。マルクス主義でさえ、「ほとんどいつも、国民的な、有資格の、男の、三十五歳以上の労働者の立場から見たヘゲモニーを翻訳してきた」[34]。それゆえ定数外の場合はその数にかかわらず、その性格によって、少数性、つまり下位システム、またはシステム外と見なされるであろう。このことは例えば、選挙のような活動においていつでも見られる通りで、なるほど選択はあなたに委ねられているが、あなたの選択はあくまで定数の限界に合致していなければならないのだ（「あなたは社会の変革を選んではならない……」）。しかし、まさにこの点においてすべてが転倒する。なぜなら多数派は、分析的には抽象的な尺度に含まれているのだから、決して誰でもありえない。それはいつも〈ペルソナ〉——ユリシーズ——なのだが、少数派の方は万人の生成変化であり、モデルからずれてしまうかぎり、潜在的な生成変化なのだ。多数派的な「事実」が存在するのだが、それは万人の少数派への生成変化と対立するペルソナの分析的な事実なのだ。それゆえわれわれは、等質的、定常的システムとしての多数派、下位システムとしての少数派、そして潜在的な、創造された、創造的な少数派とを区別しなければならない。たとえ新しい定数を作り出すにしても、問題は決して多数派に到達することではない。多数派への生成変化は存在しない。多数派は決して生成変化ではないのだ。少数派への生成変化だけがある。女性たちは、数がいくらであれ、状態あるいは部分集合として定義可能な少数派である。しかし彼女らは、生成変化を可能にすることによってのみ創造することができるのであり、その生成変化の所有権などもっていない。彼女たちは生成変化の中に入っていかなければならないのであって、女性になることは、男も女も含んだ人間全体にかかわっているのだ。マイナー言語に関しても同じことがいえる。それは単に下位言語、特有語あるいは方言ではなく、メジャー言語をあらゆる次元、あらゆる要素において少数派への生成変化に導く潜在的な動因なのだ。われわれは、マイナー言語と、メジャー言語がマイナーに生成変化することを区別しなければならないのだ。もちろん少数派は、客観的に定義可能な状態、ゲットー的な領土性をもった言語、民族、性の状態である。しかしそれはまた、制御できない運動や、平均的なものや多数派の脱領土化をもたらすことによってのみ価値をもつ生成変化の胚種や結晶と考えられる。だからこそ、パゾリーニは、自由間接話法においてまさに本質的なものは言語Aにも言語Bにもなく、「言語Aにほかならないが、実際は言語Bになりつつある言語Xの中にある」(35)ということを示したのだ。少数派の意識の普遍的な形態が万人の生成変化として存在する。この生成変化が創造なのだ。それは多数派にたどりつくことによって実現されるのではない。この形態は、まさに、過剰や誤謬によって多数派の尺度の代表的な閾〔しきい〕を逸脱し続ける振幅としての連続変化である。少数派の普遍的意識の形態を構築することによって、われわれは〈権力〉や〈支配〉の領域とは別の領域にある生成変化の力に注目しているのだ。〈ペルソナ〉の多数派的な〈事実〉に対して、万人に向かう少数派の生成変化を形成するのは連続変化である。意識の普遍的形態としての少数派への生成変化は、自立《オトノミー》と呼ぶことができる。人が革命的になるのは、決して、方言としてマイナー言語を使用することによってでも、地方主義やゲットーを作り出すことによってでもない。

特定の、自立した、意想外な生成変化を発明するには、多くの少数派の要素を使用し、それらを連結し、接合しなければならない[36]。

メジャーな様態とマイナーな様態は二つの言語の処理法であって、前者は言語から定数を抽出し、後者はそれを連続変化に導くのだ。しかし、指令語は言語の条件を設定し、何らかの処理法にしたがって要素の使い方を定めるのだから、この二つの方向、変数の二つの処理法を考慮しうる唯一の「メタ言語」としての指令語にどうしても戻らなくてはならない。言語の機能の問題が一般に的をはずれてしまうのは、あらゆる潜在的機能を支配するこの変数－指令語をないがしろにしているからである。カネッティの指摘にしたがって、われわれは次のようなプラグマティックな状況から出発することができる。指令語とは死刑宣告なのだ。たとえ非常に緩和され、象徴的、秘儀伝授的、一時的、等々になっていても、それは、いつでもこのような宣告をともなうのだ。指令語は指令を受け取るものに直接的な死をもたらし、あるいは彼がそれに従わなくても、場合によっては死をもたらし、また彼自身がさらに別のところに死をもたらし、死を強いるのだ。「これをしろ」、「あれをするな」といった父親から息子への指図は、息子が人格の一点に受ける小さな死刑宣告と切り離せない。死、死、それこそ唯一の審判であり、審判をシステムたらしめるのだ。〈判決〉。しかし、これと不可分に関係してはいるが、指令語はまた、別のものでもある。それは警戒の叫び、あるいは逃走の知らせのようだ。逃走が指令語に対する反動であると言ってしまうなら、単純すぎるだろう。逃走はむしろ指令語のうちに、複雑なアレンジメントの中の別の面として、その別の構成要素として含まれているのだ。カネッティは正当にも、逃走と死をいっしょに言表するライオンの吠え声を引き合いに出している[37]。指令語は二つの調子を持っている。預言者は指令語を受け取りながら、逃げ出すこともあれば、死を願うこともある。ユダヤの預言主義は神の指令語に、死の祈願と、逃走の衝動を溶けあわせたのである。

そこでもし指令語の最初の側面、つまり言表によって表現されたものとして死を考慮するなら、先行する要求にそれが対応することは明らかである。つまり、死は本質的に身体にかかわり、身体に帰属するのだが、非身体的変形の真の性格は、死の直接性と即時性からやってくるのだ。死に先行し、死に後続するものは、行動と受動の長大なシステムでありうるし、身体の緩慢な働きでもありうる。それ自体としては、死は行動でも受動でもなく、純粋な行為、言表行為が言表に結びつける純粋な変形、判決である。この男は死んだ……きみが指令語を受け取るとき、きみはすでに死んでいる……死は実際にいたるところで、身体同士を分離し、それらの形態とそれらの状態を分離する、あの越えがたい理念的な境界のようであり、そして主体が形式や状態を変えるためにどうしても通過しなければならない、秘儀伝授的、象徴的でさえある条件のようである。カネッティが「左右同形性」を語るのはそのためである。それは不動の、伝統に縛られた〈主人〉にかかわる体制であり、たえず定数によって立法し、変身をかたく禁じ、限定し、形態には明瞭で落ち着いた輪郭を定め、形式を二対二に対立させ、一方から他方へ移るなら死ぬことを主体に強いるのだ。ある身体が別の身体と区別され、分離されるのは、いつも何か非身体的なものによってである。身体の極限として、形象は身体を限り閉じる非身体的な属性である。死とは〈形象〉である。一つの死によって身体は、単に時間だけではなく空間においても完了し、その線が輪郭を形成し、限定するのだ。死んだ時間があるように、死んだ空間もまたある。「左右対称性の反復によって世界は衰弱する。（……）変身の社会的禁止は、おそらくあらゆる禁止の中でも、最も重要である。（……）人が階級間におくのは死そのものであり、最大限に厳格な境界なのだ。」このような体制において、まったく新しい身体は、区別された主体を形成することばかりか、対立可能な形式を構築することを要求する。死とは、形式においても実質においても、あらゆる身体に帰属する非身体的な一般的変形なのだ（例えば、〈党〉の身体は左右対称の操作がなければ、また、最初の世代の消滅を前提とする新しい活動家が形成されなければ強化されないだろう）。

確かにわれわれはここで、表現だけではなく、内容についての考察に依存している。実際、あるアレンジメントにおいて二つの面が、身体の体制と記号の体制としてはっきりと区別される場合でさえ、それらはやはり相互的に前提しあっているのだ。非身体的変形は、指令語に属する〈表現されたもの〉であるが、それはまた確かに身体の属性でもある。それは単に表現の言語的変数ではなく、非言語的な内容の変数でもあって、それぞれに形式的な対立や区別の関係に入りながら定数を抽出しうる。イェルムスレウが示しているように、ある表現が例えば音声的な単位に分割されるのと、ある内容が、物理的、動物的、または社会的単位に分割されるのは、同じ仕方によるのだ（「子牛」は、ウシ類－雄－子に分割される）[38]。二項対立、樹木状の網目はどちら側でも有効である。だが、二つの面のあいだには、どんな分析的な相似性も、対応性も、画一性もありはしない。にもかかわらず、それらの独立性は同形性を排除するものではなく、両面においで同じタイプの定常的関係が存在するのだ。そして、対応関係が存在しないにもかかわらず、言語的要素と非言語的要素をもともと不可分にしているのは、このようなタイプの関係なのだ。内容の要素が、身体の混合に明らかな輪郭を与えるのと、表現の要素が、非身体的な〈表現されたもの〉に宣告や審判の権力を与えるのは、同時にである。これらのあらゆる要素は、さまざまな抽象と脱領土化の度合をもっているのだが、ことあるごとに、なんらかの指令語や、なんらかの輪郭にしたがって、アレンジメントの集合の再領土化を作動させるのだ。〈宣告〉と〈形象〉のあいだ、表現の形式と内容の形式のあいだに、アプリオリな関係（同形性）が存在することを示したことは、まさに総合的判断の理論の意義であった。

しかし指令語のもう一つの側面、つまり、死ではなく逃走を考慮するならば、変数はそこで新しい状態、つまり連続変化の状態に入るように思われる。限界への移行はいまや非身体的変形として現われるのだが、にもかかわらずこれはたえず身体に帰属するのだ。それは死を消滅させるのではなく、死を減少させ、死それ自体を一つの変化とする唯一の仕方である。言語はそれ自身を限界に向けて緊張させる運動に導かれ、身体はその内容を変身させる運動を開始し、あるいはその形象を限界にとどかせ、限界を超えさせるような放出を開始する。ここで、メジャー科学と、マイナー科学を対立させることができるかもしれない。例えば、曲線に向かって破られる線の衝動。線と運動の操作的幾何学。変化を機能させるプラグマティックな科学は、ユークリッド的な、不変数による、メジャー的、あるいは王道的科学とは異なる仕方で探究し、疑惑や抑圧の長い歴史を横断してきた（われわれはこの問題をもう一度扱うつもりだ）。最小の間隙は、いつも悪魔的である。変身の名人は、不動の厳めしい王と対立する。あたかも強度の物質が、また変化の連続体が、言語の内的なテンソルにおいても、内容の内的な緊張においても解き放たれるかのようだ。最小の間隙という観念は、同じ性格をもつ形態のあいだには成立しないで、少なくとも曲線と直線、円と接線をともなうのだ。われわれは実質の変形、形式の解体、限界への移行、あるいは輪郭からの逸脱に立ち会い、流動的な力、流れ、空気、光、物質が優先して、身体も言葉も、いかなる確定的な点にも停止することがないのを目撃するだろう。この強度の物質の非身体的な動力、この言語の物質的な動力。身体よりも言葉よりも直接的で、流動的で力強い一つの物質。連続変化においてはもはや表現の形式と内容の形式を区別する余地はなく、たがいを前提とする不可分な二つの面だけが存在する。いまやその区別の相対性は存立平面上で十分に実現され、そこで脱領土化はアレンジメントを巻きこみ、絶対的なものになっている。絶対とはしかし無差別のことではない。「かぎりなく小さくなった」差異は、非身体的な動力としては表現となり、同様に、際限のない身体性としては内容となる唯一の同じ物質において成立するのだ。内容と表現の変数は、もはや二つの形式を仮定する前提の関係にはない。諸変数を連続変化に導入することによって、むしろ二つの形式が接近し、双方の脱領土化の先端が連結される。こうしたことは形象をもたず、決して形を与えられることのない唯一の解放された物質の面上で起きる。この平面はまさに表現においても内容においても、これらの先端、テンソル、あるいは緊張だけを確保するのだ。身振りと物、声と音は、同じ「オペラ」の中にとらえられ、吃音や、ヴィブラートや、トレモロや、逸脱の転変する効果にさらわれてしまう。一つのシンセサイザー〔総合装置〕が、あらゆるパラメータを連続変化に導き、徐々に、「根本的に異質な要素がついにはなんらかの仕方で、たがいに転換しあう」ようになる。このような連結が存在するところには、必ず共通の素材が存在する。こうしてはじめて、われわれは抽象機械に、あるいはアレンジメントの図表《ダイアグラム》に到達する。シンセサイザーは、ちょうど素材が、形象や形成された実質にとって代わったように、判断にとって代わる。もはや、一方にエネルギー的、物理化学的、生物学的強度を、他方に記号的、情報的、言語的、美学的、数学的強度をグループ分けすることも適当でない。強度の諸システムの多様体は、アレンジメントが、これらの逃走のベクトルや緊張に導かれる瞬間から、アレンジメント全体において連結し、リゾーム化するのだ。なぜなら問題は、いかにして指令語を逃れるか、ではなく、——

いかにして指令語が内包している死の宣告を逃れるか、いかにしてその逃走力を展開するか、いかにして逃走が想像力の中で空転したり、ブラック・ホールに落ちこんだりすることを避けるか、いかにして指令語の革命的潜在性を保持し、抽出するか、ということだからだ。ホフマンスタールは自分自身に向けて、「ドイツ、ドイツ!」という指令語を放つ。再領土化の欲求であり、「憂鬱の鏡」にさえとらわれている。しかし、この指令語の背後に、彼はもう一つの指令語を聞く。あたかもドイツ的な古めかしい「形象」は単なる定数にすぎなかったのであり、今や自然や生との、可変的であるからこそ、より深い関係を表わそうとして消えてしまったようだ。——生との関係はどんな場合に硬直し、どんな場合に隷属となってしまうのだろうか。どんな瞬間に、抵抗すること、降伏すること、あるいは無感動であることが求められ、いつ干からびた言葉、横溢や気晴らしが必要なのだろうか(39)。切断や断絶がなんであろうと、ただ連続変化だけが、あの潜在線を、あの生の潜在的な連続体を、「日常の背後の本質的要素あるいは現実」を抽出するだろう。ヘルツォークの映画の中には、素晴らしい言表がある。自分自身に向かって問いながら映画の人物は言う、「この答えにいったい誰が答えを与えるだろう?」実際、問いなど存在せず、われわれはいつも答えに答えるだけだ。問い(尋問、選抜試験、国民投票、など)の中にすでに含まれている答えに、われわれは、他の答えからやってくる問いを対立させるだろう。われわれは、指令語から指令語を取り出すだろう。指令語において、生は死の答えに答えなくてはならない。逃げながらではなく、逃走が作用し、創造するようにして。指令語の背後には合い言葉がある。それは移動の言葉、または移動の構成要素のような言葉なのだが、指令語は停止や、地層化され組織された構成をも示すのだ。同じ物、同じ言葉が、おそらくこの二重の性格をもっている。一方から他方を取り出し、秩序の構成を、移動の構成要素に変形しなくてはならない。

5　ＢＣ五八七年、ＡＤ七〇年——いくつかの記号の体制について

新しい体制

少なくとも表現が言語的である場合、われわれはあらゆる特有な表現形成を、記号の体制と呼ぶことにする。ある記号の体制は、一つの記号系を構成する。しかし、記号系をそれ自体として考察することは、難しいように思われる。実際、いつでも表現の形式と不可分であると同時に、これから独立した内容の形式が存在するのだ。そして、この二つの形式は、原則として、言語的なものではないさまざまなアレンジメントにかかわるのである。しかしながら、表現の形成はあたかも自立的で自足的であるかのように見なすことができる。なぜなら、このような条件においてさえ、表現の形式は非常に多岐にわたり、これらの形式は非常に混合しているので、われわれは、「シニフィアン」の形式や体制に特権を与えることはできないからである。仮に、シニフィアンの記号系を記号学と呼ぶとしても、記号学は数ある記号の体制のうちの一つにすぎず、決して最重要なものではない。そこで、プラグマティックに戻る必要が出てくる。この場合、言語は決してそれ自体としては普遍性も、自足的な形成も、一般的な記号学やメタ言語ももたないのだ。したがって、言語学的前提の不十分さを証明するのは何よりもまず、記号の体制という立場から行なわれるシニフィアン的体制の研究である。

記号のシニフィアン的体制（意味する記号）は、単純な一般的公式をもっている。つまり記号は記号にかかわり、どこまでも記号だけにかかわるのである。だから結局は、記号の概念なしにすますことさえできる。なぜなら、それが指示する物の状態や、それが意味する抽象的実体とのかかわりは原則として考慮されず、シニフィアンと呼ばれる連鎖を定義するものとして単に記号と記号との形式的な関係だけが考慮されるからである。意味性の無限が、記号にとって代わってしまう。外示dénotation（ここでは指示と意味作用の総体）は、すでに内包〔含意〕connotationの一部であると見なすとき、われわれは全面的にこのような記号のシニフィアン的体制の中にいるのだ。われわれは特に指標を、つまり指示可能なものを成立させる物の領土的な状態を取り扱うわけではない。特に図像を、つまり今度は意味可能なものを成立させる再領土化の働きを取り扱うわけでもない。それゆえ記号は、すでに相対的脱領土化の高度な度合に到達しているわけであり、そこで記号は、記号と記号との定常的な関係において象徴と考えられているのである。シニフィアンとは、記号とともに繰り返す記号である。任意の記号が記号となる。ある記号が何を意味するかを知ることはまだ問題ではなく、それが他のどんな記号とかかわり、他のどんな記号がそれに加わって、不定形の空気のような連続体にその影を投影する始めも終わりもない組織網を形成することになるか、それを知ることが問題である。当面は、この不定形の連続体が「シニフィエ」の役割を果たすのであるが、これはシニフィアンの下で滑り続け、シニフィアンに対して、ただ媒体あるいは壁として作用する。あらゆる内容がそこでは固有の形態を失ってしまう。内容の大気化あるいは世俗化。それゆえ内容は抽象される。人は、レヴィ＝ストロースの描いた状況の中にいるのだ。世界は、それが何を意味するかわれわれが知る前に、意味し始める。シニフィエは、知られることなく与えられる。(1)あなたの妻があなたを妙な目で見た。そして、今朝門番が指をすりあわせながら、あなたに税務署からの手紙をわたした。それからあなたは犬の糞を踏んづけた。あなたは歩道に、時計の針のように組み合った二つの小さな木切れを見た。あなたが事務所についたとき、人が陰でささやいている。何を意味しているかはどうでもいい。それはいつもシニフィアンなのだ。記号にかかわる記号は、奇妙な無力さや不確かさに襲われる。しかし、連鎖を構成するシニフィアンは強力である。だからパラノイア患者は、滑る空気の中で彼を四方八方から攻める脱領土化された記号のあの無力さに合体する。しかし、それだけよけいに彼は、空気の中に広がった組織網の主人として、堂々たる怒りの感情において、シニフィアンの超権力に接近するのだ。パラノイア的専制的体制。彼らは私を攻撃し私を苦しめるが、私は彼らの意図を読み彼らに先んじる。私はいつも気づいていたんだ。無力さにおいてさえ、私は力をもっている。「あいつらは私の思う壺」。

このような体制においては、何一つとして終わるということがない。そもそもそんなふうにできているわけで、それは、われわれが同時にその債務者でもあれば債権者でもあるような無限の負債からなる悲劇的な体制なのである。一つの記号は、他の記号にかかわり、その中に移り、他の記号はさらに前の記号が他の記号の中に移るように、記号から記号へと、それを転送するのである。「たとえ円を描いて帰還することになろうと……」記号は単に無限の組織網を形成するだけではない。記号の組織網は、どこまでも円環的なのである。言表はその対象よりも長く生きのび、名前はその持ち主よりも長く生きのびる。他の記号の中に移動したり、一定期間貯蔵されたりして、記号は、その物の状態よりも、そのシニフィエよりも生きのびるのである。記号は獣のように、あるいは死のように襲いかかり、連鎖の中に位置を占め、新しい状態、新しいシニフィエを取り囲み、そこからまた自身を抽出するのである。(2) 永劫回帰の印象。浮遊し、放浪する言表の体制、宙吊りになった名前の体制、記号の体制が確かに存在し、連鎖によって前方へと押しやられるのを待ちながら回帰しようと隙をうかがっている。脱領土化された記号のそれ自身に対する冗長性としてのシニフィアン、死の世界、恐怖の世界。

しかし、重要なのは記号のこのような円環性ではなく、円環や連鎖の多様体の方である。記号は単に同一の円上で記号にかかわるだけではなく、一つの円環から他の円環に、一つの螺旋から他の螺旋にかかわるのである。ロベール・ロウィは、クロー族とホピー族とが、妻たちに欺かれたとき、いかに違った仕方で対処するか語っている(クロー族は放浪する狩猟民であり、ホピー族は帝国的伝統に縛られた定住民である)。「クローのインディアンは、妻に欺かれたとき、妻の顔に切り傷をつけるが、同じ不運の犠牲となったホピーの方は、平静を失わずに隠居し、村に干害と飢餓がくるように祈るのである。」どちらがパラノイアであり、専制的要素またはシニフィアン的体制であるかは明らかである。レヴィ＝ストロースのいう「信心狂い」である。「というのは実際、ホピーにとってはすべてが結び付いている。社会的無秩序、家でのもめ事は、そのあらゆるレベルが多様な対応関係によって結び付いているところの宇宙の体系を巻きぞえにするのである。ある平面での動揺は、他のレベルを巻き込んでしまう他の動揺の投影としてだけ理解可能であり、また我慢できるわけだ。[3]」ホピー族は、一つの円から他の円へ、二つの螺旋上の一つの記号から他の記号へと跳躍する。人は村から、町から出かけ、そこに帰ってくる。このような跳躍は、前シニフィアン的な儀式によってのみならず、その正当性を決定する帝国的な官僚制によって規律化されることがある。出鱈目に、規律なしに跳躍するわけではない。跳躍が規律化されているだけでなく、禁止事項もまたある。いちばん外の円を飛び越さないこと、いちばん中心に近寄らないこと……円のあいだの差異は次のような事態からやってくる。あらゆる記号は脱領土化され、同じ意味性の中心に向かい、不定形の連続体のうちに配分されることによってはじめて、たがいにかかわりあうのだが、それでもやはり、出所（寺院、宮殿、家、道路、村、林など）を証明するさまざまな脱領土化の速度をもち、円のあいだに区別を保ち、あるいは連続体の大気中に閾（私的と公的、家族的なもめ事と社会的無秩序）を成立させる微分的な関係をもつからである。それに、こういった閾や円環は、場合によって分担を移動させる。システムには根本的な欺瞞が存在する。一つの円から他の円へ飛び、たえず舞台を変え、つねに舞台を移すこと、これは主体としてのペテン師のヒステリックな動作であって、自分の意味性の中心にいすわった専制君主のパラノイア的な活動に呼応するものである。

さらに他の側面もある。つまりシニフィアン的体制は単に、あらゆる方角から放たれた記号を円環に組織する役目を負っているだけではない。それはたえず円や螺旋の拡張を保証し、システムに固有のエントロピーに打ち勝つため、また新しい円が開花し、古い円が養われるように、中心にシニフィアンを再供給しなければならない。だから、意味性に従属する二次的なメカニズムが必要になるのである。それは解釈あるいは解釈性である。今度はシニフィエは新たな形態をおびる。それはもう、知られないまま与えられ、その上に記号の組織網が網を投げたあの不定形の連続体ではない。一つの記号またはは記号の一集合に、われわれは適正と定められ、それ以来認識可能となった一片のシニフィエを対応させるのである。記号にかかわる記号の連辞的な軸に範列的な軸が加わり、こうして形式化された記号が、自分に適合したシニフィエを切り取るのである（だからここでもまた内容が抽象されるわけだが、新しい仕方で抽象されるのだ）。解釈する僧侶、占い師は神－専制君主の官僚たちの一人である。ペテンの新たな側面、僧侶のペテンが姿を表わす。解釈は無限に続き、解釈すべきものといっても、それ自体すでに解釈であるもの以外何にも出会わないのである。したがってシニフィエはたえずシニフィアンを与え、それを充塡し生産するのである。形態はいつもシニフィアンからやってくる。最終的なシニフィエとは、それゆえ冗長性あるいは「過剰」となったシニフィアンにほかならない。シニフィアンの生産によって解釈や伝達さえ超えられると主張してもまったく無駄である。シニフィアンの再生産や生産をいつも助けるのは解釈が伝達されるからである。こんなやり方では、決して生産の概念を革新することはできない。精神分析の僧侶たちは発見したのであった（ただしこれは他のあらゆる僧侶たち、占い師たちも自分たちの時代にしたことである）、解釈は意味性に従属しなければならないということを。したがってシニフィエがシニフィアンを再び与え返すことなしには、シニフィアンはどんなシニフィエも与えることができない。とどのつまり、実際にはもう解釈すべきものさえないわけである。というのも最良の、最も重く、最も根底的な解釈は、非常に有意義な沈黙だからである。精神分析学者が、もう話すことさえせず、それだけよけいに解釈すること、それどころか地獄の一つの円から他の円に飛んでいく主体に解釈すべきものを与えていることは周知の事実である。実に、意味性と解釈病は大地または皮膚の、つまり人間の二つの病であり、根本的な神経症である。

　意味性の中心、〈シニフィアン〉そのものについて、大して言うべきことはない。それは純粋な抽象であり、純粋な原理であり、結局何者でもないのである。欠如であろうと過剰であろうと、大した違いはない。記号が際限なく他の記号にかかわるということと、記号の無限の全体が一つの主要なシニフィアンにかかわるということとは、同じことなのである。しかし、まさにこのシニフィアンの、形式的で純粋な冗長性は、ある特別な表現の実質なしには考えられないものである。それに一つの名を与えなければならない。顔貌性 *visagéité* という名を。言語はいつも顔貌性の特徴をともなうだけでなく、顔は冗長性の全体を結晶させ、シニフィアンである記号を送り、受け、放ち、再び捕える。それはそれ自身でまさに一つの身体なのである。顔は意味性の中心にある身体のようなものであり、脱領土化されたあらゆる記号はそれに引きとめられ、顔はそれらの脱領土化の極限になる。声は顔から出てくるのである。帝国的な官僚制において書記機械がどんなに根本的重要性をもっていようと、書かれたものがある口述的、非書物的な性格をもつのは、まさにこのためである。顔はシニフィアン的体制に固有の〈図像《イコン》〉であり、システムに内属する再領土化である。シニフィアンは顔の上で再領土化するのである。シニフィアンの実質を与えるのは顔であり、解釈すべきものを与え、解釈が実質に再びシニフィアンを与える際に、変化し、特徴を変えるのも顔である。「おや、彼は顔色を変えた。」シニフィアンはいつも顔貌化される。顔貌性は、意味性と解釈のあの全体に、具体的に君臨するのである（心理学者たちは、赤ん坊と母親の顔について、社会学者たちは、マスメディアや広告における顔の役割についてたくさんのことを書いた）。神‐専制君主は決して顔を隠してこなかった。反対に彼は、いつも一つあるいはいくつかの顔をもちさえした。仮面は顔を隠さない。仮面は顔なのだ。僧侶は神の顔を操る。専制君主においてはすべてが公的であり、公的であるすべてのことは顔によって公的なのである。嘘、ペテンは根本的にシニフィアン的体制に属しているが、秘密の方はそうでない(4)。反対に、顔が消えてしまうとき、顔貌性の特徴が消滅するとき、われわれは別の体制に、はるかに寡黙で知覚しがたい他の帯域に入ったことを確信してもいい。そこでは、〈動物になること〉、地下で〈分子になること〉、シニフィアンのシステムの限界を逸脱してしまう深夜の脱領土化が作動するのである。専制君主あるいは神は、まさにその全身にほかならずシニフィアンの身体にほかならない太陽の顔をふりかざす。彼は、おかしな顔で私を見た、彼は眉をひそめた。彼が顔色を変えてしまうようなことを私は何かしでかしただろうか？　私は目の前に彼の写真をもっている、まるでそれは私を見つめているみたいだ……。顔の監視、とストリンドベリは言った。シニフィアンの超コード化、あらゆる方向への照射、局限されない遍在。

結局、専制君主や神の顔あるいは身体は、逆身体のようなものをもっている。受刑者、あるいはもっとふさわしいのは除け者の身体である。これら二つの身体が通じあっていることは確かである。なぜなら、専制君主の身体は屈辱、あるいは責苦、または追放や排除の憂き目にあうことがあるからである。「別の極には、有罪者の体をおくことを想像できる。彼もまた法的な資格をもち、最高権力者を冒す最大の権力を措定するためではなく、処刑されるものにそなわった最小の権力をコード化するために、彼自身の儀礼を喚起するわけである。（……）政治的地平の最も見えにくい場所に、有罪者は、対称的な逆立した王の形象を描くのである。[5]」受刑者とは、まず顔を失うものであり、動物－生成変化、分子－生成変化に入るものであり、その灰は風に散るのである。しかし、受刑者は終着点などではなく、逆に排除の前の第一歩のように思われる。オイディプスは少なくともそのことを理解したのだ。彼は自分を処罰し、目を突き、去ってしまう。

贖罪の山羊の儀式と動物－生成変化はそのことをよく示している。最初の罪滅ぼしの山羊は犠牲になるが、二番目の山羊は追い払われ、不毛な砂漠にやられる。同じシニフィアン的体制において、贖罪の山羊は、記号のシステムにとってエントロピー増大の新たな形を代表しているのだ。その山羊は、一定の時期のあらゆる「悪しき」もの、つまり意味する記号に抵抗したあらゆるもの、異なる円環を通過する記号から記号へのかかわりを逃れるあらゆるものを代表する。その山羊はまた、中心においてシニフィアンを補充することをしないあらゆるものを引き受け、最も外側の円をはみだすあらゆるものを連れ去る。結局また特に山羊は、シニフィアン的体制が我慢することのできない逃走線を体現し、この体制が封じ込めなければならず、否定的にしか定義することのできない絶対的な脱領土化を体現しているのだ。なぜなら、まさにこの絶対的脱領土化は、意味する記号の脱領土化の度合を、それがすでにどんなに強力であってもさらに超えてしまうからである。逃走線は、意味性の円環とシニフィアンの中心に対する接線のようなものである。それは、呪いに見舞われるだろう。山羊の肛門は、専制君主または神の顔に対立する。人はシステムを逃走させる危険をもつものを殺し、逃走させるだろう。シニフィアンの過剰を超えてしまうあらゆるもの、あるいはひそかに起きるあらゆることは、否定的な価値を刻印されるだろう。山羊の尻と神の顔、魔術師と僧侶のあいだで、どちらかを選ぶしかない。完全なシステムは、それゆえ次のものを含んでいる。寺院のシニフィアンの中心にある神－専制君主の顔またはパラノイア的な身体。寺院において、たえず意味しながらシニフィエを充塡する解釈専門の僧侶、外にひしめく円環のあいだで円から円へと飛び回るヒステリックな群衆。中心からやってきて僧侶たちに選ばれ、処理され、装飾され、さまざまな円環を横断し、砂漠に狂気の逃走を行なう、顔のない、意気消沈した贖罪の山羊。――この単純すぎるタブローは、単に帝国的な専制君主の体制のそれであるばかりでなく、あらゆる中心化された階層的、樹木的、隷属的な集団においても現われるものである。政治的党派、文学運動、精神分析の協会、家族、婚姻など。写真、顔貌性、冗長性、意味性、解釈はあらゆるところに介入する。シニフィアンの陰鬱な世界、いつも現在化する機能をそなえた古代性、そのあらゆる側面を内に含む本質的な欺瞞、深刻な道化。シニフィアンは、どんな夫婦喧嘩にも、あらゆる国家装置にも同様に君臨する。

記号のシニフィアン的体制は八つの側面あるいは原則によって定義される。(1) 記号は記号に、無限に差し向けられる（記号を脱領土化する無限の意味性）。(2) 記号は記号によってもとに戻され、たえず戻される（脱領土化された記号の円環性）。(3) 記号は円から円へと跳躍し、みずから中心にかかわりながら、たえず中心を移動させる（記号のメタファーとヒステリー）。(4) 円の拡張は、いつもシニフィエを与え、シニフィアンを再び与える解釈によって保証される（僧侶の解釈病）。(5) 記号の無限集合は、欠如としても過剰としても出現するメジャーなシニフィアンに差し向けられる（専制君主的なシニフィアン、システムの脱領土化の限界）。(6) シニフィアンの形式は実質をもつ、あるいはシニフィアンは〈顔〉にほかならない身体をもつ（再領土化を成立させる顔貌性の特徴の原則）。(7)システムの逃走線はある否定的な価値を与えられ、シニフィアン的体制の脱領土化の能力を超えるものとして処罰される（贖罪の山羊の原則）。(8)それは、さまざまな跳躍、調整された円環、占い師の解釈の規則、顔貌化された中心の公共性、逃走線の処理などからなる普遍的な欺瞞の体制である。

このような記号系は別に第一のものではないばかりか、ある種の抽象的な進化論の観点から、これに特権を与える理由はまったくないのである。きわめて簡潔に他の二つの記号系のいくつかの性格について述べておきたい。まず、原始的といわれるプレ・シニフィアン的な記号系であって、これは記号なしで機能する「自然な」コード化にはるかによく似ている。この場合、表現の唯一の実質は少しも顔貌性に還元されてしまうものではない。シニフィエが抽象されることによって、内容の形式が抹消されることもまったくないのだ。にもかかわらず、かぎられた記号的観点から内容を抽象するのは、シニフィアンによるどんな権力奪取もしりぞけ、内容それ自体に固有の表現形式を保存する表現形式の複数性や多義性を強調するためである。こうして、身体性、動作、リズム、ダンス、儀式などの形式は、非等質的なもののうちで、音声的な形式と共存するのである。(9)表現のいくつかの形式、いくつの実質が、たがいに切り取られ中継しあう。これは切片〔線分〕的な記号系であるが、複線的であり、多次元的であり、あらかじめあらゆる意味の円環性と戦うものである。切片〔線分〕性は、血統の法則である。ここで記号は、その相対的な脱領土化の度合をもはや記号へのたえまない転送に負うのではなく、領土性の対立や比較される切片の対立に負うのであり、おのおのの記号はそこから抽出される（野営、叢林地帯、野営の変更）。言表の多義性が保たれるばかりでなく、言表と縁を切ることさえ可能である。使い古された名前は廃止される。これはシニフィアン的な貯蔵や変形とは非常に異なったものである。プレ・シニフィアン的である場合、食人はまさに次のような意味をもっている。名前を食べることは、それがもつ内容との関係にもかかわらず（この関係は表現的なものであるが[7]）、まさに一つの記号系に属する記号記入なのである。このような記号系が作用するのは、シニフィアンへの無知、その抑圧あるいは排除のせいだとは考えないようにしよう。それどころか、この記号系は来たるべきものの重い予感に駆り立てられており、それと闘うためにことさらそれを理解する必要はなく、その切片性自体と多義性によって、それをすでに脅かしているものを妨げるべく、すべて宿命づけられているのである。それを脅かすものとは、普遍化する抽象、シニフィアンの勃起、言表行為の形式的、実質的な画一化、言表の円環性、それとともに、その相関物である国家装置、専制君主の居直り、僧侶たちの階級、贖罪の山羊……などである。そして、一人の死人を食べるごとに人は言うことができる。国家が所有することのないものがまた一つ増えた。

そして、さらにもう一つ、逆シニフィアン的と呼びうるような記号系が存在する（とりわけ遊牧し、戦闘する恐るべき放浪民のそれであり、先に述べた記号系に属する狩猟する放浪民とは異なったもの）。こんどは、この記号系は切片性によってではなく、むしろ代数によってあるいは計数法によってのみ機能する。確かに切片的な系統の分割または統合において、数はすでにたいへん重要な意味をもっていた。数はまたシニフィアン的な帝国的官僚制において、決定的な機能をもっていたのである。しかし、それは「自分以外のものによってもたらされ、産み出され、引き起こされて」、表象し、あるいは意味する数であった。逆に、それ自身を樹立する印づけの外のいかなるものによっても産み出されることのない数的記号、複数的、動的な分配をしるし、それ自体で、さまざまな機能や関係を産み出し、総計ではなく編成を行ない、収集ではなく分配を行ない、単位の組み合わせによってではなく、切断、移行、移動、集積などによって作動する数的記号、このような記号は、今度は国家装置に対立する遊牧的な戦争機械の記号系に属しているように思われる。数える数。(8) 一〇、五〇、一〇〇、一〇〇〇……等における数の組織、そしてそれに結びつく空間的な組織は明らかに国家の軍隊によって採用されることになるが、そもそもヒクソスからモンゴルにいたるステップの偉大なる遊牧民に固有の戦闘組織を示しており、血統の原則に重なるものである。秘密、諜報は、戦争機械におけるこのような〈数〉の記号系の重要な要素である。聖書における〈数〉の役割は、遊牧民と無関係ではない。モーゼは数の観念を彼の義父イェトロから受け取るのである。彼はそれを行進と移動のための組織原則とし、みずからこれを軍事的領域に適用する。このような逆シニフィアン的記号系において、帝国的専制的逃走線はある種の絶滅線に代わり、巨大帝国に対抗し、それを横断し、破壊する。あるいはこれが巨大帝国を征服し、混成的な記号系を形成して、それに合体するのだ。

われわれは、とりわけさらに、第四の記号の体制、ポスト・シニフィアン的体制について語りたいと思う。これは新たな性格をもっていて意味性に対立し、「主体化」という、独創的な過程によって定義される。——したがって記号の体制は数多く存在する。われわれのリストもまた、任意に限定されたものにすぎない。一つの体制、あるいは一つの記号系を、ある民族や、ある歴史的瞬間に一致させる理由は少しもないのである。同一の瞬間、同一の民族において、はなはだしい混合が存在するので、われわれはただ、一民族、一言語あるいは一時期において、ある体制が相対的に優勢であるといえるだけである。おそらくあらゆる記号系は混成的であり、内容のさまざまな形式と結びつくだけでなく、さまざまな記号の体制を結びつけるものである。プレ・シニフィアン的要素はいつも能動的であり、逆シニフィアン的要素はたえず作用し、出現し、ポスト・シニフィアン的要素は、すでにシニフィアン的体制の中に存在している。そしてこれでもまだ、あまりに時間性を強調しすぎなのである。次のような場合に応じて、さまざまな記号系とそれらの混合が現われる。諸民族が衝突し混合する一つの歴史において。また、いくつかの機能が合流するさまざまな言語において。錯乱のさまざまな形態が存在し、一つのケースにおいて接合しあうことさえある精神病院において。同じ国語を喋ってい るのに、同じ言語を喋ってはいないありふれた会話において。（突然、予期しない記号系の断片が出現することがある。）われわれは進化論や歴史学を実践しているのではない。記号系はアレンジメントに依存し、ある民族、ある時期、ある言語、またあるスタイル、様態、ある病理学、ある限定された状況における些細な事件などは、アレンジメントにしたがってなんらかの記号系を優先させるのである。われわれは、記号の体制の地図を作成しようとする。われわれはそれを裏返し、それらのなんらかの座標、なんらかの次元を取り出し、場合に応じて、社会的形成、病理学的錯乱、歴史的事件などを取り扱うであろう。別のところで、さらにこのことを見るつもりだ。「宮廷愛」といった日付のある社会的システムや、「マゾヒズム」と名付けられた私的な企てにかかわることにもなるだろう。われわれは、さらにこれらの地図を結合し、分離することができる。例えば、ポスト・シニフィアン的体制とシニフィアン的体制といった二つのタイプの記号系を区別するためには、同時にさまざまな領域を考慮しなくてはならない。

二十世紀の始め臨床的な洗練の頂点にあったとき、精神医学は心的な統合を保ったままで「知的減退」をともなうことがなく、幻覚もともなわない錯乱という問題に直面した。最初の大きな症候群としては、すでにさまざまな様相を呈するパラノイア的錯乱あるいは解釈の錯乱があった。しかし、問題は、エスキロールのいう〈モノマニー〉、クレッペリンのいう〈好訴妄想〉などにおいて記述され、セリユーとカップグラのいう〈復讐〉錯乱、クレランボーのいう恋愛妄想において定義されたような、もう一つの症候群がときとして自立的に存在することであった（好訴あるいは復讐、嫉妬、好色）。

まずセリユーとカップグラ、そしてクレランボー（分類の方法において、いちばん進んでいたのは彼である）の実にすぐれた研究によると、意味性のパラノイア的で解釈的な観念的体制と、ポスト・シニフィアン的で情念的な主体的体制とが対立することになるだろう。第一の体制は、ひそかな開始によって、つまり一つの観念をめぐる内因的な力を示す隠れた中心によって定義される。そしてまた、不定形の連続体に網をめぐらす展開、些細な出来事をもとらえる流動的な空気、円環状に放射する組織、あらゆる方向に円環状に放射する拡張などによって定義される。個人はそのとき一つの点から他の点へ、一つの円から他の円へと跳躍し、中心に近づいては遠ざかり、未来を予測し、過去を回顧するのである。さらにこの体制は、原理的な中核のまわりに集合する可変的な軌跡、または二次的な中心にしたがう空気の変形によって定義されるのである。第二の体制の方は、逆に、外的で決定的な機会によって、観念よりも情念として、想像よりも努力や行為として現われる外部との関係によって（「観念よりもむしろ行為の錯乱」）、ただ一つの部門で作動する限定された布置によって、消耗しながら新しいプロセスの開始をしるす一つの線形の系列、または一つのプロセスの出発的であるような「公準」あるいは「簡潔な公式」によって、要するに、無限に拡張するさまざまな円環の同時性によってではなく、かぎられたプロセスの線形的かつ時間的な継起によって、定義されるのである。[9]

知的な減退をともなうことのない二つの錯乱に関するこのような歴史は、たいへん重要なものである。なぜならそれは既存の精神医学を攪乱するものではなく、十九世紀の精神医学が成立したときその中心にあり、出現したときからちっとも変わっていないということをよく説明している。つまり、彼は人道主義的、警察的、法律的などの要請に締め付けられとらわれて、本当の医者ではないと告発され、狂っていないものたちを狂人と見なしているとか、本当に狂っているものが誰かは見ようとしないとか疑われ、彼自身最後のヘーゲル的な美しき魂として、意識のドラマの虜になって出現するのである。実際、もし二つの、互いにまったく無縁なタイプの錯乱を考えると、一方についてわれわれは、人がまったく狂気のように見えて、実はそうではないということができる。シュレーバー控訴院議長はあらゆる方向に彼の放射状のパラノイアと神とのかかわりを発展させたのだが、彼は聡明に自分の財産を管理できたのであって、さまざまな円環を区別できるかぎり狂人ではない。一方の極には、まったく狂人の外観をもたないで、しかもまったく狂人でしかありえない人々がいる。それは彼らの唐突な行為、喧嘩、放火、殺人などが示しているとおりである(すでに、エスキロールによる四つの大きなモノマニー、色情的、推論的、火災的、殺人的モノマニーがそうである)。要するに、精神医学は、ちっとも狂気の概念や、狂気の概念の修正にかかわって誕生したのではなく、むしろその概念がこのような対立する二つの方向に分解したことにかかわって誕生したのである。そして精神医学がこうしてあらわにするのは、あらゆるものについてわれわれがもっている二重のイメージではないだろうか。狂人ではないけれど狂人のように見える場合もあれば、狂人には見えないけれど狂人である場合もある。（この二重の確認はまた精神分析の出発点でもあり、こうして精神分析は精神医学と結びあう。われわれは狂気に見えるが、狂気ではない。夢の場合がそうだ。われわれは狂気であるが、そうは見えない。日常生活がそうだ。）それゆえ精神医は寛容や理解を擁護し、監禁の無用性を強調し、オープン・ドアの病院を求めるようになるか、あるいは逆に、より強い監視を求め、狂人が狂人に見えないため、よけいに酷いものになる特別な保護施設を要求するようになるのである。[10] 観念の錯乱と行為のそれという二つの大きな錯乱が、多くの点において階級の区別と一致しているのは、偶然だろうか（あまり監禁される必要のないパラノイア患者とはまずブルジョアであるのに対し、偏執狂や情念的訴訟狂はしばしば農民および労働者階級に、あるいは政治的事情による殺人者のように社会の周辺に見られるのである）。[11] 放射状の拡散的な観念をもつ階級が、（当然ながら）局地的、部分的、散発的、線形的な行為に追い込まれた階級に対立する……。パラノイア患者がみなブルジョアであるわけではなく、情念にかられる人々、偏執狂がみなプロレタリアだというわけではない。しかし、神とその精神医たちは、現実の混沌の中に、たとえ錯乱的であっても階級的社会秩序を保存するものと、たとえせまい範囲に限定されていても、積み藁の火事、両親の殺人、あるいは分類しがたい愛や暴力性といった無秩序をもたらすものとを識別することを任務にしているのである。

だから、われわれはシニフィアン的パラノイア的な専制的記号体制と、ポスト・シニフィアン的主体的あるいは情念的な権威的体制とを区別しようとする。確かに、権威的なものは専制的なものとは異なり、情念的なものはパラノイア的なものとは異なり、主体的なものはシニフィアンと異なる。この第二の体制においては、前に定義されたシニフィアン的体制に対してどんなことが起きるのだろうか。まず、一つの記号、あるいは一団の記号が、拡散的な円環的組織網から離脱し、自立的に動きはじめ、まるで細く開いた通路に吸い込まれていくように、直線の上を急進する。シニフィアンのシステムはすでに、自分自身の脱領土化された記号の固有の基準を超えてしまうような逃走線あるいは脱領土化線をしるしていたのであった。しかし、まさにシニフィアンのシステムは贖罪の山羊を逃走させることによって、このような線に否定的な価値を刻みつけてしまったのだ。いまやわれわれは、この線は肯定的な価値を受け取り、これに自己の存在理由や運命を見出す一つの民全員によって、まさに占拠され、追求されるということができるだろう。そして確かにここでもわれわれは、歴史を述べているのではない。一つの民がこの記号の体制を考え出したというつもりはない。ただこのような瞬間に、歴史的な条件のもとで一つの民が、このような体制の相対的な優勢をもたらすアレンジメントを実現するといいたいのだ（そしてこの体制、この優勢、このアレンジメントは、他の条件においても確保されることがある。例えば、病理学的、文学的、あるいは愛情的といった条件において。あるいは、まったく日常的な条件、等々）。われわれは、一つの民がこのような錯乱に囚われているといいたいのではなく、一つの錯乱の地図は、その諸座標を考慮するなら、やはりその諸座標を考慮にいれた一つの民の地図と一致するといいたいのである。パラノイアのファラオンと情念的なヘブライの場合もまたそうだろうか。ユダヤの民とともに、一群の記号が、その一部をなしていた帝国的エジプト的組織網から離脱し、最も権威的な主体性を専制的な意味性に対立させ、最も情念的で、少しも解釈的でない錯乱を、解釈者のパラノイア的な錯乱に、要するに、線形的な「訴訟あるいは要求」を拡散的円環的な組織網に対立させて、砂漠における逃走線を追求するのだ。きみたちの要求、きみたちの訴訟、これが、その民に対するモーゼの言葉であり、そしてさまざまな訴訟が、〈情念〉の線上に相次いであらわれる[12]。カフカはそこから、彼独特の好訴妄想と訴訟の概念、また一連の線形的な切片を導きだすのである。父－訴訟、ホテル－訴訟、船－訴訟、法廷－訴訟……。

このときわれわれはユダヤ人の歴史にとって、最も根本的で最も広範な事件を無視することはできない。二度にわたって行なわれた寺院の破壊である（BC五八七、AD七〇）。〈寺院〉の全歴史、まず〈契約の櫃〉の移りやすさと壊れやすさ、ソロモンによる〈神殿〉の建築、ダリウスのもとでの再建、等々は、ネブカドネザルとティトゥスのときを二つの重大な時代として繰り返された破壊のプロセスとの関連で、初めて意味をもつのである。移りやすく、もろく、あるいは破壊される寺院。櫃はもはや人が持ち歩く小さな記号の箱にすぎない。不可能になってしまったのは、動物や山羊によって占められ、シニフィアンをおびやかすあらゆる危険にみちた、もっぱら否定的な逃走線の方である。われらに不幸が降りかからんことを、というのが、ユダヤの歴史に顕著な定式である。われらこそが、最も脱領土化された線、山羊の線をたどらなければならず、その記号を変え、それをわれらの主体性の、われらの〈情念〉の、われらの訴訟あるいは要求の肯定的な線にしなければならないのである。われらは、われら自身の山羊であろう。子羊であろう。「獅子のように犠牲の血で讃えられた神は、いまや犠牲に捧げられた神が前景を占めるため、背景に片づけられなければならない。(……)神は、犠牲を殺す動物であるどころか、犠牲にされる動物となった。[13]」われらは大地と水とを分かつ接線をたどり、これと合体するであろう。われらは、円環の組織網と滑る連続体とを分離するであろう。われらの路を切り開き、シニフィアンの諸要素を解体するための分離線をわれらのものにするであろう(箱舟の鳩)。狭い行列、平均ではなく先細になった中間。まさにユダヤ的な特殊性があり、それはすでに一つの記号系の中に顕在している。しかし、この記号系もやはり他のものに劣らず混成的である。まずそれは放浪民の逆シニフィアン的記号系と密接な関係をもっている(ヘブライ人は、まさに遊牧民的な過去、彼らを鼓吹する遊牧的な数の組織との現実的な関係、特有の遊牧-生成変化をもっている。そして、彼らの脱領土化線は、遊牧民的な破壊の戦闘的な線に多くを負っている[14])。そしてまた、この記号系は、シニフィアン的記号系自体とも本質的な関係をもっており、これに対するノスタルジアは、彼ら自身と彼らの神とをたえずよぎるのである。つまり帝国的な社会を再建し、あるいはそれに合体すること、誰もと同じように王をかつぎあげること（サムエル）、ついには堅固な寺院を再構築すること（ダビデとソロモン、ゼカリア）、バベルの塔の螺旋を作り、そして神の顔を見出すこと、放浪を停止するだけでなく、それ自体大いなる結集という一つの観念に照らすときだけ存在するディアスポーラを克服すること。われわれは、この混成的な記号系において、新しい情念的あるいは主体的な体制、つまりポスト・シニフィアン的体制を示すものだけを強調することができる。

顔貌性は一つの深い変形をこうむる。神は誰も見てはならない自分の顔を背けるのだ。しかし逆に、主体は神への真の恐怖にとらえられ、自分の顔を背ける。向きを変え、横に向いた顔が、正面から見た放射的な顔にとって代わる。まさにこのような二重の方向転換において、肯定的な逃走線がしるされる。預言者とは、このようなアレンジメントをもつ人物である。彼は、自分に神の言葉を保証する記号を必要とするのであり、彼が属している特別な体制を示す記号に自分自身撃たれるのである。スピノザこそ、このような固有の記号系を考察しながら、最も深い預言主義の理論を作った人である。すでにカインは、彼から顔を背ける神に対して顔を背け、彼を死から遠ざける記号に守られて脱領土化線をたどる。カインの記号《しるし》。それは帝国的な死よりも悪い罰だろうか。ユダヤの神は猶予を、猶予における実存を、無限の期限延長を発明する[15]。また神との新しい関係として、契約の肯定性を発明する。なぜなら主体はつねに生きたままであるから。アベルは何ものでもなく、その名は空虚であるが、カインは真の人間である。それは、シニフィアンの顔、占い師の解釈、主体の移動をかきたてていたトリックや詐欺ではない。それは、裏切りの体制、普遍的裏切りの体制であって、神が人を裏切るのと同じように、新しい肯定性を定義する神の怒りの中で人は神を裏切るのである。死を前にしてモーゼは、裏切りの偉大な讃歌の言葉を受け取る。僧侶－占い師と反対に、預言者さえも根本的に裏切り者であり、こうして信徒よりもはるかによく神の命令を実現するのである。神はヨナに、ニネベに行って住民に改心をすすめる使命を与える。彼らは神を裏切り続けていたからである。しかし、ヨナが最初にしたのは、逆に振る舞うことであった。今度は彼が神を裏切り「アドナイの顔から遠くに」逃れるのである。彼はタルシシに向かう船に乗り、正義の人としてそこで眠る。神の巻き起こした嵐は、彼を海に投げこみ、大きな魚が彼を呑みこみ、地と水の果てに、分離の限界に、あるいはすでに箱舟の鳩の線であった逃走線に彼を吐き出す。(ヨナはまさに鳩の名前である)。しかし、神の顔を逃れながら、ヨナはまさに神の望むことをしたのである。ニネベの悪を身に引き受けることである。それを彼は、神が望むよりさらによく果たし、神を追い越してしまった。だから彼は正義の人のごとく眠っていたのである。神はさしあたってカインの樹に守られた彼を生きのびさせるが、今度は樹の方を死なせてしまう。なぜならヨナは、逃走線を手にいれ、契約を復興したからである。(16) 裏切りのシステムを普遍性に高めるのはイエスである。ユダヤ人の神を裏切り、ユダヤ人を裏切り、神によって裏切られ（なぜあなたは私を見捨てたのですか）、真実の人ユダによって裏切られる。彼はわが身に悪を引き受けるのだが、彼を殺害するユダヤ人もまた悪を引き受けるのである。イエスに向かって人は、その神の家系のしるしを求める。彼はヨナのしるしを見せる。カイン、ヨナ、イエスは、三つの大いなる線形のプロセスを形作っており、そこにしるしが注ぎこみ、交替しあう。他にもたくさん例はある。いたるところで逃走線上に二重の方向転換が生じる。

預言者が、神から委ねられた義務を斥けるとき（モーゼ、エレミヤ、イザヤなど）、それは帝国において神託を告げる人や占い師が危険すぎる使命を拒否するときのように、この義務が彼にとって重すぎるからではない。むしろ隠れながら、そして逃れながら、裏切りながら、隷属するよりもはるかに良く神の意図に先んずるヨナのようにするのである。預言者は霊感を受けるというより、たえず神に強いられ、文字通り神に犯されるのである。預言者は僧侶ではない。預言者は話すことができない。神は彼の口の中に、言葉を押しこむのである。言葉を食べること、新たな形の記号食。占い師の対極にあって、預言者は何も解釈しない。彼は、観念や想像の錯乱ではなく、行動の錯乱をかかえている。専制的かつシニフィアン的な関係ではなく、むしろ感情的かつ権威的な関係を神と結ぶのである。彼は未来の力に先んじ、これを先取りするのであって、現在や過去の権力を適用するのではない。顔貌性の特徴は、もはや逃走線の形成を妨げる機能も、逃走線を制限し、それに顔のない山羊だけをもたらして意味性の身体を形成する機能ももたない。反対に顔貌性は二つの顔が向き合って、互いにくぼみ、向きを変え、横顔を向けるとき、逃走線を組織する。裏切りは、パラノイアやヒステリーの詐欺に代わって固定観念となり、主要な強迫観念となった。「迫害者 - 被害者」の関係は、少しも確実なものではなくなる。それは、専制的パラノイア的体制か、情念的権威的体制かによって、まったく意味を変えてしまう。

もう一つやっかいなものがある。それはオイディプスの物語である。なぜなら、ギリシア世界においてオイディプスはほとんど孤立しているからである。最初の部分はすべて、帝国的、専制的、パラノイア的、解釈的であり、占い的である。しかし、第二の部分は、すべてオイディプスの放浪であり、彼自身の顔と神の顔が二重に背けられることによって逃走線を示す。秩序にしたがって超えられる実に厳密な限界の代わりに、または逆に超えてはならない限界の代わりに（神を前にしての傲慢）、限界そのものが逃れ、そこにオイディプスは吸い込まれる。解釈的なシニフィアン的放射ではなく、主体的線形的プロセスは、まさにオイディプスが、新しい線形的プロセスを開始しうる残滓として秘密を保持することを可能にする。神をもたぬもの *atheos* と名づけられるオイディプス。彼は死よりも追放よりも酷いものを発明する。彼は、奇妙に肯定的な分離の線あるいは脱領土化の線を獲得し、さまよい生きのびるのである。ヘルダーリンとハイデッガーは、まさに二重の方向転換の発生、顔の変化、そして近代的悲劇の誕生を発見し、それによって奇妙にもギリシア人を優遇したのである。到達点はもはや殺害でも不意の死でもなく、猶予された生存、無期限の延長である[17]。ニーチェは、オイディプスがプロメテウスとは反対に、ギリシア人たちのもつユダヤ的な神話であり、情念と受動の栄光化であるとほのめかしている(18)。オイディプスは、ギリシアのカインである。もう一度精神分析にもどろう。フロイトがオイディプスにとびついたのは偶然ではない。それはまさに、混成的な記号系のケースなのである。顔の放射とともに、意味性と解釈の専制的な体制があり、また顔を背けることとともに、主体化と預言主義の権威的体制がある（患者の背後に位置した精神分析医は、ここからあらゆる意味を引き出す）。「あるシニフィアンは、他のシニフィアンにとっての主体を表象する」ことを説明する最近の試みは、典型的な混成主義である。主体性の線形的プロセスと同時に、シニフィアンと解釈の円環的な発展がある。絶対的に異なる二つの記号の体制が一つに融合している。しかしまさにこの上に、最悪の非常に陰険な権力が成立するのである。

専制的、パラノイア的詐欺に対立する情念的、権威的裏切りの歴史についてもう少し付け加えておこう。すべてが汚辱である。しかしボルヘスは、普遍的汚辱の物語には失敗している。広大なペテンの領域と、広大な裏切りの領域とは区別すべきだった。そしてまた、裏切りのさまざまな形態も区別すべきだった。一定の時、一定の場所に、いつも新しい要素にしたがって変化するアレンジメントによって現われる、第二の形態をもつ裏切りがまさに存在する。キリスト教は、そのシニフィアン的帝国的結合によって、混成的な記号系の特に重要なケースである。キリスト教は、理想的なシニフィアンのシステムを変形するが、情念的なポスト・シニフィアン的なシステムもまた変形する。それは新しいアレンジメントを発明する。異端は、正統が意味性の一部をなすように、ペテンの一部をなしているのである。しかし、異端よりもさらに異端であり、純粋な裏切りと見なしていい異端もまた存在する。異端者、ブルガリア人が特別な位置を占めているのは偶然ではない。ブルガリア人に警戒せよ、とプリュム氏は言う〔アンリ・ミショーの作品に言及か?〕。脱領土化の深い運動にかかわる領土性の問題。そして、またもう一つの領土性、もう一つの脱領土化。イギリス。クロムウェル。裏切り者はいたるところにいる。情念的主体化のまっすぐな線は、意味性の王政的中心に、媒介的な円環に対立する。独裁者は、専制君主に対立する。リチャード三世、悪辣にして陰湿、すべてを裏切ることを理想とするもの。彼はレディ・アンヌと真っ向から対立する。二つの顔は背きあう。しかしたがいに、相手のため、相手に向かっていることも承知している。シェークスピアの他の劇との違い。他の劇では、王たちは権力を奪おうとしてペテンを用いる暗殺者たちであっても、結局善良な王になってしまう。彼らは国家の人間なのである。リチャード三世は別のところからやってくる。彼の事業、彼の女たちは、国家装置からではなく、戦争機械からやってくるのだ。彼は、偉大な遊牧民から、そしてその秘密からやってきた裏切り者である。彼はそのことを最初から公言する。権力の征服をかぎりなく逸脱してしまう秘密の計画について話しながら。彼は戦争機械をもろい国家に、穏健なカップルの中に侵入させようとする。ただレディ・アンヌだけは、魅惑され、恐れ戦き、承知しながら、そのことを見抜くのである。エリザベス朝のあらゆる演劇は、絶対であろうとし、宮廷人や国家的人物のペテンとさえ対立する裏切り者の人物で満ちている。——キリスト教国にとっての偉大な発見、新しい大地、大陸の発見は、どれほどの裏切りをともなったことか。それは脱領土化の線であり、家族の一人にほかならぬ女といっしょになって、ついにすべてをやり直させることになる新しい純血種を作り出そうという狂気じみた希望をもって、ちっぽけな集団が、すべてを、仲間も、王も、土着民も、居合わせた探検家も裏切ってしまう。ヘルツォークの映画『アギーレ』は実にシェークスピア的である。アギーレは問いかける。どうすれば、どこでも、何につけても裏切り者であることができるか。ここでは私だけが裏切り者である。ペテンは終わり、裏切りのときがくる。何という偉大な夢だろう。私は最後の裏切り者、完全な裏切り者、それゆえ最後の人間である。そして宗教改革がある。あらゆるもの、あらゆる人を裏切る者であるルターという驚異的な人物像。彼が悪魔と結ぶ親密な関係からは、善良な行為においても、悪辣な行為においても、同じように普遍的な裏切りが発生する。裏切りのこのような新しい形態には、いつでも旧約聖書への回帰が見られる。私は神の怒りである。しかし、裏切りは人間的なものになってしまい、もはや神と、神に属する人間とのあいだには起きない。裏切りは、神に属する人間たちとペテン師として告発される人間たちとのあいだに起きるようになり、神に支えられる。極言すれば、一人の神の人、あるいは神の怒りの人、あらゆるペテン師に対立するただ一人の裏切り者がいるだけである。しかし、ペテン師はいつも折衷的なのだから、どんなペテン師も、自分自身をこのような人物と見なしてしまう。どんな裏切り者が、ある日結局自分は一人のペテン師にすぎないと、自身に向かって言わぬことがあろうか。（モーリス・サックスの奇妙な場合。）

書物あるいはその代わりになるものが、パラノイア的シニフィアン的体制と、情念的ポスト・シニフィアン的体制とのあいだで意味を変えてしまうのは明らかである。第一の場合、まず専制的なシニフィアンの放出、そして書記官や僧侶によるその解釈が存在し、シニフィエを固定し、シニフィアンを提供する。また記号と記号のあいだに、一つの領土から他の領土へと移動し、循環しながら、脱領土化の一定の速度を確保する運動が存在するのである（例えば、叙事詩の流布、英雄の誕生をめぐるいくつかの都市の敵対、そしてここにも、領土性と系譜の交換において僧侶－書記官の役割が存在する）[19]。しかし、本にとって代わるものは、この場合いつも外的モデル、指示対象、顔、家族あるいは領土をもっており、これらが本に対して口述的な性格を保存する。逆に、情念的体制においては、本は内部化し、あらゆるものを内的にする、といっていい。本は、書かれた聖なる〈書物〉となる。それが顔にとって代わり、自分の顔をそらす神は、文字を刻んだ石板をモーゼに贈る。神はラッパと〈声〉によって現われる。しかし、音の中に人は顔ではないものを聞く。ちょうど、本の中に言葉を見るように。本は情念の身体となった。ちょうど顔がシニフィアンの身体であったように。今や、領土と系譜を固定するのは最も脱領土化された本である。系譜は本によって語られるものであり、本は領土の中で語られる。それゆえ解釈はまったく機能を変えてしまう。あるいは、それはまったく消滅し、どんな変化、どんな付加、どんな注釈も禁ずる文字の純粋な暗唱に場所を譲るのである（キリスト教の名高い「愚かになりなさい」はこの情念的線の一部をなしている。そしてコーランは、この方向で最も遠くに行くのである）。あるいはまた解釈が存続するにしても、書物それ自身のうちに内在するようになり、外部の要素のあいだの循環的な機能を失ってしまう。例えば、本の内部の軸にしたがって、コード化された解釈のさまざまな型が存在する。旧約聖書と新約聖書のように二つの本のあいだでの照応関係にしたがって、たとえ同様の内的要素に浸った第三の書物を導くことになっても、やはり解釈が組織されるのである[20]。あるいは結局解釈は、専門家としてのどんな仲介者も拒絶して直接的となる。なぜなら本は同時に、それ自身において、そして心情において書かれ、また一度は主体化の点として、さらに一度は主体において書かれるからである（書物の改良主義的概念）。いずれにしても、世界の起源そして目的としての本の錯乱的な情念は、ここにその出発点を見出すのである。唯一の本、全き作品、本の内部の可能なあらゆる組み合わせ、樹木としての本、宇宙としての本、本と外部との関係を断ってしまう前衛に固有のあらゆる繰り返しは、シニフィアンの歌よりもなお悪いものだ。確かにそれらは、混成的な記号系において、シニフィアンの歌に密接にかかわるのだ。しかし、実はそれらは一つの特別に敬虔な起源をもっている。ワグナー、マラルメ、ジョイス、マルクス、フロイトは、まだ聖書なのである。もし、情念的錯乱が深く偏執狂的なものであるとすれば、偏執狂の方は一神教と聖書の中に、そのアレンジメントの根本的な要素を見つけたのだ。実に奇妙な崇拝である。

以上が、情念的体制あるいは主体化の体制において起きることである。円環や、拡張する螺旋にかかわる意味性の中心はもう存在しないで、線の出発を促す主体化の点が存在する。シニフィアン－シニフィエの関係はもう存在せず、主体化の点から発生する言表行為の主体が存在し、ついで第一の主体と決定可能な関係にある言表の主体が存在する。記号から記号への円環性は存在せず、さまざまな主体を横断して、記号を吸収する線形的プロセスがある。三つの異なる領域を考えてみよう。

(1) 帝国に対立するユダヤ人。神は顔をひっこめ、逃走線あるいは脱領土化線を引くための主体化の点となる。モーゼは、顔に代わる神の石板を出発点に、みずからを言表行為の主体としてたてる。ユダヤの民は裏切りのため、また新しい地のため、言表の主体をたてる。円環的な拡張ではなく、いつも再開すべき契約、あるいは線形的「プロセス」を形成しながら。

(2) いわゆる近代哲学あるいはキリスト教哲学。古代哲学に対するデカルト。第一に、無限の観念。絶対に必要とされる主体化の点。それ自身の用法を考察し、方法的懐疑によって表わされる脱領土化線にひたすらしたがって自己を認識する言表行為の主体としてのコギト、意識、「私は考える」。言表の主体、魂と身体の結合、あるいは感情は、複雑な仕方でコギトによって保証され、必要な再領土化を行なう。みずからにつきまとう裏切りの可能性とともに、つねにプロセスとして再開しなければならないコギト。ペテンの神、そしてずる賢こい精霊。そして、デカルトが、私は「私は考える。ゆえに私はある」と推論することができるのに、「私は散歩する。ゆえに私はある」というふうには推論できない、と言うとき、彼は、二つの主体の区別を唱えているのである（第二の主体に、第一の主体の痕跡を見出すことは確かにできるわけだが、これは現代のデカルト主義的言語学者たちが転位語《シフター》と呼ぶものである）。

(3)　十九世紀の精神医学。偏執狂から区別された単一狂《モノマニー》。観念的錯乱から分離された主体的錯乱。魔術に代わる「憑依」。パラノイアと区別される情念的錯乱が徐々に抽出される。クレランボーによる情念的錯乱のシェーマ、それはつまり主体化の点としての〈公準〉である〈彼は私を愛している〉。言表行為の主体の調子としての高慢（愛する人を錯乱的に追跡すること）、〈怨み〉、〈怨恨〉（言表の主体における再転落の効果）。情念的錯乱は真のコギトである。このような色情狂の例について、嫉妬や報復妄想についても同じように、クレランボーは、以下のことを非常に強調している。記号は、他の切片や線形的プロセスを再開する前に、ある切片や線形的プロセスの限界にまで達しなくてはならない。ところが、パラノイア的な錯乱の場合、記号はあらゆる方向に発展し、修正してたえず組織網を形成する。同様に、コギトは、再開されるべき時間的、線形的プロセスにしたがう。ユダヤ人の歴史は破局によって区切られて、そのたびに新しいプロセスを再開するためにちょうど十分なだけの生存者がいたのである。一つのプロセスの全体は、しばしば次のような特徴をもっている。線形的な運動が存在するかぎり複数形が用いられる。しかし、他の運動が再開される前に、休止や停止が運動の終わりを固定してしまうと、すぐに〈単数〉における集中が現われる。[21]根本的な切片性。他のプロセスが始まる前、始まりが可能なために、一つのプロセスが終わらなくてはならない（終わりが記されなくてはならない）。

ポスト・シニフィアン的体制の情念的な線は、主体化の点にその起源を見出す。この点はどんなものでもよい。この点から始めて、主体的記号系の独特の特徴を見つけることができればよいのだ。二重の方向転換、裏切り、猶予中の存在。食物は、拒食症患者にとってこのような役割を演じる（拒食症患者は死に直面するわけではなく、食物を裏切りながら自分を救う。そして食物もまた、幼虫、うじ虫、細菌などを含む、疑わしい裏切り者なのである）。ドレス、下着、靴などは、フェティシストにとって主体化の点となる。恋するものにとっては顔貌性の特徴がそうなる。しかし顔貌性は、意味を変え、シニフィアンの身体であることをやめ、それ以外のものをすべて逃走させる脱領土化の出発点となるのである。一つのもの、一つの動物が事件となりうる。あらゆるものについてコギトが存在する。「二つの離れた眼、水晶の中に切り出された頭、個別的な生命を獲得したように見える腰（……）、美が抵抗しがたいものになるたびに、それは一つの特質へと還元されてしまうことがある。[22]」情念的な線が出発する際の主体化の点。その上、一つの個人、与えられた一つの集団についていくつかの点が共存し、いつも必ずしも相いれない異なった、いくつかの線形的プロセスに入る。個人に強いられるさまざまな教育の、あるいは「正常化」の形態は、たえずもっと高く、たえずもっと貫く、もっと仮定された理想に一致するように、個人に主体化の点を変えさせることを本質とする。そして主体化の点からは、この点によって定められた心的現実にしたがって言表行為の主体が生じる。そして言表行為の主体からは、今度は言表の主体が、つまり支配的現実に合致する言表にとらえられた主体が生じる（たとえ、支配的現実に対立しているように見えても、先ほどの心的現実は、この現実の一部分にすぎない）。大切なのは、こうして、ポスト・シニフィアン的情念的な線を、主体化あるいは隷属化の線に変えるのは、二つの主体の創出、あるいは二重化、そして、一方から他方への、つまり言表行為の主体から言表の主体への下降だ、ということである（これは言語学者たちが、「言表における言表行為のプロセスの刻印」について語りながら、確認していることである）。意味性は、言表行為の実質的な画一化をもたらしたのだが、今度は主体性が、集団的あるいは個人的な個体化をもたらすのである。よくいわれる通り、実体〔実質〕は主体となったのである。たとえ言表の主体は他のプロセスの場合に言表行為の主体を再補給するとしても、言表行為の主体は言表の主体に向かって下降するのである。言表の主体は、一対一の関係において、一種の還元的な反響言語症によって、言表行為の主体の「保証人」となった。この関係、この下降はまた、心的現実が支配的現実に向けて下降することでもある。内部から機能する支配的現実への呼びかけはたえず存在する（すでに旧約聖書において、あるいは商業と資本主義をともなった宗教改革において）。権力の超越的中心などもう必要ではなく、むしろ「現実」と一体になり、正常化によって進展する内在的権力が必要となる。奇妙な発明がそこにはある。あたかも二重化された主体が、その一つの形式においては、さまざまな言表の原因となるようだ。ところがこの主体は、もう一つの形式においては、それ自身このような言表の一部をなしているのである。それはシニフィアンの専制君主にとって代わった立法者としての主体のパラドックスである。つまり、きみが支配的な現実の言表に従えば従うほど、きみは心的な現実においては言表行為の主体として命令するようになる。なぜなら、結局きみが隷属するのは、きみ自身以外のものではないからだ。きみは、きみ自身に対して隷属するのだ。それでも理性的な存在として命令するのはきみである。新しい奴隷制の形態が発明された。自分自身の奴隷であること、あるいは「純粋な」理性、コギトであること。純粋理性ほど情念的なものがあるだろうか。コギトよりも、冷たく、極端で、私心にみちた情念があるだろうか。

アルチュセールは、社会的個人がこのように主体として成立することを的確に指摘したのである。彼はこれを「尋問」と呼んでいる（「おい、そこにいるおまえ」）。彼は、主体化の点を絶対主体と呼ぶ。彼はさまざまな主体の「鏡像的二重化」を分析し、そしてそれを神と、モーゼと、ユダヤ人の例について論証する。[23]バンヴェニストのような言語学者はコギトに非常によく似た興味深い言語学的な人称の研究を行なっている。「きみ」は、おそらく話しかける相手の人称を指示することができるが、それ以上に、各人がそこから自分を主体として構成するような一つの主体化の点を示している。言表行為の主体としての「私」は、言表におけるそれ自体の使用を言表し反映するような人称を示しているのであり（指示的でない空虚な記号）、それは「私は信じる、私は仮定する、私は考える」のようなタイプの命題に現われる通りである。最後に、言表の主体としての私があり、これはいつも「彼」で置き換えることのできるようなある状態を示しているのである（「私は苦しむ、私は歩く、私は呼吸する、私は感じる……」）[24]。といっても、問題は言語の作用ではない。なぜなら、一つの主体は決して言語の条件でもなければ、言表の原因でもないからである。主体は存在しない。ただ言表行為のさまざまな集団的なアレンジメントが存在し、主体化はその一つにすぎず、このようなものとして表現の形式化あるいは記号の体制を指示するのであって、言語の内的条件を指示するのではない。かといって、アルチュセールのいうような、イデオロギーを特徴づける一つの運動が問題になるのでもない。記号の体制あるいは表現の形式としての主体化は、アレンジメントにかかわる。つまり、すでに経済の中で十全に機能している権力の組織にかかわるのであり、この権力の組織は、最終的な審級にほかならない現実として定義された内容や内容の関係に新たに付け加えられるものではない。資本とは、何よりもまず主体化の点なのである。

精神分析のコギト。精神分析医は、理想的な主体化の点として現われ、患者に神経症と呼ばれる古い点を棄てさせる。患者は、彼が分析医に話すことすべてにおいて、診察という作為的な心的状態において、部分的には言表行為の主体であろう。だから彼は「精神分析するもの」であるとすらいえよう。しかし彼はそれ以外では、言うことなすことすべてにおいて、線形的プロセスから、線形的プロセスへと、永遠に分析される言表の主体なのである。分析医を変えても、なおさら支配的な現実の正常化に隷属することになる。精神分析が、その混成的な記号系において、まったく主体化の線に合流するというのはこの意味においてなのだ。分析医はもう話す必要さえない。分析するものは解釈を引き受け、分析される方は、次の診察や前の診察を切片として考えるなら、それだけすぐれた主体となるわけである。

パラノイア的体制が、一方で記号にかかわる記号（これによってシニフィアンである)、他方でシニフィアンにかかわるシニフィエという二つの軸をもっているように、情念的体制、主体化の線は、連辞的と範列的という二つの軸をもっている。第一のそれは、いま見たように意識である。情念としての意識は、まさに二つの主体、つまり言表行為の主体と言表の主体への二重化、そして前者の後者への下降である。しかし第二の主体化の形態は、情念としての愛、愛としての情念であり、これはもう一つの分身、二重化、下降のタイプなのである。ここでもまた、可変的な主体化の点が二つの主体の配分を助ける。二つの主体は、たがいに他方に向けて、たがいに顔を差し出しながら、顔を逃れ、逃走線と結びつき、それらをいつまでもたがいに接近させまた分離する脱領土化線と結びつくのである。しかし、すべてが変化する。二重化する意識には、独身者的な側面が確かに存在する。意識も理性ももう必要とはしない情念的な愛のカップルが存在する。しかし、それは裏切りにおいてさえ、また裏切りが第三者によって可能になる場合でさえ、結局同じ体制なのである。アダムとイヴ、カインの妻（それについて聖書はもっと語るべきだった）。裏切り者リチャード三世は、夢が彼にもたらす意識の中で果てる。しかし、彼はレディ・アンヌとの奇妙な対面を経たのであり、二つの顔はたがいに逃れあうが、それらは、それでも彼らを分かつことになる同一の線にしたがって約束しあっていることをわきまえている。最も忠実な、甘美な、あるいは強烈な愛は、たがいに交換しあってやまない言表行為の主体と言表の主体とを配分する。相手の口の中で自分自身裸の言表であり、相手は私自身の口において裸の言表行為である、という甘美さにおいて。しかし、いつでも裏切り者がひそんでいる。どんな愛が裏切られずにすむだろうか。どんなコギトが、そのずる賢い精霊、容易には身をふりほどくことのできない裏切り者をもたないだろうか。「トリスタン……イゾルデ……イゾルデ……トリスタン」。二つの主体の叫びは、こうして、強度のさまざまな位階をのぼりつめ、窒息する意識の頂点にまで達する。ところが、船の方は、水の、死の、無意識の、裏切りの線、途切れることのないメロディーの線を追い続ける。情念的愛は二人によるコギトであり、コギトはただ一人の自己への情熱である。コギトには、愛‐情念における潜在的な唯一の主体の二重化として、潜在的なカップルが存在している。クロソウスキーは、あまりにも強度な思考と、あまりにも熱情的なカップルのこうした補完性から、実に奇妙な形態を引き出すことができた。主体化の線は、それゆえまったく〈分身〉に占められてしまうのだが、それは二種類の分身が存在するように、二つの形態をもつのである。意識の連辞的な形態、あるいは形式〈私〉＝〈私〉にかかわる意識の分身であり、カップルの範列的な形式あるいは実質にかかわる情念的な分身である〈男〉＝〈女〉、分身はそのまま性差である）。

われわれは、混成的な記号系において、融合だけでなく崩壊にもいたるこのような分身の生成変化を追うことができる。まず、情念的な愛の分身、愛－情念のカップルは、婚姻関係に陥り、あるいは「夫婦喧嘩」にさえ陥る。誰が言表行為の主体なのか。誰が言表の主体なのか。両性の闘い。おまえは私の考えを盗む。夫婦喧嘩は、いつも二人でのコギト、闘いのコギトであった。ストリンドベリは、愛－情念のこのような専制的婚姻性、パラノイア的ヒステリー的な喧嘩への転落を極限まで追求したのであった。（「彼女」は、みんな自分で見つけたのよという。実は彼女はすべてを私に負うている。反響、思考の盗み、おおストリンドベリよ！[25]）また、純粋思考の意識の分身、立法者－主体のカップルは、官僚的な関係と新しい強迫の形態に陥り、そこで一方は、言表行為の主体の役割を占め、他方はもはや言表の主体にすぎない。コギトはそれ自身「事務室のいさかい」、官僚的な愛の錯乱となり、官僚制の新しい形態が古い帝国的な官僚制にとって代わり、これと結合するのである。官僚は、私は考える、という（この方向に一番遠くまで行ったのはカフカである。城におけるソルティニとソルディニ、あるいはクラムのさまざまな主体化[26]）。婚姻性はカップルの発展である。官僚制が、コギトの発展であるように。しかし、一方は他方の中に入りこんでいる。愛の官僚制と、官僚的なカップル。分身について人はあまりにもしばしば無造作に、形而上学的に、それをどこにでもどんな鏡にでも引きつけて書いてきた。混成的な記号系において、分身の独特の体制が新しい瞬間をもたらすことも、純粋な主体化の記号系において、分身がみずからを逃走線の上にしるし、この記号系に対して実に特殊な形態を強いることも見ようとしなかったのである。もう一度言おう。ポスト・シニフィアン的体制における、思考－意識と、愛－情念という二つの形態。混成的な転落や結合における官僚的意識と、婚姻関係という二つの契機。しかし混成においてさえ、独特の線が、記号系の分析という条件において容易に抽出されるのだ。

他の体制のシニフィアンの冗長性と同じものではない意識と愛の冗長性が存在する。シニフィアン的体制においては、冗長性は記号や、記号の要素に作用する客体的な頻度の現象である（言語における音素、文字、文字の集合）。おのおのの記号と関連してシニフィアンの最大頻度があり、ある記号と他の記号に対してもつ相対的な頻度が存在する。いずれにしても、このような体制は一種の「壁」を構成し、そこにさまざまな記号が、たがいに結ぶ関係において、そしてシニフィアンとの関係において登録される、とわれわれはいうことができる。ポスト・シニフィアン的体制においては逆に、冗長性は主体的共振からやってくるもので、それがあらかじめ転位語、人称代名詞、そして固有名詞に作用している。ここでもわれわれは、自己意識の最大の共振〈私〉＝〈私〉と、名前（トリスタン……イゾルデ……）の比較的な共振とを区別しなければなるまい。しかしこの場合、頻度が記入される壁はもう存在せず、むしろ意識と情念を牽引し、その中でそれらを共振させるようなブラック・ホールが存在する。トリスタンはイゾルデを呼び、イゾルデはトリスタンを呼び、二人は意識のブラック・ホールに、つまりは死に向かって進み、波が彼らを連れさってしまう。言語学者たちは、冗長性の二つの形式、頻度と共振を区別しながら、しばしば第二の形式には単に二次的な地位しか与えない(27)。実は、混合しあってはいるが、それでも異なる原則をもつ二つの記号系が問題になっている（同様にわれわれは、他の記号系に属する、リズム的あるいは身振り的、数的といった他の冗長性の形式を定義することができるだろう）。最も本質的にシニフィアン的体制と主体的体制とを区別し、かつまたそれらに固有の冗長性を区別するものは、それらが実現する脱領土化の運動である。なぜなら、シニフィアン的記号はもはや記号にのみかかわり、記号の全体はシニフィアン自体にかかわるからであり、これに対応する記号系は、高度な脱領土化を受け取るのだが、それはまだ相対的で、頻度として表現される程度の脱領土化だからである。このシステムにおいて、逃走線はまだ否定的であり、否定的な記号に侵食されている。主体的体制はまったく別様に進行することを、われわれは見た。なぜなら、まさに記号はその記号と意味性の関係を断ってしまい、肯定的な逃走線をたどり始めるからであり、意識と情念のブラック・ホールにおいて表現されるような絶対的脱領土化に達するからである。コギトの絶対的脱領土化。主体的な冗長性が意味性に接ぎ木され、そこから第二の水準の冗長性として派生するように見えるのはそのためである。

そして事態はわれわれがいうよりももっと複雑なのである。主体化は逃走線に肯定的な記号を付与し、脱領土化を絶対にもたらし、強度を最も高いレベルに、冗長性を思慮された形態にもたらす。しかし、以前の体制に陥ってしまうのではなく、主体化は、自分が解放した肯定性を再び自分で否定したり、あるいは自分の達した絶対を相対化する独特の方法をもっている。この共振の冗長性において、意識の絶対は不能の絶対であり、情念の強度は空虚の熱度である。つまり主体化は本質的に有限な線形的プロセスを形成し、一つのプロセスは他のそれが始まる前に終わってしまうのである。たえず再開されるコギト、たえず繰り返される情念あるいは要求の場合にも同じことが起きる。一つのブラック・ホールに誘われて、それぞれの意識は自分自身の死を追い求め、それぞれの愛-情念は自分自身の終末を追い求め、あらゆるブラック・ホールはいっしょに共振するのである。こうして主体化は逃走線に対して、これをたえず否定する切片性を強制し、絶対的脱領土化に対しては、これを絶えず堰き止め、方向転換させる廃絶の点を強制するのである。その理由は単純である。表現の形式あるいは記号の体制はまだ地層だからである（たとえわれわれがそれらを内容の形式から抽象し、それ自体として考えたときでも）。主体化は、意味性と同じく一つの地層なのである。

人を拘束する原則的な地層、それは有機性であり、また意味性と解釈、主体化と隷属である。存立平面や、抽象機械においては、もはや記号の体制は存在せず、逃走線はその固有の潜在的な肯定性を、脱領土化はその絶対的な力能を実現するのだが、このような地層の全体がそれらからわれわれを隔離する。ところで、この点に関して肝腎なことは、まさに最も好ましいアレンジメントを転換させることである。アレンジメントを地層へと向いた側面から、存立平面あるいは器官なき身体へと向いた側面へと移行させることである。主体化は欲望を過剰や離脱にまで誘うので、欲望はブラック・ホールの中で果ててしまうか、あるいは平面を変えてしまう。脱地層化すること。新しい機能、つまり図表的な *diagrammatique* 機能に自分を開くこと。意識は、自分自身の分身であることをやめなくてはならず、情念はたがいの分身になることをやめなくてはならない。意識を生の実験とし、情念を連続的な強度の場、記号－分子の放射とすること。意識と愛から器官なき身体を作り出すこと。主体化を廃棄するために愛と意識を役立てること。「大いなる恋人、魅惑するもの、触媒になるには、まず最低の馬鹿になるという知恵を体験してみなくてはならない。[28]」私は考えるを動物になることに、愛を男が女になることのために役立てること。意識と情念を非主体化すること。意味する冗長性とも、主体的な冗長性とも混同されることのない図表的な冗長性が存在するのではないだろうか。もはや樹木性の結節ではなく、リゾームにおける繰り返しであり、突出であるような冗長性は存在しないだろうか。言語において吃りであり、自分自身の言語において異邦人であること。

「ドではなく　ドミではなく　パシでもなく　支配するな《ヌ・ドミネ・パ》
きみたちのパッシヴなパッションを　支配するな《ヌ・ドミネ・パ》
するな　ド　むさぼり食うものたち　するな　ド　支配するな《ヌ・ドミネ・パ》
きみたちのねずみ　きみたちの餌　きみたちの餌ねずみ　するな　するな」[29]

脱領土化の三つのタイプを区別しなければならないようである。相対的で、地層に固有のものであり、意味性とともに絶頂に達する脱領土化、そして絶対的な、しかしいまだ否定的で地層的であり、主体化において現われる脱領土化（理性と情念）。最後に、存立平面あるいは器官なき身体の上での絶対的、肯定的な脱領土化の偶発性。

確かにまだわれわれは、内容の形式を消滅させるのに成功してはいない（例えば、〈寺院〉の役割、あるいはまた支配的な〈現実〉の位置）。しかし、われわれは、実にさまざまな特徴を呈する一定数の記号系を、人工的な条件のもとで抽出した。プレ・シニフィアン的記号系の場合、言語の特権を表わす「超コード化」は、いろいろな仕方で実現される。言表行為はここでは集団的であり、言表それ自身は多義的であり、表現の実質は多様である。相対的な脱領土化は、この場合国家装置を斥ける領土性と切片的な血統の衝突によって規定される。シニフィアン的記号系の場合、超コード化は、シニフィアンによって、シニフィアンを放つ国家機械によって十分に実現される。言表行為の画一化、表現の実質の統合、円環性の体制における言表の管理が存在する。相対的脱領土化は、記号から記号へのたえまない冗長な転送によって頂点にもたらされる。逆シニフィアン的記号系の場合、超コード化は、表現あるいは言表行為の形態としての〈数〉によって、またそれが依拠する〈戦争機械〉によって行なわれる。脱領土化は、破壊の、あるいは積極的な廃絶の線という形をとる。ポスト・シニフィアン的記号系の場合、超コード化は、意識の冗長性によって行なわれる。情念の線の上で言表行為の主体化が生じ、情念の線は、たとえ否定的であっても、権力の組織を内在的にし、脱領土化を絶対にまで引き上げる。——そこでわれわれは、二つの側面を考えなくてはならない。まず、これらの記号系は、たとえ内容の形式からは抽象されたものであろうと、やはり具体的なものであるが、それらが混成的であるからこそ、それらが混成的な組み合わせを構成しているからこそ、具体的であるということである。あらゆる記号系は混成的であり、それによって初めて機能するのである。それぞれの記号系が、他の一つ、あるいはいくつかの記号系の断片を捕らえる（コードの剰余価値）。この観点から見るとまさにシニフィアン的記号系は、普遍的な記号系を作るにあたって少しも特権的なものとはならない。とりわけこれが、主体化の情念的な記号系と結びつく仕方（「主体にとってのシニフィアン」）は、他の結合、例えば情念的記号系と逆シニフィアン的記号系との、あるいは逆シニフィアン的記号系とシニフィアン的記号系そのもの（遊牧民が帝国的になるとき）等々の結合に比べて、少しも優先されるべきではない。普遍的な記号系は存在しないのである。

例えば、他の体制に対してどんな体制にも特権を与えることなしに、シニフィアン的記号系とポスト・シニフィアン的記号系に関する図式を作り出すことができる。このとき、具体的な混成の可能性が明確に現われる。

しかし、補足的であって、しかもまったく異なっている別の側面は、次のようなものである。言語の特殊な性格としての超コード化からやってくる翻訳可能性にもとづいて、純粋な、または抽象的な記号系を別のものに変形する可能性。今度は、もはや具体的な混成的記号系が問題ではなく、ある抽象的な記号系の他の記号系へのさまざまな変形が問題である（たとえこの変形それ自体は抽象的ではないとしても、つまり純粋な知者としての「翻訳者」によって操作されることはなく、具体的に行なわれるとしても）。何らかの記号系をプレ・シニフィアン的体制に導入するような変形は、すべて類似的変形と呼ばれるだろう。シニフィアン的体制に導く変形は、象徴的と呼ばれ、逆シニフィアン的体制に導く変形は、論争的あるいは戦略的と呼ばれるだろう。ポスト・シニフィアン的体制に導く変形は、意識的あるいは模倣的と呼ばれよう。最後に、一つの絶対的肯

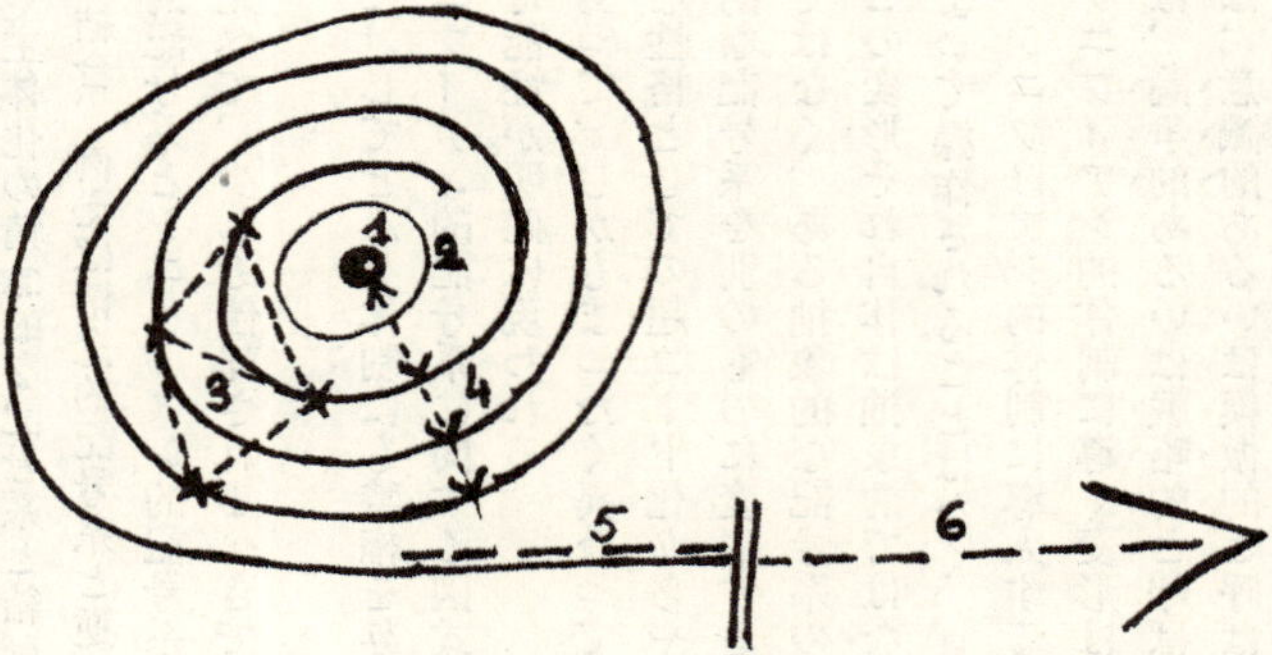

1．〈中心〉あるいは〈シニフィアン〉，神，専制君主の顔貌性。2．僧侶や官僚をともなう寺あるいは宮殿。3．円環状の組織，そして同じ円の上，あるいは一つの円から他の円へと移りながら記号にかかわる記号。4．改めてシニフィアンを与えるため，シニフィアンをシニフィエに移す解釈的発展。5．贖罪の山羊，逃走線の封鎖。6．身代わりの山羊，逃走線の否定的記号。

定的脱領土化の存立平面上で、記号系あるいは記号の体制を爆発させてしまうような変形は、図表的と呼ばれることになる。一つの変形は、ある純粋な記号系の言表と同じものではない。それはまた曖昧な言表とも（それがどんな記号系に属するか知るためには、一連のプラグマティックな分析を必要とする）、また混成的な記号系に属する言表とも一致しないのである（変形がこのような一致の効果をもたらすことはありうるが）。変形的な言表とは、むしろある記号系が、外からやってきた言表を遠ざけたり、その変形不可能な残滓を放置しておいたり、逆の変形には積極的に抵抗したりしながら、さまざまな言表を翻訳する仕方を示すのである。その上、変形は前のリストに限定されるものではない。いつも変形によってこそ、新しい記号系は創造されるのである。翻訳は創造的でありうる。変形や翻訳によって、人は純粋な記号の新しい体制を形成する。ここでもまた、普遍的な記号学ではなく、横断的記号系が発見されるだけである。

　類似的変形において、われわれはしばしばいかにして、睡眠や、ドラッグや、愛の熱情が、人がそれらに強いようとするシニフィアン的あるいは主体的諸体制をあらかじめ意味しながらも、これらの体制を翻訳する表現を形作るかを見ることがある。こういう体制に対して、このような変形は、予期しない切片性や多義性を突きつけて抵抗するのである。キリスト教は、「未開人」あるいは「野蛮人」のあいだで、奇妙にも創造的な翻訳をこうむった。貨幣的な記号がアフリカのいくつかの流通路に導入されたとき、これらの記号は、実に制御しがたいある類似的変形をこうむったのである（これら流通路

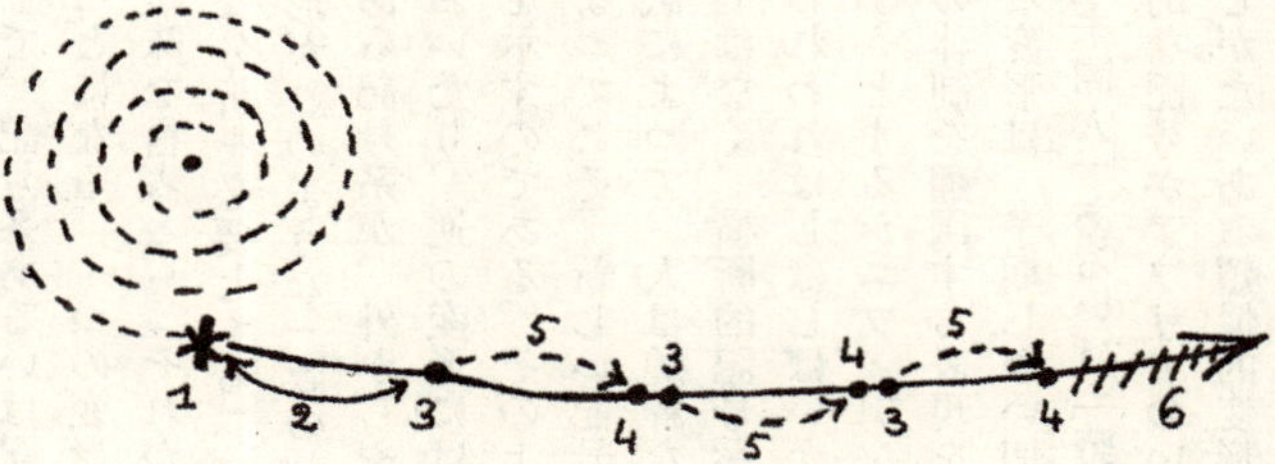

1．意味性の中心にとって代わる主体化の点。2．互いに背けあう二つの顔。3．方向転換によって，主体化の点から発生する言表行為の主体。4．言表行為の主体は，言表の主体に向けて下降する。5．新しい僧侶の形態，新しい官僚制をともなう有限の線形的プロセスの連続。6．それゆえ，解放されてはいるが，まだ切片化されたままの逃走線はやはり否定的で，封鎖されたままである。

の方が逆に破壊的な変形をこうむった場合は別である)[30]。アメリカの黒人たちの歌は、とりわけ歌詞も含めて、もっと典型的な価値をおびているかもしれない。なぜならわれわれは、この場合まず、いかに奴隷たちが英語のシニフィアンを「翻訳し」、言語のプレ・シニフィアン的あるいはさらに逆シニフィアン的な使用法を産み出し、言語を自分たちアフリカのさまざまな言語と混ぜ合わせるかを理解するからである。同様に、彼らは新しい強制労働に、アフリカのかつての仕事の歌を混ぜ合わせたのである。さらにキリスト教化と奴隷制の廃止によって、いかに彼らが「主体化」あるいはまさに「個人化」のプロセスを通過するかを、理解することができる。このプロセスは、彼らの音楽が類似によってこのプロセスを変形するのと同時に、この音楽を変形する。また「黒い顔」をした白人たちが言葉と歌を占拠するとき、いかに「顔貌性」の特別な問題が生じ、黒人たちの方は、自分たちの補足的な層の顔をさらに黒くして、白人たちのダンスと歌さえ変形し翻訳しつつ、いかにダンスと歌を再び征服するか、理解することができる[31]。確かに、はるかに見やすく、粗雑な変形が別の方向にも行なわれる。シニフィアンが権力を握る際の象徴的翻訳のことである。貨幣の記号あるいはリズムの体制に関する先の場合と同じ例が、今度は逆方向に役立つだろう。アフリカのダンスから白人のダンスへの移行は、しばしば意味性と主体化による権力の奪取をともなう意識的あるいは模倣的な翻訳を示している。(「アフリカでは、ダンスは非人称的であり、聖なるもの、そして猥雑なるものである。ファロスが立ち上がり、バナナのように扱われるとき、問題は、個人的に勃起することではない。人は、部族の勃起に立ち会っているのだ。（……）性の儀式的ダンスは、町ではソロで踊られる。そして、この事実はそれだけで、唖然とさせるような意味をおびている。法はあらゆる答え、あらゆる参加を禁じる。原始的儀式からは、身体の暗示的な運動しか残らない。そしてその暗示は、目撃者の個人性によって異なるのである[32]。」）

記号系の真の翻訳の重要性を決定するのは、単なる言語学的、語彙的、あるいは構文的変形ではない。むしろ正反対である。狂った話し方というのでは不十分である。古めかしい記号系の応用を前にしているのか、あるいは混成的な記号系の新しい変種を前にしているのか、それともまだ未知の体制の創造的プロセスを前にしているのか、評価することを強いられるのだ。例えば、もう「私」と言わないことは、比較的簡単である。しかしそうするだけで主体化の体制を超えることができるわけではない。また逆に、「私」と言い続け、人を愉快にし、しかもすでに人称代名詞がフィクションとしてしか作用しないような他の体制の中にいることもあるのだ。意味性と解釈はあまりにも硬い皮膚をもっているので、またこれらは主体化とあいまってあまりにも粘着質の混合を形作るので、まだそれらをにじみ出させているのに、それらとはもう無関係であると思い込むことはやさしい。われわれは解釈を非難しながら、あまりにも意味深げな顔をこわばらせ、生きのびようとして解釈で自分を養い続ける主体に解釈を押しつけてしまうこともありうる。あらゆるペテンを結集させている記号系を、精神分析が変革しうるなどと誰がいったい信じられるだろうか。ただ役割が変わっただけなのだ。意味する患者、解釈する分析者の代わりに、われわれは今、意味する精神分析学者をもっている。そして、今度は患者があらゆる解釈を引き受けるのである。キングスレー・ホールの反精神医学的体験において、「分裂症」になったかつての看護婦メアリー・バーンズは、新しい〈旅〉の記号系と合体するのだが、共同体の中で真の権力を獲得し、集団的錯乱としての精神分析的解釈の最悪の体制を再導入することになってしまう（「彼女は人が彼女のため、あるいは他の誰かのためにすることをすべて解釈し……」）(33)。強固に地層化された記号系と訣別することは容易ではない。プレ・シニフィアン的、あるいは逆シニフィアン的記号系においてさえ、また非意味的な図表でさえ、意味性の中心と、潜在的主体化の点を構成することになる合一の結び目を含んでいるのである。確かに、支配的、大気的な記号系を破壊することが問題になっているとき、翻訳の操作は決して容易ではない。薬物あるいは他のもの、そして大気の変化の影響をこうむったカスタネダの本の最も興味深い点は、まさにインディオたちがどんなふうにして解釈のメカニズムに対して闘うにいたり、弟子の中に、プレ・シニフィアン的記号系や、あるいは意味を無化する図表さえも打ち立てるかを示しているところである。やめるんだ！　うんざりだ！　意味するのでもなく、解釈するのでもなく、実験することだ！　自分で自分の場所、自分の領土、自分の脱領土化、自分の体制、自分の逃走線を見出すんだ！　おきまりの幼児期に、西欧の記号系の中に求めるのではなく、自分自身を記号化するんだ！　「見るためには、当然ながら世界を停止しなくてはならない、とドン・ファンは断言した。世界を停止するとは、ある意識の状態を完全に表現している。その間日常生活の現実は変わってしまう。それは、普通は途切れることのない解釈の波が、この波とは無関係な一連の事態によって中断されるからである。(34)」要するに、真の記号的変形は、単に外部的な変数だけでなく、言語に潜在し、言表に内在するあらゆる種類の変数を動員する。

プラグマティックは、それゆえすでに二つの構成要素を提示する。第一のものは、発生的と呼んでいいものである。それは、さまざまな抽象的体制が、どんな変数をともなって、どんなふうに具体的かつ混成的な記号系を形成するか、これらはどのように、何を優先させながら結びつくかを示すからである。第二は、変形的構成要素であって、どんなふうにして、これらの記号の体制が、相互に翻訳しあい、とりわけそれによって新しい体制を創造するかを示すものである。発生的プラグマティックはある意味で混成的な記号系のコピーを作るのであるが、変形的なプラグマティックは、変形の地図を作る。混成的記号系は必ずしも現実的な創造性をともなうとはかぎらないで、真の変形をもたらすことなく、結合の可能性に自足してしまうこともあるが、変形的構成要素こそは、一つの体制の独創性を発見し、一定の瞬間、一定の領域において、この体制が混成系の中に入るとき、この混成系において新しいものを発見するのである。それゆえ、この第二の構成要素は最も深いものであり、第一の要素を測定する唯一の手段である。(35)例えば、この第ボルシェヴィキ型の言表がいつ現われたか、そしてこの記号系が必然的にスターリン主義的な組織の混成的記号系に陥ることになるにしても、レーニン主義が社会民主主義と訣別するとき、どのようにして最初の記号系の真に創造的な変形を実現したか、われわれは自問してみる。一つの模範的研究として、ジャン・ピエール・ファイユは、既存の社会的領野の中に新しい言表の体系と見なされるナチズムを産み出したさまざまな変形を、詳細にわたって分析した。問いのタイプは以下のようなものである。どんな瞬間に、というだけでなく、どんな領域に、記号の体制は確立されるのか——民衆の全体にわたってであろうか。それとも民衆の一部分においてであろうか。むしろ精神病院そのものに見出される周縁部においてであろうか——こうしてわれわれは、主体化の記号系が、ユダヤ人の古代史のみならず、十九世紀の精神病の診断においても見出されることを指摘したのであった——もちろん当の記号系は、深い変化や、真の変形さえともなうわけであるが——こうした問いはすべてプラグマティックの動機となる。今日では、確かに最も深い創造的変形や翻訳は、ヨーロッパで起きていない。プラグマティックは、さまざまな変形を逃れうる不変数の観念も、支配的な「文法性」の観念さえも拒絶しなくてはならない。なぜなら、言語は言語学の事柄である以前に、政治学の事柄なのである。文法性の度合の評価でさえ、政治学的主題なのである。

記号系とは、つまり記号の体制あるいは表現の形式化とは、そもそも何だろうか。これらは、言語以上のものでもあれば、以下のものでもある。言語活動は、その「超線形性」の条件によって定義される。諸言語は、さまざまな定数、音韻論的、構文論的、意味論的秩序の要素と関係によって定義される。そしておそらく、それぞれの記号の体制は、言語活動の条件を設定し、言語の要素を使用するわけであるが、それ以上のことをするわけではない。どんな体制も、条件そのものと一致するわけではないし、定数の特性をもつわけではない。フーコーが的確に示した通り、記号の体制は、単に言語活動の存在機能にすぎないのであり、この存在機能は、さまざまな言語を通過することもあれば、ただ一つの言語に配分されることもあり、一定の構造や、何らかの秩序に属する単位と一致することはなく、これらと交差し、これらを空間と時間の中に出現させるのである。この意味においてまさに、記号の体制は言表行為のアレンジメントであり、どんな言語学的カテゴリーも、これをよく把握しえないのである。一つの命題あるいは単なる一つの単語さえも、「言表」に変えてしまうものは、言表行為に固有のプラグマティックな変数を作動させる内在的な前提にかかわるのであり、これは外在化しえないものである（非身体的変形）。それゆえ、アレンジメントがシニフィアンによって、あるいは主体によって説明されることはありえない。なぜなら、シニフィアンや主体の方が逆に、アレンジメントにおける言表行為の変数に依存するからである。アレンジメントを前提とするのは意味性あるいは主体化の方であり、その逆ではない。われわれが、記号の体制に対して与える「プレ・シニフィアン、シニフィアン、逆シニフィアン、ポスト・シニフィアン」のような名称は、もしこれらに、非等質的な機能あるいはアレンジメントの変化が実際に対応しないとすれば、進化論にとらわれてしまうことになるだろう（切片性、意味性と解釈、数量化、主体化）。記号の体制は、こうして言表行為そのものに内属する諸変数、しかも言語の諸定数に対しては外的に止まり、言語学的なカテゴリーに還元されることのない諸変数によって定義されるのである。

しかし、この点で、すべては逆転する。記号の体制が言語以下のものであるという理由はまたそれが言語以上のものであるという理由にもなるのである。アレンジメントは、そのただ一つの側面においてのみ言表行為のアレンジメントであり、表現を形式化する。それと切り離すことのできないもう一つの側面においては、アレンジメントは内容を形式化するのであって、機械状の、あるいは身体のアレンジメントなのである。ところで、内容は何らかの仕方でシニフィアンに依存するような「シニフィエ」ではなく、また主体と何らかの因果的な関係にある「客体」でもない。独自に形式化されているかぎりで、内容は表現の形式に対し、いかなる象徴的な対応関係も、線形的な因果関係ももたないのである。二つの形式は、相互に前提しあうのであり、そのうち一つのものだけを抽象することは、まったく相対的にしかできないことである。それゆえアレンジメントにおいては、これらの表面よりもなお深い何か、前提しあう二つの形式、つまり表現の形式あるいは記号の体制（記号的体系）と、内容の形式あるいは身体の体制（物理的体系）とを同時に考慮するような何かに達しなければならない。それをわれわれは抽象機械と呼ぶ[36]。抽象機械は、アレンジメントの脱領土化のあらゆる点を構成し結合する。必然的に言語よりも「はるか以上のもの」といわなければならないのは、この抽象機械なのである。言語学者たちが（チョムスキーにならって）純粋に言語的な抽象機械の観念に達するとき、われわれはあらかじめ、この機械は抽象的すぎるどころか、十分抽象的でないと反論する。なぜなら、それは表現の形式にかぎられ、言語を前提とするいわゆる普遍的特性に限定されたままであるからである。それゆえ内容を抽象することは、抽象ということ自体から見てみれば、あくまで相対的で不十分な操作である。真の抽象機械はそれ自体、表現の平面と内容の平面を区別するいかなる手段ももたないのである。なぜならそれは、地層や再領土化にしたがって、内容と表現を形式化することになるただ一つの同じ存立平面を示すからである。しかし抽象機械はそれ自体、地層を脱し脱領土化されていて、自身においては形式をもたないし（また実質ももたない）、表現と内容をそれ自体として区別することもないのである。しかし抽象機械はその外で、このような区別を取り仕切り、地層の中、領域あるいは領土の中にこの区別を配分する。抽象機械はそれ自体では、物理的あるいは身体的でもなければ、記号的でもない。それは図表的である（だからなおさら、人工的と自然的とを区別しない）。それは物質〔質料〕によって作動するのであり、実質によってではない。機能によってであって、形式によってではない。実質と形式は内容に属し、あるいは表現に属する。しかし、機能はすでに「記号として」形式化されているのではないし、物質はまだ「物理的」に形式化されてはいない。抽象機械とは純粋な〈機能〉－〈物質〉である――それは図表であって、この図表が配分することになる形式と実質、表現と内容とは独立している。

われわれは、もはや機能と物質しかもたないという側面、契機によって抽象機械を定義する。一つの図表は、まさに実質も形式ももたず、内容も表現ももたない。(37)実質は形式化された物質であるが、一方物質は、物理的にもあるいは記号的にも形式化されていない実質である。表現と内容は別々の形式をもち、現実的に区別されるが、機能は、表現と内容のさまざまな「特徴」をもち、それらの接続を実現する。もはや、それは分子であるとか、あるいは記号であるとかいうことさえできないのである。一つの内容－物質はもはや、強度や、抵抗、伝導、加熱、延伸、速度、あるいは遅延などのさまざまな度合を表わすのみである。一つの表現－機能は、数学あるいは音楽の表記におけるように、もはやテンソルを表わすのみである。このとき、エクリチュールは、現実に対してじかに機能し、また現実それ自体がまさに書くのである。だから、図表が取り上げ結合するのは、最も脱領土化された内容と、最も脱領土化された表現である。最大限の脱領土化は、他の特徴に対して「脱領土化的」といわれる内容の何らかの特徴から、あるいは表現の何らかの特徴からやってくるのだが、それはまさにこの特徴が、他の特徴を巻き込み、自分自身の力へと上昇させて図表化するからである。最も脱領土化されたものは、他のものに閾を超えさせ、この閾がそれぞれの脱領土化の接続を、また共通の加速を可能にする。これが抽象機械の絶対的、肯定的脱領土化なのである。図表〔ダイアグラム〕が、領土的な記号である指標からも、再領土化に属する図像からも、相対的あるいは否定的な脱領土化である象徴からも区別されなければならないのはそのためである。[38]このようにその図表性によって定義される抽象機械は最終的な審級としての下部構造でも、至高の審級としての超越的な〈観念〉でもない。それはむしろ先導の役を演じる。つまり、抽象機械あるいは図表機械は、何か現実的なものを表象するように機能することさえなく、来たるべき現実、新しいタイプの現実を構築するのである。だからそれは歴史の外部にあるのではなく、それが創造の点、あるいは潜在性の点を構成するそれぞれの瞬間において、むしろいつでも歴史「以前」である。すべてが逃れ、すべてが創造する。しかし決して単独にではなく、逆に、強度の連続体、脱領土化の接続、表現と内容の抽出などを遂行する抽象機械とともにあるのである。それは、純粋と見なされる表現機械の架空の抽象とはなおさら対立する〈抽象－現実〉なのである。それは〈絶対〉なのであるが、無差別でもなければ超越的でもない。したがって抽象機械は、確かにもう個人も主体も示しはしないで、物質と機能を示す固有名詞をもつ（そして日付をもつ）。ある音楽家、学者の名は、色や、ニュアンス、色調、強度などを示す一人の画家の名と同じように用いられる。いつも問題なのは〈物質〉と〈機能〉の結合なのである。声と楽器の二重の脱領土化は、抽象機械ワグナー、抽象機械ウェーベルンなどによって表わされる。物理学、数学における抽象機械リーマンについて、代数学における抽象機械ガロワについても語ることができるだろう（後者は正確には付加的といわれる任意の線によって定義され、これが基本体と結合される）、等々。特異な抽象機械が、直接に物質において機能するたびに図表が存在する。

こういうわけで、図表的な水準において、あるいは存立平面においては、厳密には記号の体制さえも存在しない。内容の形式と現実に区別されるような表現の形式はもはや存在しないからである。図表はもはや、特徴や点をもつだけである。これらは、物質的であるかぎりにおいて内容に由来し、機能的であるかぎりにおいて表現に由来するが、たがいに牽引しあい、中継しあい、ある共通の脱領土化において融合しあうのである。記号－微粒子、つまり分節子particles。そしてこれは驚くべきことではない。なぜなら、表現の形式と内容の形式の現実的な区別は、ただ地層とともに、また地層によってさまざまに行なわれるのである。そこに、表現の特徴と内容の特徴をそれぞれ個別に形式化する二重の分節が現われ、この分節はさまざまな物質とともに、物理的あるいは記号的に形式化された実質を作り、さまざまな機能とともに、表現と内容の形式を作るのである。そのとき表現は、もろもろの体制や記号系の中に入る指標や、図像や、象徴を構成する。内容は、このとき、物理的体系や有機体やまた組織作用の中に入る身体、物、あるいは対象を構成するのである。物質と機能を結合していたより深い運動は――つまり大地そのものと一致するほどの絶対的脱領土化は――もはやおのおのの領土性の形式、相対的あるいは否定的脱領土化の形式、そして補完的な再領土化の形式のもとでしか現われない。そして、おそらく、表現の次元に抽象機械をおき、内容をそれ独自の形式から分離することによって、いっそう内容を抽象化してしまう言語の地層がすべてを支配する(言語の帝国主義、一般記号学の主張)。要するに地層は図表的な物質を実質化し、内容の形式化された平面と、表現の形式化された平面とを分割してしまう。地層は、それぞれに実質化され形式化された表現と内容を、二重分節の挟みにおいて取り上げる。これが、表現と内容の独立性あるいは現実的な区別を確立し、たえず再生産され、再分割される二元論を君臨させるのである。さまざまな地層は、地層から地層へと、またそれぞれの地層の内部へと切断を持ち込み、強度の連続体を破壊する。地層は逃走線の結合を妨げ、脱領土化の先端を押しつぶす。これらの運動をまったく相対的なものにする再領土化を行使したり、これらの線のうち何らかのものにただ否定的な価値を与え、線を切片化し、封鎖し、閉塞し、一種のブラック・ホールに投げこんだりしながら。

とりわけ、図表性と公理的タイプの作用とを混同してはならない。創造的な逃走線を引き、肯定的な脱領土化の特徴を結合することとはほど遠く、公理系はあちこちで線をせきとめ、点的な体系にそれらを従わせ、いたる所で逃走する代数的かつ幾何学的エクリチュールを抑止してしまうのである。これは物理学における非決定論の問題の場合と似ている。つまり非決定論を、物理学的決定論と妥協させるために「秩序の回復」が行なわれる。数学的エクリチュールは公理化される。つまり再地層化され、再記号化されるのである。物質の流れは、再び物理化される。それは科学の事件であるとともに、政治の事件でもある。科学は狂気になってはならない……。ヒルベルトとド・ブロイは、政治家でもあった。彼らは秩序を回復したのである。しかし、知識人であるだけでなく政治家でもあった。

公理化、記号化、物理化は図表ではない。むしろ反対である。存立平面の図表《ダイアグラム》に対立する地層のプログラム。このことは、図表が逃走の道を再開し、新しい特異な抽象機械を広げることを妨げはしない（不可能な関数の数学的創造は、公理化に反して行なわれるし、発見しがたい微粒子の物質的な発明は、物理化に反して行なわれるのである）。なぜなら、このようなものとしての科学には、あらゆるものと同じで、秩序の導入あるいは回復もあれば、それに固有の狂気もまたあり、一人の学者は、彼自身の狂気、彼自身の警察、彼の意味性、彼の主体化、そしてまた、彼の抽象機械をかかえて、二つの側面に参加しうるのである――あくまで学者として。「科学の政治学」は、まさに、科学に内在するこのような傾向を示すものであって、科学に働きかけ、あるときは原子爆弾を作らせ、別のときは宇宙開発のプログラムを作らせたりする外在的状況、国家的要素だけを示すのではない。もし科学それ自身がそれに固有の極、振動、地層、脱地層、その逃走線、秩序の回復をそなえていないとしたら、つまり、少なくともそれ自身の政治にかかわる潜在的な事件、固有のあらゆる「論争」、その内的戦争機械をそなえていないとしたら、これらの外的政治的影響や限定は何でもないのである（反対され、虐待され、あるいは妨害された学者たちは、歴史的にこのような内的戦争機械に属している）。公理系は発明や創造を考慮に入れないというだけでは十分でない。その中には、具体的なものにとってはすでにあまりにも大きく、現実的なものにとってはあまりにも小さい凝固した抽象の水準にいすわって、図表を停止し、固定し、図表にとって代わろうとする熟考された意志があるのである。後にわれわれは、これがどんな意味において「資本主義」の段階であるか見てみよう。

しかしながら、われわれは、一方に存立平面、そのさまざまな図表あるいはさまざまな抽象機械、他方に諸地層、それらのさまざまなプログラム、そして具体的アレンジメントという二元論に満足することはできない。抽象機械は、単に存立平面上にあって、そこで図表を展開するわけではなく、すでにそこにあり、一般に地層の中に包まれ、あるいは「埋めこまれ」ており、あるいは特別な地層の上にそびえ立ち、そこで表現の一形式と内容の一形式を組織する。この最後の場合に人を欺くのは、もっぱら言語的あるいは表現的な抽象機械の観念であって、地層に内在し、二つの異なる形式の相対性を説明すべき抽象機械の観念ではないのである。だから、二重の運動があるようである。一つは抽象機械が地層に作用して、そこからたえず何かを逃走させるような運動、もう一つは、抽象機械がまさに地層化され、地層によって捕獲されるような運動である。一方で、地層が図表の物質あるいは機能を捉え、表現と内容の二重の観点から、これらを形式化することなしには、地層は決して組織されない。それゆえ、おのおのの記号の体制、意味性や、主体化さえやはり図表の効果なのである（相対化され、あるいは否定化されてはいるが）。他方で、もし抽象機械が脱地層化した記号－微粒子を抽出し加速する力能または潜在性（絶対への通路）をもつことがなければ、抽象機械はすでに地層の中にさえ出現することがないだろう。存立性は、全体化するものでも構造化するものでもなく、脱領土化するものである（例えば生物的な地層は統計学的条件によってではなく、脱領土化の先端によって進化する）。地層の安全性、安定性、ホメオスタシス的均衡性は、それゆえ決して完全に補償されることはない。地層に作用する逃走線を延長し、点線を満たし、脱領土化のプロセスを結合しながら、非常に多様な地層化のシステムに侵入し、一つのシステムから別のシステムへと跳躍する存立平面を再発見するだけで十分なのである。われわれは、この意味で、意味性と解釈、意識と情念が、どのように延長され、しかし同時に、独特の図表的な実験に向けて開かれるかを見た。そして、抽象機械のこういったあらゆる状態あるいは様態は、まさにわれわれが機械状アレンジメントと呼ぶものにおいて共存する。アレンジメントは、実際二つの極あるいはベクトルのようなものをもち、一つは地層に向けられ、そこでアレンジメントは領土性、相対的脱領土化、そして再領土化を配分し、もう一つのベクトルは、存立平面あるいは脱地層平面に向けられ、そこで脱領土化のさまざまなプロセスを結合し、これらを大地の絶対性にもたらすのである。アレンジメントはその地層的なベクトルにおいて、表現の形式を区別し、その中では言表行為の集団的アレンジメントとして現われ、また内容の形式を区別し、その中では、身体の機械状アレンジメントとして現われるのである。そしてアレンジメントは、一つの形式を他の形式に、一つの出現を他の出現に、たがいを前提としながら適合させる。しかし、みずからの脱地層化された図表的なベクトルにおいて、アレンジメントは二つの表面などもたない。内容にせよ表現にせよ、それはさまざまな特徴を把握し、そこから、たがいに付加しあう脱領土化の度合や、たがいに結合しあう先端を抽出しあうだけである。

一つの記号の体制は、二つだけ構成要素をもつわけではない。実際は四つの構成要素があり、それらは〈プラグマティック〉の対象となるのである。第一は、発生的構成要素であって、言語の地層上で、いかにして表現の形式が、いつもいくつかの組み合わさった体制にかかわるものか、つまりどんな記号の体制も、あるいは記号系も、具体的に混成的であるかを示すものだった。この構成要素の水準では、表現の形式におけるさまざまな体制の混成に注目すれば、それだけなおさら内容の形式を抽象することができる。だから、一般的記号学を構成し、形式を統一するような一つの体制の優位を、そこから結論することはできないのである。第二の構成要素は、変形的であって、いかに一つの抽象的体系が他のそれに翻訳され、変形され、とりわけ他のさまざまな体系から創造されうるか示すものだった。この第二の構成要素は、明らかにより深いものである。なぜなら、どんな混成的体制も、過去のものであれ、現在のものであれ、潜在的であれ（新しい体制の創造を目指して）、一つの体制から他のそれへのさまざまな変形を前提としないものはないからである。ここでもまた、われわれは内容を抽象する、あるいは抽象することができる。なぜなら、たとえ表現の形式はそれに内在する変身を説明するには不十分だとしても、われわれはその変身にしたがっているからだ。ついで、第三の構成要素は図表的である。それは記号の体制、または表現の形式を把握し、そこからもはや形式化されることのない記号－微粒子を抽出し、たがいに組み合わせ可能な形のない特徴を構成する。抽象はここで頂点に達し、そしてまたこのとき抽象は現実となる。すべては、まさに（名前と日付をもつ）抽象－現実機械を通過する。もし内容の形式を抽象することができるなら、それは同時に表現の形式もまた抽象しなければならないからである。なぜなら、どちらからもわれわれは形式化されない特徴だけを取り上げるからである。だから、純粋に言語的な抽象機械とは愚かしいものである。この図表的な構成要素の方は、明らかに変形的な構成要素よりも、さらに深いものである。一つの記号の体制のさまざまな変形－創造は、実際つねに新しい抽象機械の出現を経るのである。最後に、文字通り機械状の最終的な構成要素は、いかにして抽象機械が、具体的アレンジメントにおいて実現されるかを示すものと見なされる。具体的アレンジメントは、まさに表現の諸特徴に明確な形式を与え、しかもまた内容の諸特徴にもはっきりした形式を与えるのである――二つの形式は相互に前提しあい、あるいは形式化されない必然的な関係をもちながら、やはり表現の形式が、それだけで十分なものと見なされることを阻むのである（表現の形式が自立性をもち、あるいは独自に形式的な区別をもっていることは確かだが）。

プラグマティック（あるいは分裂分析）は、それゆえに四つの円環的な構成要素によって、しかも発芽してリゾームを作り出す構成要素によって表わすことができる。プラグマティックの総体は、次のようになる。発生的構成要素において、混成的記号系の複、

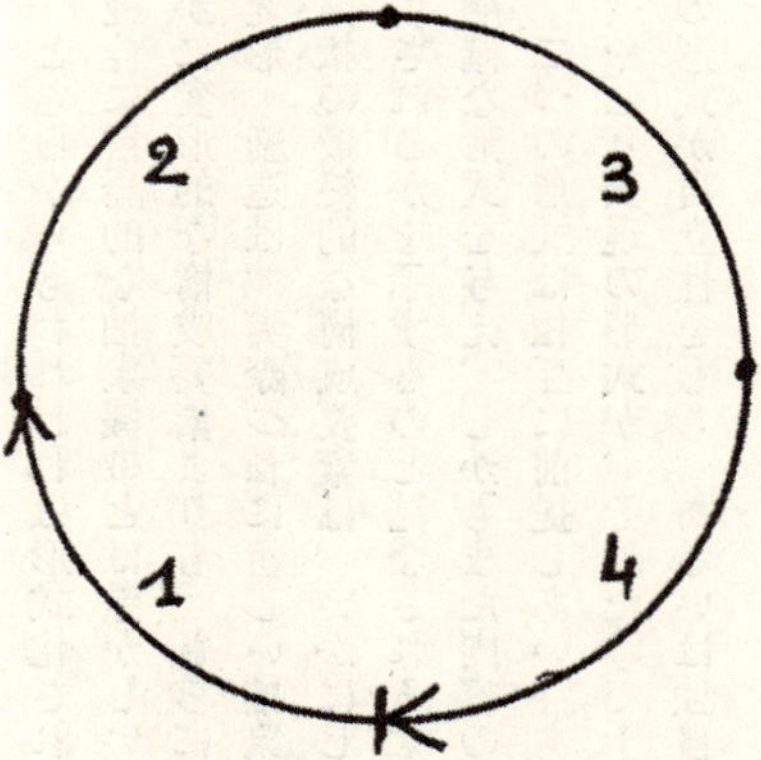

1）発生的構成要素：具体的混成的記号系の研究，その融合，変化の研究。

2）変形的構成要素：純粋な記号系，その翻訳－変形，そして新しい記号系の創造の研究。

3）図表的構成要素：物理的に無形式の物質とかかわる記号的に無形式の物質という観点に立つ抽象機械の研究。

4）機械状構成要素：抽象機械が内容を物理化するのと同時に，表現の物質を記号化して抽象機械を実現するアレンジメントの研究。

写を作ること。複写にもとづいて翻訳し、創造し、発芽させる可能性をもつ諸体制の変形的地図を作ること。次に、それぞれの場合に、潜在性として、あるいは実際に出現して作用する抽象機械の図表を作ること。全体を振り分け、そのさまざまな交代、跳躍、突然変異とともに運動を循環させるアレンジメントのプログラムを作ること。

例えば、何らかの「命題」を、つまりある個人、またはある集団の表現として構文論的、意味論的、論理的に定義される言葉の一集合を考えてみよう。例えば、「私はおまえを愛している」あるいは「私は嫉妬深い……」。われわれは始めに、このような命題は、集団あるいは個人においてどんな「言表」と対応するか問うであろう（なぜなら、同じ命題でも、まったく異なる言表にかかわることがありうるからだ）。この問いは以下のことを意味する。記号の体制がなければ、構文論的、意味論的、論理的要素は、まったく空虚な普遍的条件にすぎないのだが、この命題はいったいどんな記号の体制の中に挿入されるのだろうか。非言語的要素は何か、またこれに存立性を与える言表行為の変数とは何か。プレ・シニフィアン的な、集団的タイプの「私はおまえを愛している」が存在し、この場合はミラーのいったように、一つのダンスが部族のすべての女と合体する。逆シニフィアン的、分配的、あるいは論争的タイプの「私はおまえを愛している」もまた存在し、これは戦争に、力の関係に、ペンテジレーアとアキレスとの関係に入る。意味性の中心を目指し、解釈によって一連のシニフィアンの連鎖に対応させる「私はおまえを愛している」もある。情念的、またはポスト・シニフィアン的な「私はおまえを愛している」は、主体化作用の点から始めて、一つのプロセスを形成し、さらに他のプロセスを形成する……等々。同様に「私は嫉妬深い」という命題も、それが主体化の情念的体制に入るか、意味性のパラノイア的な体制に入るかによって、明らかに同じ言表ではない。二つのまったく異なる錯乱があるのだ。第二に、ある集団、ある個人、ある瞬間における命題がどんな言表に対応するか一度決定されると、われわれは、単に混合の可能性だけではなく、他の体制への、また他の体制に属する他の言表への翻訳や変形の可能性、このような変形において起きること、起きないこと、還元不可能なままのもの、あるいは流動するものを探るだろう。第三に、この命題にとって未知の新しい言表を作り出そうとするだろう。たとえそれが、構文、意味、論理を崩壊させてしまうような恍惚の方言、断片からなる物理的なものや記号的なものの方言、非主体的な情動、意味性のない記号の方言であるとしても。この探究は、最悪のものから最良のものにわたると考えなくてはならない。なぜなら、それは、わざとらしい、暗喩的な、愚かしい体制も含めば、叫び‐呼吸、熱狂的即興、動物になること、分子になること、現実の横断的性愛、強度の連続体、器官なき身体の創出……などを含みもするからである。そしてこの二つの極は分離不可能でたえず変形、転換、飛躍、墜落、再上昇などの関係をもつ。この最後の探究は、まずさまざまな抽象機械、図表、図表的機能にかかわり、また同時に、さまざまな機械状アレンジメント、それらの表現と内容の形式的区別、互いを前提とした言葉の備給、器官の備給にかかわるのである。例えば、宮廷愛における「私はおまえを愛している」をとってみよう。その図表、抽象機械の出現、新しいアレンジメントはどのようなものであろうか。脱地層化において、また地層の組織化において……。要するに、構文論的に、あるいは意味論的に、あるいは論理的に定義可能で、しかも言表を超越し、言表に対して君臨するような命題は存在しない。ラッセルの論理学からチョムスキーの文法にいたるまで、言語の超越化のあらゆる方法、言語に普遍的特性を付与しようとするあらゆる方法は、これらがすでにあまりにも抽象的であり、しかもまだ十分抽象的でない水準を承認しているという意味で、最悪の抽象に陥ってしまうのである。本当は言表が命題に依存するのではなく、その逆である。記号の体制が言語に依存するのではなく、言語がそれ自体で構造的あるいは発生的抽象機械を構成するのでもない。反対である。記号の体制に依存するのは言語の方であり、記号の体制は、あらゆる記号学、言語学、そして論理学を逸脱する抽象機械に、図表的機能に、機械状アレンジメントに依存するのである。命題の普遍的論理も、文法性それ自体も、シニフィアンそのものも存在しない。言表の「背後」には、機械、アレンジメントがあり、異なるシステムの地層化を横断し、言語ばかりか存在の座標を逃れていく脱領土化の運動があるだけである。だからこそ、プラグマティックは、論理学や、構文論や、意味論の補完物ではなく、反対に他のすべてがこれに依存するような基本的要素なのだ。

6

一九四七年十一月二八日——いかにして器官なき身体を獲得するか

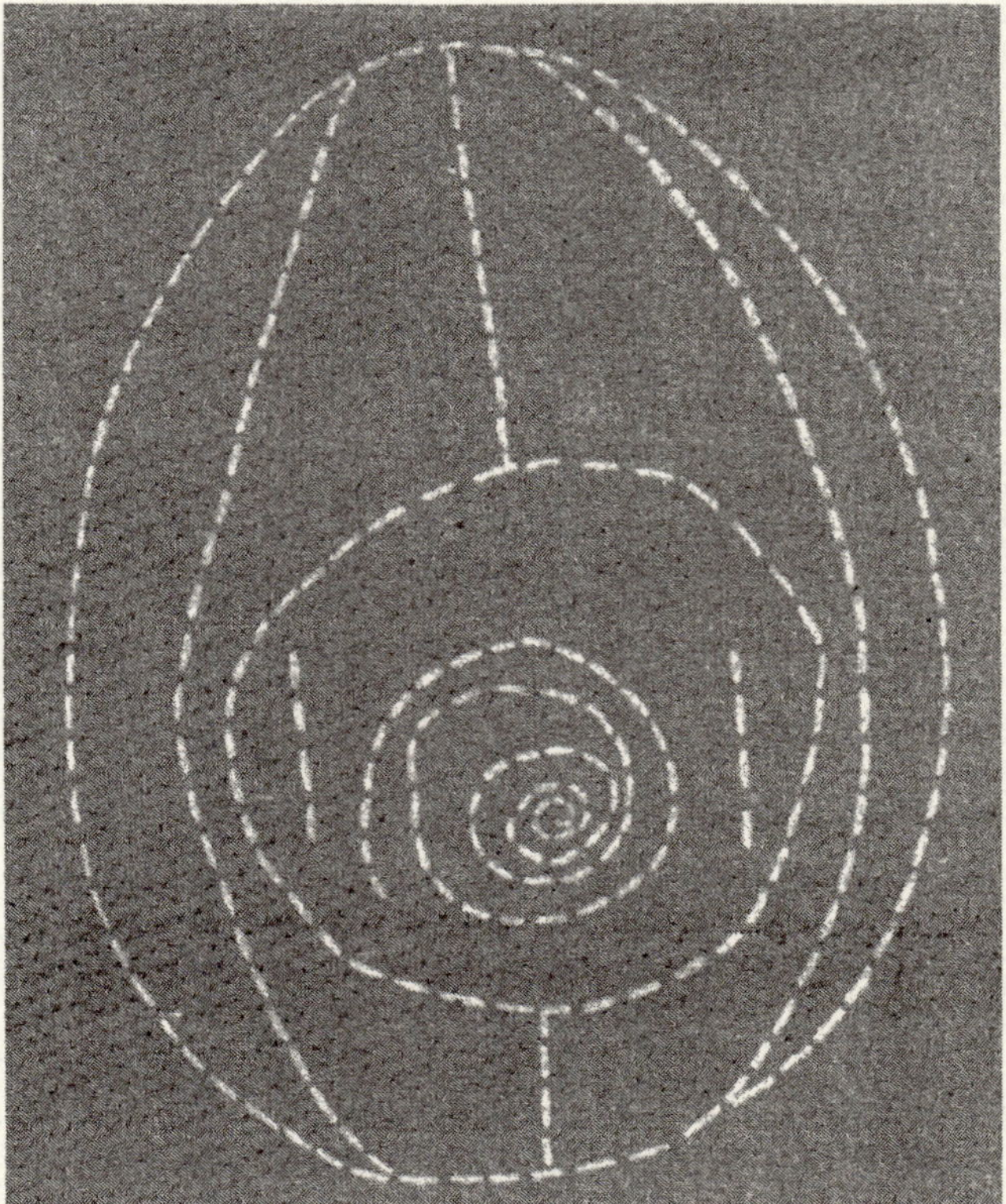

ドゴンの卵と強度の分配

とにかく、きみたちはそれを一つ（あるいはいくつか）もっている。それがあらかじめ存在しているからでも、出来上がったものとして与えられているからでもない、――見方によってはあらかじめ存在するのだが――とにかく、きみたちはそれを作り出すわけであり、それを作り出すことなしには、欲望することなど不可能なのだ――そしてそれは、きみたちを待っている。訓練であり、避けがたい実験であって、この実験はきみたちが企てるときには、すでになされており、企てないかぎりは、なされないわけだ。それは油断のならないものだ。捉えそこなうことが大いにありうるからだ。ときにはまた恐るべきものであり、きみたちを死に導くこともある。それは欲望であり、しかも非欲望である。それは観念や概念ではなく、むしろ実践であり、実践の総体なのだ。〈器官なき身体〉〔Corps sans Organes 以下C^{s}Oと略される〕に人は到達することがない、到達はもともと不可能であり、ただ、いつまでも接近し続けるだけ、それは一つの極限なのだ。人は問う、C^{s}Oとはいったい何なのかと――だが、虫けらのように地を匍《は》い、盲人のように手探りし、砂漠の旅人や大草原《ステップ》の遊牧民や、狂人のようにさまようとき、人はもうC^{s}Oの上にいる。その上でこそわれわれは眠り、夜を明かし、戦い、戦いに勝ち、戦いに敗れる。自分たちの場所を求め、未聞の幸福や、途方もない没落を経験し、侵入しかつ侵入され、そして愛する。一九四七年十一月二八日、アルトーは器官に対して宣戦布告を行なう。神の裁きと訣別するために。「私を縛りたければそうするがいい、だが器官ほど無用なものはないのだ。」これは、単にラジオ放送上の実験にはとどまらない生物学的、政治学的実験であり、検閲と抑圧を招き寄せることになる。〈身体〉Corpus と〈社会体〉Socius、政治学と実験。片隅に隠れて、ひっそりと実験することなど許されない。

CsO。それは身体が器官にうんざりし、器官を放棄したがっているか、それとも失ってしまうときに、もう始動している。その長い行列を見たまえ――まずヒポコンデリーの身体、その器官は破壊されてしまい、破壊はすでに終わって、もう何事も起こらない。「X嬢は、自分にはもう脳も神経も胸も胃も腸もなく、組織を解体された《デゾルガニゼ》身体には皮膚と骨しか残っていない、と断言する。これはまったくこの症状に特有の表現である。」――そしてパラノイアの身体。そこでは、器官は外部からの作用によってたえまなく攻撃されると同時に、外部からのエネルギーによって回復してもいる（「彼は長いあいだ、胃も、腸も、ほとんど肺もなしで生きてきた。食道は裂け、膀胱はなくなり、肋骨は砕け、ときには自分の喉頭の一部分を食べてしまったこともある、という具合。しかしいつも神の奇蹟が、破壊されたものを再びよみがえらせるのだった……」）。――そして分裂症の身体。緊張症にかかることと引き換えに、器官に抗ってみずから積極的な内的闘争にいたるもの。また実験的分裂症とでもいうべき麻薬中毒の身体。「人間の有機体は恥ずべき役立たずなものである。いつ調子を狂わせてしまうかわからない口や肛門の代わりに、飲食にも排便にも役立ち、多くの機能をもつ一つの口がないのはどうしてなのか。口と鼻をふさいでしまい、胃腸を充満させ、肺の中に直接通気孔をあけてしまうことだってできるだろうに。人間は生まれたときからこうあるべきだった。[1]」——さらにはマゾヒストの身体。苦痛の観点からだけ見ると、マゾヒスムは決してよく理解できない。それは何よりもまずCsOにかかわる事柄なのだ。サディストや娼婦によって、眼や肛門や尿道や胸、鼻を縫い合わせてもらう。器官の活動を停止させるため自分を宙づり状態におき、器官があたかも皮膚にへばりついているかのように皮を剝がれ、犯され、息たえだえになる。すべてがぴったり閉じ、封印されてしまうように、というわけだ。

　針で縫われ、ガラス状になり、緊張症になり、吸いこまれてしまう身体のこの陰惨な行列は、何ゆえなのだろうか。CsOは、快活さ、恍惚、舞踏にも満ちているはずではないか。なぜこのような例ばかり見、なぜこうした例を通過しなければならないのか。満ちたりているのではなく、空っぽになった身体たち。いったい何が起きてしまったのか。きみたちは十分慎重だっただろうか。賢明であることなどではなく、服用量を守ること、実験に内在する規律として慎重さが必要なのだ。慎重に注入すること。この闘いにおいては、多くのものが敗北する。見るための眼、呼吸するための肺、飲みこむための口、話すための舌、考えるための脳、肛門、喉頭、頭、足を、もはや耐えがたいものと感ずることは、なぜそんなに悲惨で危険なことなのか。なぜ、さか立ちで歩き、骨のくぼみで歌い、皮膚で見、腹で呼吸しないのか。〈単純なるもの〉、〈抽象的実体〉、〈満ちた身体〉、〈動かずにする旅〉、〈拒食症〉、〈皮膚的視覚〉、〈ヨガ〉、〈クリシュナ〉、〈愛《ラブ》〉、〈実験〉。精神分析が、立ちどまれ、きみの自我を再発見せよ、というところで、われわれはこう言おう。もっと遠くへ行こう。われわれはまだ$C^{s}O$を見つけていない。われわれの自我を解体していない、と。回想よりは忘却を、解釈よりも実験を。きみ自身の器官なき身体を見つけたまえ。これを作り出すことを学びたまえ。それこそ生死にかかわる問題、青年と老年、悲しみと喜びの問題なのだ。すべてはここにかかっている。

「女主人様、(1) ぼくをテーブルにしっかりと縛りつけ、十分か十五分、道具を用意するあいだ、そのままにしておいておくれ。(2) 少なくとも百回の鞭、数分間の休止。(3) 縫い合わせを始めてくれ、亀頭の穴を縫い、穴のまわりの皮膚が脱げてしまわないよう、亀頭に縫いつけるのだ。陰嚢を腿の皮膚に縫いつける。胸を縫い、両方の乳首に、四つの穴のあるボタンを固く縫いつけ、ボタン穴のついたゴムバンドで両方の胸を結びつける。次に第二の段階に移っておくれ。(4) テーブルの上に腹を縛りつけ、足も縛って、ぼくをテーブルの上に腹這いに寝かせる。あるいは、両手首と両足をそれぞれ縛って、全身をしっかりと柱にくくりつける。(5) 少なくとも百回、背中と尻と腿を鞭打つ。(6) 両方の尻のあいだを全部縫い合わせる。より糸を使って、一つ一つの縫い目はしっかり固定する。ぼくがテーブルに横になっている場合は、ここでぼくを柱に縛りつける。(7)

尻を五十回鞭打つ。(8) 拷問に味をそえたかったら、また最後の脅迫を実行したかったら、尻に深々とピンを刺しこむがいい。(9) それからぼくを椅子に縛りつけ、三十回胸を鞭打ち、もっと細いピンを尻に刺しこむ。お望みなら、全部の、あるいはいくつかのピンを、前もってレンジで真赤に焼いておいてもいい。椅子にはしっかり縛ってほしいし、胸がよく前に出るように、手首は背中にまわして縛ってほしい。火傷を注文しないのは、もし火傷を負うと、しばらく医者にかからなくてはならず、治るのに時間がかかるからだ。」これは幻想〔ファンタスム〕ではなく、プログラムである。幻想の精神分析学的な解釈と、プログラムの反精神分析学的実験とは、本質的に異なるものだ。幻想は、それ自身再解釈しなければならないような解釈であり、プログラムの方は実験の促しなのである。(2) $C^{s}O$とは、あらゆるものを取りはらってしまった後に、まだ残っているもののことだ。そしてわれわれが取りはらってしまうのは、まさにこの幻想、つまり意味性と主体化の集合なのだ。精神分析はまったく逆の道を歩む。すべてを幻想に翻訳し、すべてを幻想で勘定し、幻想を厳守し、とどのつまりは現実をとらえそこなう。$C^{s}O$をとらえそこなうからだ。

何かが起ころうとしている、すでに何かが起きている。しかし、$C^{s}O$の上に起きる事柄と、$C^{s}O$を獲得する仕方とを混同しないようにしよう。一方が他方に含まれていることは確かだが、前に引用した手紙で確かめられている二つの段階は、この区別にかかわるものなのだ。二つの場合とも、縫うこと、鞭で打つこと、という点では同じなのに、なぜ二つの位相は、はっきり区別されるのだろうか。一方は$C^{s}O$を作りあげるため、もう一方は、$C^{s}O$に何かが循環し、流通するためなのだ。二つの位相を支配しているのは同じ作業なのだが、それは二度繰り返されなくてはならない。このマゾヒストは、一つの$C^{s}O$を獲得したが、その$C^{s}O$は、苦痛の強度、責苦的な波動によってしか満たされないような状態にあることは確かだ。マゾが苦痛を求めているというのはまちがっている。かといって、マゾが宙吊りの歪んだやり方で快楽を求めている、というのも正しくない。マゾヒストは一つの$C^{s}O$を求めているのだ。ただこの$C^{s}O$は、まさにそれが成立した際の条件によって、苦痛に満たされ、貫かれるという性質をおびている。苦痛は、マゾ王が砂漠の中に産み出し、成長させる民であり、群れであり、様態《モード》である。麻薬中毒の身体、寒冷の強度、凍てつくような波についても同じことがいえる。そこで、どんなタイプの$C^{s}O$に関しても次のように問わなければならない。(1) そのタイプはどんなものか。どのように作られるか。またどんな過程、手段によって作られるか。この過程や手段は、起きるべき事態をあらかじめ予見させるものである。(2) その様態はどんなものか。予想に反して、どんな変異、どんな驚き、どんな不意打ちによって、どんなことが起きるのか。要するに、一定のタイプの$C^{s}O$と、その上に起きる出来事とのあいだには、総合的であるにしろ、分析的であるにしろ、実に特別な関係があるのだ。アプリオリな総合の場合、一定の様態にしたがって何かが必然的に産み出されることになるが、何が産み出されるのか、われわれにはわからない。無限な分析の場合、C^sOの上に産み出されるものは、すでにこの身体の生産の一部をなしていて、その中に、あるいはその上に含まれており、しかもそのことは、果てしない往復、分割、副次的生産を前提としている。この実験はたいへんデリケートなものだ。様態が緩慢になってもいけないし、タイプの横すべりが起こってもならない。マゾヒストや麻薬中毒者は、C^sOを満たすどころか空っぽにしてしまう危険といつも背中合わせなのだ。二回とも失敗することだってありうるが、しかも二回とも同じ失敗、同じ危険なのである。C^sOの形成という水準、そしてそこで流通する、あるいは流通しないものの水準においてである。一つの良いC^sOを獲得したと思いこみ、〈場所〉、〈力能〉、〈集団〉（たとえ一人きりのときでもつねに集団があるものだ）を選びとっても、やはり何一つとして流通せず、何一つ循環しないことがあり、あるいは何かのせいで何も流通しない。パラノイア的な点、閉塞点、あるいは錯乱的な激発といったもの、バロウズ・ジュニアの本『スピード』にはそれがよく見てとれる。この危険な点を標定できるだろうか。閉塞するものを追放すべきだろうか。あるいは「錯乱が顔を出すたびに、これを愛し、称め讃え、これに仕える」べきだろうか。閉塞すること、閉塞されることも、なお一種の強度とはいえないか。それぞれの場合において、流通するもの、流通しないもの、流通させるもの、流通させないものを規定することだ。ちょうどルーウィン(3)が示している食肉の流通路のように、何かが、いくつもの運河を通じて流れている。この運河の一つ一つのセクションは、水門によって定められ、水門番や、渡し守がいる。門を開ける者たち、揚げ戸を閉じる者たち、屈強の男ども、腕自慢の連中。身体はもはや、弁、ふるい、水門、通底した鉢や器などの総体にすぎない。そのそれぞれに固有名詞がある。$C^{s}O$の繁殖。メトロポリス、これを鞭であやつらねばならない。何が群生し、何が流通し、何が妨害するのか。

$C^{s}O$は強度にしか占有されないし、群生されることもないように出来ている。強度だけが流通し循環するのだ。$C^{s}O$はまだ舞台でも場所でもなく、何かが起きるための支えでもない。幻想とは何の関係もなく、何も解釈すべきものはない。$C^{s}O$は強度を流通させ生産し、それ自身、強度であり非延長である内包的空間 *spatium* の中に強度を配分する。$C^{s}O$は空間ではなく、空間の中に存在するものでもなく、一定の度合をもって空間を占める物質なのだ。この度合は、産み出された強度に対応する。それは強力な、形をもたない、地層化されることのない物質、強度の母体、ゼロに等しい強度であり、しかもこのゼロに少しも否定的なものは含まれていない。否定的な強度、相反する強度など存在しないのだ。物質はエネルギーに等しい。ゼロから出発する強度の大きさとして現実が生産される。それゆえ、われわれは$C^{s}O$を有機体《オルガニスム》の成長以前、器官《オルガヌ》の組織《オルガニザシオン》以前、また地層の形成以前の充実した卵、強度の卵として扱う。この卵は軸とベクトル、勾配と閾、エネルギーの変化にともなう力学的な傾向、グループの移動にともなう運動学的な動き、移行などによって決定されるのであり、副次的形態にはまったく依存しない。器官はこのとき純粋な強度としてのみ現われ、機能するからだ[4]。器官は閾を超え、勾配を超えながら、変化していく。「配置に関しても機能に関しても器官はあらゆる一定性を失う。性器はいたるところに出現し、……肛門はあちこちに口をあけ、開いて汚物を吐き出し、また閉じる……。有機的組織全体が組成と色彩を変える。十分の一秒ごとに調整される同素体的な変化……」[5] タントラ的な卵。

結局、C^sOに関する偉大な書物は、『エチカ』ではないだろうか。属性 attribut とはC^sOのタイプ、あるいは種類であり、実体にして力、生産的な母体としての強度ゼロである。様態 mode とは、生起するすべての事柄、つまり波と振動、移動、閾と勾配、一定の実体的なタイプのもとで、ある母体から産み出される強度である。属性または実体の種類としてマゾヒストの身体があり、身体を縫うことから、つまり零度から始まって、強度が、つまり責苦的な様態が産み出される。麻薬中毒者の身体はさらに他の属性であり、〈絶対寒冷〉＝0から始まって、特異な強度を生産する。(「麻薬中毒者たちはいつも、彼らが〈大いなる寒冷〉と呼ぶ現象を嘆く。黒いマントのえりを立て、乾ききった首を拳で締めつける。(……)だがこれはみな演技にすぎない。麻薬中毒者はぬくぬくしているのを好まない。涼しさ、冷たさ、〈大いなる凍結〉を欲するのだ。しかし冷気はただ麻薬からだけやってくるのでなければならない。外からやってきたのでは台無しなのだ。寒気が自分の内側から昇ってくると、彼らは凍った水ジャッキのように背骨を硬くし、新陳代謝を絶対零度にして静かにすわっていることができる……」)等々。あらゆる実体にとって同一の実体があるか、あらゆる属性にとって唯一の実体があるか、という問いは、あらゆる$C^{s}O$から成る一つの総体が存在するだろうか、という問いに言い換えられる。しかし、$C^{s}O$がすでに一つの極限であるなら、あらゆる$C^{s}O$の総体についていったい何を言うべきなのだろう。問題は一と多ではない。一と多の対立をまったく超えてしまう融合状態の多様体こそが問題なのだ。実体的属性の形相的な多様性は、このようなものとして実体の存在論的な統一を達成する。同一の実体のもとにあるあらゆる属性の、またはあらゆる種類の強度の連続体。そして同一タイプまたは同一の属性のもとにある、一定種類の強度の連続体。あらゆる実体の、強度における連続体、さらにあらゆる強度の、実体における連続体。$C^{s}O$の、中断のない連続体。$C^{s}O$、内在性、内在的な極限。麻薬中毒者、マゾヒスト、分裂症者、恋人たちなど、すべての$C^{s}O$はスピノザをたたえる。$C^{s}O$は、欲望の内在野 *chlamp d'immanence* であり、欲望に固有の存立平面 plan de consistance である（そこで欲望はあくまで生産の過程として定義されるのであって、それに空虚をうがつ欠如、これを満たしにくる快楽などの、どんな外的契機とも無縁である）。

欲望が裏切られ、呪われ、その内在野からもぎとられるたびに、そこには僧侶が姿を現わす。僧侶は欲望に三重の呪いを投げかける。否定的な法則の呪い、外在的な規則の呪い、超越的な理想の呪いの三つである。北へと向きながら、僧侶はとなえた。欲望とは欠如である（欲望が、その欲するものを欠いていないはずがない）。僧侶は去勢と名づけられる最初の犠牲をおこない、北方の男女はみなこぞって、「欠如、欠如、それがみんなの掟」と叫んだ。さらに南方を向いて、僧侶は、欲望を快楽に結びつけた。享楽主義、いや性愛情欲主義さえ信奉する僧侶がいるからだ。欲望は、快楽によって、つかえを下ろしすっきりする。快楽を得ると、欲望は一時的に口をつぐむだけではない。快楽を得ることは、欲望を一時的に中断する方法であり、たちまち欲望の荷を下ろし、人から欲望という荷を下ろしてくれる。荷下ろしとしての快楽。僧侶は自慰と名づけられる二番目の犠牲をおこなう。それからまた僧侶は東方に向けて叫ぶ。〈悦楽〉は不可能である。しかし、不可能な悦楽は、欲望の中に刻みこまれている。なぜなら〈理想〉とはこうしたもの、まさに不可能の中にあり、「生とは歓びを欠いていること」なのだ。僧侶は第三の犠牲を行使する。幻想、または千夜一夜、〔ソドムの〕百二十日。そのとき東方の人々は歌う。「そうだ。われわれはあなたの幻想、あなたの理想、あなたの不可能性、あなたのものはわれわれのもの。」僧侶は、西方にだけは向かわなかった。西方は、存立平面で満ちていることはわかっていたが、この方角には出口がなく、人の姿も見えず、ヘラクレスの柱でふさがっているのを知っていたからだ。実はここにこそ欲望はひそんでいた。西は東への、再発見され脱領土化された他の方角への、一番の近道であった。

僧侶の最新版は、〈快楽〉、〈死〉、〈現実〉という三つの原則をもつ精神分析医である。おそらく精神分析学は、欲望が出産にも生殖にもしたがわないことを示した。それが新しいところであった。しかし精神分析学は従来の認識の本質を保存し、欲望の中に、欠如という否定的な法則を、快楽という外的な規則を、幻想という超越的な理想を刻印する新しい方法を発見しさえした。マゾヒスムの解釈を例にとってみよう。滑稽な〈死の欲動〉をもちださないまでも、マゾヒストは誰もと同じように快楽を追求するのであり、ただそれを幻想に満ちた苦痛と屈辱によってのみ手に入れるのだ、とまことしやかに言われている。この苦痛と屈辱は、深い苦悩を和らげ、追いはらう機能をもつ、というわけだが、これは正確でない。マゾヒストの苦痛は快楽にいたるための手段ではなく、外的な基準としての快楽に対して欲望が結んでいる偽りの関係を解体するための代価なのだ。快楽は決して苦痛による迂回によって獲得されるべきものではなく、肯定的な欲望の連続的な過程を中断するものとして、できるだけ遅延されなければならない。それはつまり、欲望には、あたかも自分自身によって、自分自身を見つめることによってのみ満たされるかのように、一つの内在的な喜びが存在するということである。この喜びはどんな欠如とも、不可能性とも無関係で、快楽によって測られはしない。なぜなら、快楽の強度をいきわたらせ、この強度が、苦悩や、恥辱や、罪悪心によって侵されるのを防ぐのは、まさにこの喜びだからである。つまり、マゾヒストは、一つの器官なき身体を作り上げ、欲望の存立平面を抽出するための手段として、苦痛を用いるのだ。マゾヒスムの他に、確かにもっとましな手段、プロセスがあるであろうということはまた別の問題である。このプロセスが、ある者にはふさわしいということで十分なのだ。

例えばここに、精神分析にかかったことのないマゾヒストがいる。「プログラム……

夜、馬勒をつける。風呂から出るなり、手を鎖でくつわに、あるいは太いベルトにしっかりと縛る。すぐに馬具一式をつけ、手綱と拷問具をつける。拷問具は、馬具にしっかりと結びつけられる。男根は金属のケースの中におさめられる。主人は思いのまま、昼でも夜でも二時間、手綱を引く。三、四日間の監禁。両手は縛られ、手綱は締められては、ゆるめられる。主人はいつも鞭を手にして馬に近づき、毎回これを使用する。馬がわがままや抵抗を示したりすると、手綱はより固く締められ、きびしい叱責が行なわれる。[6]」このマゾヒストはいったい何をしているのか。まるで馬を真似ているように見える。〈エクウス・エロティクス〉であるが、実はそれが問題なのではない。馬、そして主人－調教師、つまり女主人〔愛人〕は、父の像でも、母の像でもない。まったく異なる問いがここにある。マゾヒスムの本質をなす〈動物になること〉があり、力の問題があるのだ。マゾヒストはこれを次のように示す。「調教の公理――本能的な力に代えて、伝達された力を得るために、本能的な力を破壊してしまうこと。」実際は、それは破壊というよりは、交換であり流通なのだ（「馬に起きることは、自分にも起こりうる」）。馬は調教される。馬の本能の力に対して、人間は伝達された力を強制する。この伝達された力は、本能的な力を調整し、選別し、支配し、超コード化するのである。マゾヒストは記号を逆転させる。馬は伝達された力をさらに彼にあらためて伝達する。マゾヒストの生来の力がこれによって馴致されるようにというわけだ。二つの系列が存在する。馬の系列（生来の力、人間によって伝達される力）と、マゾヒストの系列（馬によって伝達される力、人間の生来の力）である。一つの系列が他の系列において爆発し、他の系列とともに回路を作る。力能の増大あるいは強度の回路。「主人」、あるいは騎手たる女主人、馬術師は、力の転換と、記号の逆転を可能にする。マゾヒストは、自分自身と馬と女主人によって、器官なき身体、または存立平面を形成しながら、欲望の内在野を成立させ、これを満たすことになる一つのアレンジメントを構築したのだ。「得るべき結果はこうだ――ぼくがきみの動作と命令をたえず待つようになること、そしてあらゆる対立が徐々に、ぼくという人間ときみという人間との融合に席をゆずること。（……）この見地からすると、たとえ白状しなくても、ただきみの乗馬靴を思い起こすだけで、ぼくが恐怖をいだくようにならなければならない。こうすれば、ぼくに効果を及ぼすのは、もう女の足ではなくなる。そしてもし、きみがぼくに愛撫を命じたくなったら、愛撫を受けているとき、ぼくにもその愛撫を感じさせたかったら、思いきりきみの身体の刻印をおくれ、今までくれたこともないような、そうしなければつけられないような刻印を。」足はまだ器官である。しかし乗馬靴は、C^{s}Oの上の一つの刻印として、帯域として、もはや強度の帯域だけしか意味しないのだ。

同じように、あるいはむしろ別のやり方にせよ、宮廷愛を、欠如の法則や、超越的な理想といった形のもとに解釈することも誤りであろう。外的な快楽を放棄すること、または遅延すること、快楽から無限に遠ざかることは、反対に、もはや欲望が何も欠いてはいず、それ自身で満ちたりて、内在野を作り上げているという勝ちとられた状態なのだ。快楽は、ある人格、または、ある主体の感情である。快楽は、自分自身をはみ出してしまうような欲望の過程において、「自己をとりもどす」ための唯一の方法なのだ。快楽は、最も人工的なものでも再領土化である。しかし自分自身にもどることは本当に必要なのだろうか。宮廷愛は自我を好まない。天使的、宗教的な全宇宙も好まない。強度に満たされ、もはや自我と他者を区別しない器官なき身体を作ることが問題なのだ。より高尚な一般性だとか、より大きな延長によってではなく、もはや人格的とはいえない特異性、延長的とはいえない強度にしたがうのだ。内在野は、自我の内部にもなければ、外部にある自我や非自我からやってくるのでもない。それはむしろ、〈自我〉など受けつけない絶対的な〈外〉である。内部も外部も、両方とも内在野に溶けこみ、等しくこの場の部分を構成しているからだ。宮廷愛における「歓喜」joy、心の通い合い、あるいは「試練」assay。欲望に対して外的でなく、欲望の平面を超越することがなく、人格の内側にもない事柄なら、どんなことでも許されている。どんなにささいな愛撫もオルガスムと同じくらい強烈だ。オルガスムは、自身の権利をあくまで追求する欲望にとっては、むしろ邪魔になる現象でさえある。すべてが許されている。大切なことはただ、快楽が欲望そのものの流れであることだ。つまり〈内在性〉。欲望を中断し、内的欠如、至高の超越者、見せかけの外部[7]という三つの亡霊に、欲望を依存させる基準を排することだ。欲望が快楽を規範としないとすれば、それは満たすことのできない欠如のせいではなく、逆に欲望の肯定性のため、欲望がその進行過程において描き出す存立平面のためなのだ。

九八二年から九八四年〔天元五年～永観二年〕にかけて、日本には中国の道教の書物が大量に集められた。これらの書物には、女性のエネルギーと男性のエネルギーのあいだに、強度の回路が形成されているのが見られる。女性は、本能的生得的な力（陰）の役を演じる。この力は男性に盗まれ、あるいは男性に伝達され、この伝達された力（陽）の方はなおいっそう生得的なものとなる。力能の増大があるわけだ。(8) この流通の、またこの倍加の条件とは、男が射精しないということだ。欲望を内的な欠如として受けとめるのではなく、一種の外化可能な剰余価値を産み出すために快楽を遅らせるのでもなく、逆に強度の器官なき身体、〈道〉Tao、内在野を形成することが問題になっている。ここで欲望は何も欠いていないし、どんな外的、超越的な指標にも帰属しない。確かにこの回路の全体は、生殖という目的に下降させてしまうこともできる（適当なときにエネルギーを放出すること）。儒教の理解はこのようなものだった。しかしそれはこの欲望のアレンジメントの一面にしか、つまり有機体や、国家や、家族……といったもろもろの地層の方を向いた一面にしかあてはまらない。他の面、つまり欲望に固有の存立平面を描く脱地層化的な〈道〉の面については、それはもはや真実ではない。〈道〉はマゾヒスト的だろうか。宮廷愛ははたして〈道〉だろうか。こうした問いにはあまり意味がない。内在野、あるいは存立平面が構築されねばならないのだ。そして、この構築は、さまざまな社会的形成において、倒錯的、芸術的、科学的、神秘的、政治的といった、実に異なったアレンジメントによって達成される。これらのアレンジメントは、決して同じタイプの器官なき身体をもってはいないのだ。内在野または存立平面は、一片また一片というふうに構築され、さまざまな場所、条件、技術などは、どれかに還元されてしまうことがない。問題はむしろ、多数の断片がそれぞれ連結しあうかどうか、それは何と引き換えにしてか、ということを知る点にある。怪物的な交配というものも必然的に出てくる。存立平面は、あらゆるC^{s}Oの集合、純粋な内在性多様体であり、その断片は中国のものであったり、アメリカのものであったり、中世のものであったり、倒錯者的であったりする。しかし存立平面は、いたるところに発生する脱領土化の運動の中にあり、この運動において、一人一人が、一つの〈自我〉から抽出するのに成功した趣味にしたがって、また何らかの形成過程から抽出するのに成功した政治学や戦略にしたがって、また自分の出自から抽出した方法にしたがって、自分に可能なものを選びとり実行するのだ。

　次のような区別を設けよう、(1)　タイプ、種類、実体的属性として区分されるC^{s}O、例えば麻薬によるC^{s}Oの〈寒冷〉、マゾヒストのC^{s}Oの〈責苦〉。それぞれが産出の原則として零度をもっている（これは減衰 *remissio* である）。(2)　それぞれのタイプのC^{s}Oに発生する事柄、つまり様態、産み出される強度、C^{s}Oを貫く波と振動（これは度合 *latitudo* である）。(3)　あらゆるC^{s}Oが場合によって形成する全体、存立平面（これは実在性の全体 *omnitudo* であり、これ自体が、C^{s}Oと呼ばれることもある。）——

こうして問題は多様になってくる。いかにしてCsOを獲得するか、という問いだけでなく、いかにしてこれに対応する強度を産み出していくか、という問いがある。この強度がなければ、CsOは空虚なままにとどまるのだ。以上の二つの問いは決して同じものではない。そのうえいかにして存立平面にいたるか、という問いがある。いかにして、全体を縫い合わせ、冷却し、あらゆるCsOを結合するか、それは、一つ一つのCsOの上に産み出される強度を結びつけ、あらゆる強度の連続性から一つの連続体を作り上げることによってのみ可能なのだ。一つ一つのCsOを作り上げるためには、さまざまなアレンジメントが必要ではないだろうか。また存立平面を打ち立てるには、一つの大規模な〈抽象機械〉が必要ではないだろうか。ベイトソンは、どんな外部的な結末によっても中断されず、どんな頂点にも向かわないような連続的強度の地域を「プラトー」〔高原〕と呼ぶ。バリ島の文化には、こうした性的あるいは攻撃的なプロセスが見られる。[9] 一つのプラトーは一つの内在的断片である。一つ一つのCsOはいろいろなプラトーから作られている。CsOはそれ自身、存立平面の上で他のプラトーと通じている一つのプラトーである。それは移行的形成要素なのだ。

『ヘリオガバルス』と『タラウマラ』を読みなおさなくてはならない。ヘリオガバルスはスピノザであり、スピノザは甦ったヘリオガバルスだから。そしてタラウマラ族とは実験であり、ペヨートルなのだ。スピノザも、ヘリオガバルスも、この実験もみな同じ定式をもっている。アナーキーと統一性とは同じことなのだ。それは一からなる統一性ではなく、多についてのみ言える奇妙な統一性である。[10] これこそが、二つの書物でアルトーが明らかにしたことだ。融合的多様体、無限ゼロとしての融合性、存立平面、神々を内部に存在させることのない物質。力、本質、実体、要素、減衰、生産としての原理。産み出された強度、振動、呼吸、〈数〉としての存在のあり方、または様相。われわれが器官に、つまり「皮膚を黄色くする肝臓、梅毒を病む脳、汚物を排出する腸」にしがみついているなら、われわれが有機体の中に、あるいは、さまざまな流れをせきとめ、この世界にわれわれを縛りつける地層の中に閉じこもったままでいるなら、〈戴冠せるアナーキー〉の世界にたどりつくことは難しい。

われわれはしだいに、$C^{s}O$は少しも器官の反対物ではないことに気がついている。その敵は器官ではない。有機体こそがその敵なのだ。$C^{s}O$は器官に対立するのではなく、有機体と呼ばれる器官の組織化に対立するのだ。アルトーは確かに器官に抗して闘う。しかし彼が同時に怒りを向け、憎しみを向けたのは、有機体に対してである。身体は身体である。それはただそれ自身であり、器官を必要とはしない。身体は決して有機体ではない。有機体は身体の敵だ。$C^{s}O$は器官に対立するのではなく、編成され、場所を与えられねばならない「真の器官」と連帯して、有機体に、つまり器官の有機的な組織に対立するのだ。神の裁き、神の裁きの体系、神学的体系はまさに有機体、あるいは有機体と呼ばれる器官の組織を作り出す〈者〉の仕事なのだ。なぜなら、〈彼〉にとって$C^{s}O$は耐え難いものであり、〈彼〉は$C^{s}O$を追いかけ、これに先行し、有機体を先行させるため、$C^{s}O$の息の根をとめてしまうからだ。有機体自身がすでに神の審判であり、医者たちはこれを利用し、これから権力を盗むのだ。有機体は身体でも$C^{s}O$でもない。それは$C^{s}O$の上にある一つの地層、つまり蓄積、凝固、沈澱などの現象にすぎない。この現象は、形式、機能、支配的な階層化された組織、組織化された超越性などを$C^{s}O$に強制し、そこから有益な作用を取り出すのだ。地層は絆であり、ペンチである。「私を縛りたければそうするがいい。」われわれはたえまなく地層化される。しかしこの〈われわれ〉とはいったい誰だろうか。それは〈私〉ではない。主体は有機体と同じく地層に属し、地層に依存するからだ。今ならこう答えることができる。〈われわれ〉とは$C^{s}O$である。有機体、意味作用、主体を構成するこれらの沖積土、沈澱、凝固、褶曲、転倒は、$C^{s}O$の上に、つまりこの氷河のような現実の上に形成されるのだ。神の裁きが重たくのしかかり、そしてその裁きが下されるのはこの$C^{s}O$の上、裁きを受けるのは$C^{s}O$である。$C^{s}O$の内側でこそ、器官《オルガヌ》は有機体《オルガニスム》と呼ばれる構成関係に入るのだ。$C^{s}O$は叫ぶ。おれは有機体を強いられた。不当にもおれは折り畳まれてしまった。おれの体は盗まれた。神の裁きは、$C^{s}O$をその内在性からはぎとり、これに有機体、意味作用、主体をでっちあげる。まさに$C^{s}O$が地層化されるのだ。だから$C^{s}O$は二つの極の間で振動する。$C^{s}O$を折り畳み、屈服させてしまう地層化的表面と、$C^{s}O$を展開し、実験に向けて開く存立平面とのあいだで振動するのだ。そして$C^{s}O$が一つの極限であり、われわれがいつまでもこれに接近し続けるとすれば、それは、一つの地層の後にはいつも他の地層があり、一つの地層は他の地層の中にはめこまれているからだ。神の裁きを成り立たせるには、有機体だけではなく、他にも多くの地層が必要だからだ。$C^{s}O$を解放し、すべての地層を横断し解体する存立平面と、$C^{s}O$を閉じこめ、折り畳んでしまう地層化的な表面との間には、たえず烈しい闘いがある。

　われわれにとっての三つの大きな地層を考えてみよう。つまりわれわれはこの三つによって最も直接に拘束されるのだ。それは有機体、意味性、主体化である。有機体の表面、意味性と解釈の視角、主体化または服従の点。きみは組織され、有機体となり、自分の体を分節しなくてはならない――さもなければ、きみは一個の倒錯者にすぎない。きみは意味するもの《シニフィアン》であり、意味されるもの《シニフィエ》、解釈者であり、解釈されるものでなければならない。――さもなければ、きみは変質者にすぎない。きみは主体であり、主体として固定され、言表の主語の上に折り畳まれる言表行為の主体でなければならない。――さもなければきみは一人の浮浪者でしかない。地層の集合に対して$C^{s}O$は、存立平面の特性として非分節（またはn分節）を、この平面上の作用として実験を（シニフィアンなど存在しない、解釈してはならない）、運動として遊牧生活（たとえ場所を移動しなくても、動きたまえ、動くことをやめてはいけない、不動のままする旅、脱主体化）を対置する。非分節化すること、有機体であることをやめるとは、いったいどんなことか。それがどんなに単純で、われわれが毎日していることにすぎないかをどう言い表わせばよいだろう。慎重さ、処方量《ドーズ》のテクニックといったものが必要であり、オーバードーズは危険をともなう。ハンマーでめった打ちにするような仕方ではなく、繊細にやすりをかけるような仕方で進まなくてはならない。われわれは、死の欲動とはまったく異なった自己破壊を発明する。有機体を解体することは決して自殺することではなく、まさに一つのアレンジメントを想定する連結、回路、接合、段階と閾、通路と強度の配分、領土と、測量士の仕方で測られた脱領土化というものに向けて、身体を開くことなのだ。結局、有機体を解体することは、他のさまざまな地層、つまり意味性や主体化を解体することより以上にむずかしいことではない。有機体が身体に固着するのに劣らず、意味性は魂に固着する。どちらからも、逃れることはやさしくない。そして主体から、つまりわれわれを固定し、支配的な現実の中に釘づけする主体化のポイントから、いかにわれわれ自身を離脱させることができるのか。意識を探求の手段にするために、意識を主体から引き離すこと、無意識を真の生産にするために意味性と解釈作用から無意識を引き離すこと、確かにこれは身体を有機性から引きはがすのがむずかしいのと同じようにむずかしい。三つの領域に共通のテクニックは慎重さなのである。有機体を解体するとき、死に接近してしまうことがあるとすれば、意味性と服従から逃れるときには、虚偽や、幻影や、幻覚や、心理的な死をかすめてしまうこともある。アルトーは自分の言葉の一つ一つを計量し、測定する。意識は「自分にとって良いものと、何の役にも立たないものとをわきまえている。それゆえに、危険なしに、自分の糧として獲得できる思考と感情、また自分の自由の実現を妨げる不吉な思考と感情もわきまえている。意識はまた、とりわけ、自分がどこまで行けるものか、どこにまだたどりついていないか、どこまで行けば、非現実や、幻影や、絵空事、無防備な事態に陥ってしまうかも知っている。通常の意識が決して達しえない平面、シグリが到達を可能にする、すべての詩の神秘そのものである平面。しかし人間存在においては、闇に包まれた、形の定かでない、もう一つの平面がある。ここに意識は入ったことがなく、この平面は場合によって、不分明な延長のように、またはおびやかすように意識を包囲する。それはまた、冒険的感覚、知覚を出現させる。病んだ意識をむしばむのは恥ずべき幻想である。わたしもまた、偽りの感覚、偽りの知覚をもち、これを信じこんできた[11]。」

有機体は、毎朝更新されるため、ほどよく保たれなくてはならず、意味性と解釈の細々とした貯えも、たとえそれらの体系に対立させるためであっても、いろいろな事情が、これを要求し、物たち、人々、状況がそれを強いるときは、保っておかなければならない。そしてまた、主体性のちょっとした分け前も、支配的現実に応えていくために十分なだけ保たなくてはならない。要するに地層を真似ることだ。ただ粗野に地層を破壊しても、きみはCsOも、存立平面も手にいれることはできない。われわれが、いきなり、陰鬱な、空虚な身体たちというパラドックスに出会ってしまったのもそのためだ。有機体と呼ばれるこの諸器官の組織を一時的に解体させてしまうような点を忍耐強く探し求める代わりに、この身体たちは、器官を身体から追いはらってしまったのだ。CsOをとらえそこなうケースはいくつかあった。CsOを生みだすことができない場合、何とか産み出しても、その上に何も産み出されず、強度がそこにいきわたらず、閉塞されてしまう場合。C^{s}Oは、自身を地層化する諸表面と、自身を解放する平面とのあいだに挟まれ、振動し続けるのだ。C^{s}Oをあまりに激越な動作で解放したり、地層をひと思いにふっ飛ばしてしまったら、平面を作り上げるどころか、きみはブラック・ホールに落ちこんで、破局を迎え、自分を死に追いやることになりかねない。最悪なのは、地層化されたまま、組織され、意味され、屈服したまま留まることではなく、地層を自殺的錯乱的な崩壊に追いやってしまうこと、地層がこうして再びわれわれの上に、いっそう重く、いつまでものしかかってくることなのだ。そこでわれわれのなすべきことは、一つの地層の上にまず落ち着くこと、それがわれわれに与える機会を試すこと、そこに好ましい場所、場合によっては脱領土化の運動、可能な逃走線を探し求めること、こうしたことを試みながら、あちらこちらで流れの接合を確立し、各切片ごとに強度の連続体を試み、つねに新しい大地の小さな断片を手にいれることだ。逃走線を解放し、接合された流れを移動させ、逃れさせ、C^{s}Oのために、連続する強度を引き出すことができるとしたら、それはあくまで地層と注意深い関係を保ちながらのことである。連結し、接合し、持続すること。まだ意味するものであり、主体的なものであるプログラムに対して、「図表」diagramme を対立させること。われわれは、社会的な編成の中にある。われわれにとって、われわれのうちで、またわれわれの存在する場所で、まずこの編成がいかに地層化されるかを観察すること。地層を離れて、われわれをとらえているもっと深いアレンジメントにさかのぼること。緩やかにアレンジメントを転換させ、存立平面へと移行させること。このようにしてこそ$\mathrm{C^{s}O}$は、欲望の連結、流れの接合、強度の連続体として真の姿を現わすのだ。人はそれぞれ自分用に小さな機械を作った。状況に応じて、この機械は他の集団的な機械と連動することになる。カスタネダは、長期にわたる一つの実験について語っている（それがペヨートルであろうと他のものであろうとかまわない）。さしあたって、〈インディアン〉が彼に一つの「場所」を探すよう要求したことに注目しよう。たいへん困難な作業だ。ついで、「同盟者」を見つけ、徐々に解釈をすて、流れから流れへと、切片から切片へと、実験の線を作っていき、〈動物になること〉、〈分子になること〉が要求される。なぜなら$\mathrm{C^{s}O}$は、結局こういったことの総体だから。必然的に一つの〈場所〉であり、一つの〈平面〉であり、一つの〈集団〉なのだ（要素や、物や、植物や、動物や、道具や、人間や、力や、これらすべての断片をアレンジするのだ。「私の」器官なき身体などなく、器官なき身体の上の「私」、決して変質しないで、形だけを変え続け、いくつもの閾を超えていく私の残りがあるだけだから）。

カスタネダの本を読んでいくうちに、読者にはドン・ファンというインディアンの実在が疑わしくなり、他にも多くのことが疑わしくなる。しかし結局それは、まったくどうでもよいことだ。カスタネダの本が民俗誌学というよりは諸説の混沌とした記述であり、秘儀伝授についての報告であるというよりは、実験の定式であるとしたら、なおさらいいのだ。こうして第四の本『力の物語』〔『未知の次元』〕は、「トナル」と「ナグァル」の具体的な違いをテーマにしている。トナルは、不整合な広がりをもっている。それは有機体であり、組織され組織するあらゆるもののことである。それはまた意味性であり、意味するもの、意味されるものすべて、解釈や説明を受けいれるものすべて、記憶可能なものすべてであり、他のものを想起させる何かという形をおびている。結局それは自我であり、主体であり、個人的、社会的、または歴史的な人格であり、それに対応するすべての感情である。つまりトナルとは神を含む全体、神の裁きである。なぜなら「それは世界を把握するための規則を打ち立て、それゆえいわば世界を創造する」からだ。にもかかわらずトナルは一つの島にすぎない。ナグァルもまた全体だからである。同じように全体だといっても、器官なき身体が有機体にとって代わり、実験がもう解釈など必要とせず、解釈にとって代わったという条件においてのみ全体なのだ。さまざまな強度の流れ、その流体、その繊維、その連続体、その情動の結合、風、繊細な切片化、微細な知覚が、主体の世界にとって代わる。〈なること〉、〈動物になること〉、〈分子になること〉が、個人史に、また一般史にとって代わる。実際トナルは見かけほど無秩序ではない。トナルは、地層の集合、地層に帰着するあらゆるもの、有機体の組織、意味可能なものについての解釈や説明、主体化の運動などを内に含んでいるのだ。ナグァルはこれと逆に地層を解体する。それはもはや有機体の機能ではなく、一つの$C^{s}O$の構築なのだ。説明すべき行為、解釈すべき夢や幻想、思い出すべき幼時記憶、意味すべき言葉などではなく、色彩であり、音であり、生成変化《なること》devenirであり、強度なのだ（きみが犬になるとき、きみとたわむれる犬が夢か現実か、「いまいましいおっ母」か、それともまた別のものかそんなことはもう気にしないことだ）。それは、感じ、行動し、回想する自我ではなく、情動に満ち、運動や速度を感受する「光り輝く霧、金色でほの暗い靄」なのだ。しかし、重要なことは、人は一気にトナルを破壊することによって解体することなどできないということだ。トナルを縮小し、せばめ、清掃すること、しかも時をよく選んで、これを実行しなくてはならない。生きのびるため、ナグァルの攻撃をかわすためには、トナルを確保しなければならない。なぜなら、氾濫してトナルを破壊するナグァル、あらゆる地層を破壊する器官なき身体は、死より他に出口のない虚無の身体、純粋な自己破壊にたちまち転じてしまうかもしれないからだ。「トナルは是が非でも守らなくてはならぬ。」

われわれはまだ次の質問に答えてはいない。なぜ、そんなにも危険にみちているのか。なぜ、そのため、そんなに慎重でなければならないのか。地層と$C^{s}O$を抽象的に対立させるだけでは十分ではない。なぜなら$C^{s}O$は、さまざまな地層の中にも、地層を脱した存立平面の上にも、まったく異なる仕方であるがすでに存在するのだ。地層としての有機体を考えてみよう。有機体と呼ばれる器官の組織に対立する$C^{s}O$があるのは確かだが、この地層そのものに属する有機体の$C^{s}O$も存在する。癌組織がそれだ。刻一刻、細胞は癌となり、狂気となり、増殖し、形態を失い、すべてを食いつくしてしまう。

有機体はこの細胞を元にもどし、再び地層化しなければならない。それは、自分が生きのびるためだけでなく、有機体の外へと逃走するため、存立平面の上に「別の」C^sOを作るためにも必要なのだ。意味性という地層をとってみると、ここにもまた意味性の癌組織があり、記号の流通を妨げる専制者の身体が芽生え、この身体は、「別の」C^sOの上に、非意味的な記号が誕生することを不可能にするのだ。あるいはまた、人を窒息させる主体化の身体。それは、主体間の区別さえかき消してしまうので、ますます解放を不可能にしてしまう。一定の社会的編成をとってみても、また、ある編成における地層の装置をとってみても、暴力や対立の関係、または同盟や共犯の関係に入りながら、社会的な場の総体を食いつくし、増殖し、おおってしまい、侵してしまうC^sOがいたるところにあるといえる。また、貨幣のC^sO（インフレーション）があり、国家、軍隊、工場、都市、党のC^sOがある。地層が凝固や沈澱の作用だとすれば、一つの地層内で、沈澱が加速されただけで、この地層は形態と分節を失い、自分の内部に、またその編成や装置のうちに、腫瘍を育ててしまう。地層は全体主義的ファシスト的なC^sOを、つまり存立平面のおそるべきカリカチュアを産み出す。それゆえに、存立平面上の充実したC^sOと、あまりにも暴力的な脱地層化によって、地層の残骸の上で空虚になってしまったC^sOとを区別するだけでは不十分なのだ。増殖しはじめた地層の中の、癌のようなC^sOにも注意を向けなければならない。三つの身体の問題。アルトーは、「平面」の外に、「場合に応じて、不分明な延長あるいは脅しによって」われわれを包囲するもう一つの平面がある、と言った。まさにそのため、決して十分に明確とはいえない一つの闘争が存在する。われわれのうちにひそむ一人のファシストの、癌のような$\mathrm{C^{s}O}$ではなく、また麻薬中毒者、パラノイア患者やヒポコンデリー患者の空虚な$\mathrm{C^{s}O}$でもない$\mathrm{C^{s}O}$を作り出すにはどうしたらよいのだろうか。いかに三つの身体を区別するのか。アルトーはつねにこの問いに直面し続ける。『神の裁きと訣別するため』の異様な構成に注目しよう。彼はまず、アメリカという癌の身体、戦争の身体、貨幣の身体を呪詛する。地層を「糞」と呼んで糾弾し、これに真の「平面」を対置する。それがたとえタラウマラ族の細々とした流れ、つまりペヨートルにすぎないとしても。一方彼は、あまりに粗野な、向こう見ずな脱地層化の危険もわきまえている。アルトーは、こうしたものすべてとたえず直面し、それらのあいだをさまよう。ヒットラーへの手紙。「拝啓、一九三二年、ベルリンのカフェ『イデア』で、われわれが知り合った頃のとある夕べ、つまり貴兄が権力を手中にする直前のことでありますが、私は貴兄に、単なる地理学的なものにはとどまらない一つの地図の上に記された多数のダムをお見せしました。それらは私に対して向けられたもので、貴兄が私に示されたようないくつかの意味において指揮された軍事行動を示すものでありました。ヒットラーよ、私は今日、私が設けたダムの水門を開きます！　パリ市民は、ガスを必要としています。あなたのA・A。追伸。これはもちろん招待状ではなく、むしろ警告であります……[12]」単に地理学的なものにはとどまらないこの地図は、$\mathrm{C^{s}O}$の強度の地図に似たものである。ダムは閾を、ガスは、波、流れを示している。たとえアルトー自身は成功しなかったにしても、彼を通じて、われわれすべてのために何かが成功したのは確かだ。

$C^{s}O$は卵である。卵はしかし退行を示すものではない。それどころか、卵はまさに現在であり、人はいつも卵を、自分の実験の場として、結合された環境としてかかえている。卵は純粋な強度の場であり、内包的空間であって、外延的延長ではない。生産の原理としての強度ゼロである。科学と神話が、発生学と神話学が、生物学的卵と精神的あるいは宇宙的卵とが、ある根本的な収束をとげる。つまり卵は、いつもこの強度的現実を示していて決して未分化ではなく、この中では物や器官が、ただ勾配や移動や、近傍域によってのみ区別されるのだ。卵は$C^{s}O$である。$C^{s}O$は有機体「以前」ではない。$C^{s}O$は有機体に隣接し、たえまなく自分を作り出す。$C^{s}O$が子供時代に結びつくとすれば、それは大人が子供に退行し、子供が母親に向けて退行するという意味においてではなく、逆に子供は、あたかも胎盤の断片をかかえたドゴン族の双生児のように、「母親」の有機的形態から、強度の、脱地層化した一つの物質をもぎとるという意味においてである。この物質は逆に、過去とのたえまない訣別、つねに現在的な体験や実験を成立させるのだ。$C^{s}O$は子供時代のブロック、何かに〈なること〉であり、子供時代の思い出とはまったく反対の物だ。大人「以前」の子供ではなく、子供「以前」の母親でもない。$C^{s}O$は、大人、子供、母親の厳密な同時性そのものである。それらの密度の、あるいは比較された強度の地図であり、またこの地図の上のあらゆる変化そのものである。$C^{s}O$は、まさに強度の生殖細胞であり、これにとっては、両親も子供（有機的表象）も存在せず、存在しえない。このことこそ、フロイトがヴァイスマンについて理解しなかったことなのだ。胚種的に両親と同時代人にほかならない子供。器官なき身体とは、したがって、きみのものでも私のものでもない。それはいつも、ある身体なのだ。それは投影的でもなければ退行的でもない。それは一種の逆行 involution といえるが、あくまで創造的で、つねに同時性としてある逆行なのだ。諸器官は$C^{s}O$の上に配分される。しかし、まさに諸器官は、有機体の形態とは独立に配分される。形態は付随的なものになり、器官はもはや、産み出された強度、流れ、閾、勾配以外のものではない。「ある」腹、「ある」目、「ある」口。不定冠詞には何も欠如していない。それは無規定でも、無差別でもなく、ただ強度の純粋な規定を示し、強度の差異を表わすだけだ。不定冠詞は欲望を導く。寸断され破裂した身体（あるいは身体なき器官$O^{s}C$）のことをわれわれは語っているのではない。$C^{s}O$はこれとまったく反対のものだ。失われた統一性に対して、寸断された器官があるというのでも、差異を区別できる全体性に対して、無差別状態への回帰があるということでもない。器官の強度的比率の分配といったものがあり、この分配は肯定的な不定冠詞をともなって、ある集団や多様体の真っ只中で、あるアレンジメントにおいて、$C^{s}O$に作用する機械状の連結にしたがいつつ実現される。種子的ロゴス。精神分析の誤謬は、器官なき身体を、身体の一つのイメージにしたがって、退行、投影、幻想などとして理解したことだ。そのため、精神分析は裏側をのぞくだけで、強度の世界地図の代わりに、あらかじめ家族写真、幼時記憶、部分対象をもちだしていた。卵についても、不定冠詞についても、生成をやめない環境の同時性についても、精神分析は何一つ理解しなかったのだ。

$C^{s}O$は欲望である。人が欲望するのは$C^{s}O$であり、これによってこそ人は欲望するのだ。$C^{s}O$は存立平面であり、欲望の内在野であるばかりではなく、たとえ粗暴な地層化によって空虚におちいり、また癌的な地層の増殖におちいっても、まだ欲望であり続ける。欲望は、自分自身の消滅を願ったり、破壊的な力をもつものを欲したりするところまで行く。貨幣の欲望、軍隊の欲望、警察や国家の欲望、ファシストの欲望。ファシズムさえも欲望なのだ。何らかの関係のもとで、一つの$C^{s}O$が成立するとき、そこにはいつも欲望がある。それはイデオロギーの問題ではない。純粋な物質の問題、身体的、生物的、心理的、社会的、宇宙的な物質の現象である。それゆえに、分裂分析《スキゾアナリーズ》の具体的な問題は、われわれが選択の手段をもっているか、$C^{s}O$を、その分身たちである空虚なガラス状身体、全体主義や、ファシストの癌にかかった身体から区別する手段をもっているかということだ。欲望の試練。偽りの欲望を告発することではなく、欲望の中にあって地層の増殖にかかわるもの、あまりに暴力的な脱地層化にかかわるもの、存立平面の構築にかかわるものを区別すること（われわれ自身のうちにさえ、ファシスト的なもの、自殺的なもの、錯乱的なものを監視すること）。存立平面は単にあらゆる$C^{s}O$によって構成されるものではない。存立平面が拒絶する$C^{s}O$もあって、この平面は、これを実現する抽象機械とともに選択を行なうのだ。そしてまた、一つのC^sOにおいてさえ（マゾヒストの身体、麻薬中毒者の身体など）、存立平面の上に構成することの可能なものと不可能なものを区別しなければならない。麻薬に関して、ファシスト的な使用法、あるいは自殺的な使用法がある一方、存立平面に適合する使用法も可能なのではないか。パラノイアに関してさえも、部分的にはこのような用法もあるのではないか。ただ一つの実体に属する実体的属性として、あらゆるC^sOは一つの全体をなすだろうか、という問いを提出したとき、それは厳密にはこの平面の観点からのみ理解すべきだった。選択され、充実したあらゆるC^sOの全体を構成するのはこの平面なのだ（空虚な、あるいは癌性の身体とともには肯定的な全体を形成することができない）。この全体とはどういう性質のものだろう。単に論理的なものだろうか。それとも、それぞれのC^sOは、その種類において、他のC^sOが固有の種類において産み出すのと同一の、または類似の効果をもつ、というべきだろうか。麻薬中毒者が獲得するもの、マゾヒストが獲得するもの、それはまた、他の方法でも得られ、存立平面の条件にかなうこともあろう。結局、麻薬を使わないでトリップすること。ヘンリー・ミラーの実験のように、ただの水で酔っぱらうこと。それとも、さまざまな実体が現実に移動しあうこと、あらゆるC^sOが一つの強度的連続をなすことが肝心なのだろうか。たぶんどれも可能にちがいない。われわれはただこう言っておこう。効果の同一性、種類の連続性、あらゆるC^sOの総体が、存立平面の上に得られるためには、この平面を満たし、また実現する抽象機械が必要であり、欲望と合体され、欲望をまさに引き受け、欲望の連続的結合や、横断的な連関を確かにするさまざまなアレンジメントが必要である。さもなければ、平面をなすC^sOたちは、その種類によって分離されたまま周辺に追いやられ、自前の手段にだけ頼る破目になり、一方「別の平面」では、癌にかかり、空っぽになった分身たちが勝利をおさめるばかりなのだ。

原　注

序

（1）Bertil Malmberg, *Les nouvelles tendances de la linguistique*, P. U. F.（カスティリャ方言の例）pp.97 以下を参照。

（2）Ernst Jünger, *Approches drogues et ivresse*, Table ronde, p.304, §218.

（3）Rémy Chauvin, in *Entretiens sur la sexualité*, Plon, p.205.

（4）R－E・バンヴェニストとG－J・トダロの業績については、Yves Christen,《Le rôle des virus dans l'évolution》, *La Recherche*, n°54, mars 1975 に次のようにある――「ウイルスは、ある細胞において併合－摘出されたあとで、切除の誤りの結果、宿主のDNAの断片のいくつかを持ち去って新たな諸細胞にそれらを伝えることがありうる――ところがこれこそ遺伝子工学と呼ばれているものの基盤なのである。このことから結果するのは、ある有機体に固有の遺伝情報のなにがしかがウイルスのおかげで他の有機体に転送されかねないということだ。極端な状況に興味があるなら、この転送がより発達した種から進化の度が低い種に向かって、または進化した種を産み出した種の方に向かって行なわれるということさえ想像しうる。このメカニズムはしたがって、進化が古典的にとる方向とは反対方向に働くものと言えよう。もしこのような情報の移動が非常に重大なものだったとしたら、場合によっては、今日進化というものを表象する役割を果たしている茨状ないし樹木状の図式に換えて網状の図式（網目が分岐したのちにそれら網目間でのコミュニケーションをともなう図式）を採用することになったかも知れない」（p.271）。

（5）François Jacob, *La logique du vivant*, Gallimard, pp.312, 333.〔F・ジャコブ『生命の論理』島原武・松井喜三訳、みすず書房、１９７７、３０７、３１４ページ〕

（6）Carlos Castaneda, *L'herbe du diable et la petite fumée*, Ed. du Soleil noir, p.160.〔C・カスタネダ『呪術

師と私——ドン・ファンの教え』真崎義博訳、二見書房、１９７２、１４４ページ〕

(7) Pierre Boulez, *Par volonté et par hasard*, Ed. du Seuil, p.14.〔P・ブーレーズ『意志と偶然』法政大学出版局、店村新次訳、１９７７、10ページ〕——「それをどこか腐植土に植えてみると、突然雑草さながらに繁殖し始める……。」また、その先で、音楽的繁殖については、八九ページ〔１０３ページ〕に——「……浮遊する音楽、その書法《エクリチュール》自体によって楽器演奏者が、拍をもつ時間との一致を保つことが不可能になるような音楽。」

(8) Mélanie Klein, *Psychanalyse d'un enfant*, Tchou.〔『メラニー・クライン著作集２ 児童の精神分析』小此木啓吾他訳、誠信書房、１９９７〕を参照（リチャードの活動における戦争の地図の役割）。

(9) Fernand Deligny, 《Voix et voir》, *Cahiers de l'immuable*, Recherches, avril 1975.

(10) Dieter Wunderlich, 《Pragmatique, situation d'énonciation et Deixis》, in *Langages*, n°26, juin 1972, pp.50以下を参照（チョムスキー的生成樹に「実践的特性」を導入しようとする、マコーリー、サドック、ヴンダーリヒの試み）。

(11) Steven Rose, *Le cerveau conscient*, Ed. du Seuil, p.97. また、記憶については、同書二五〇ページ以下を参照。

(12) Julien Pacotte, *Le réseau arborescent, schème primordial de la pensée*, Hermann, 1936 参照。この本は樹木状形態のさまざまな図式を分析し展開しているが、それは単なる形式主義としてではなく、「形式的思考の真の基盤」として提示されている。この本は古典的思考を極限まで推し進めている。〈一－二〉という、双極子の理論のあらゆる形式を収集している。幹－根－枝という総体は次のような図式を成立させる。

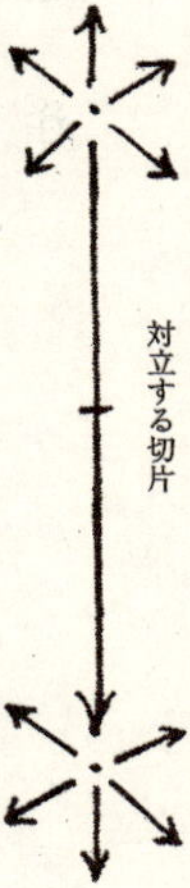

ずっと最近では、ミシェル・セールが実にさまざまな科学の領域における樹木の多様性やシークエンスを分析している——いかにして樹木は一個の「網目」から出発して形作られるか、ということを（*La traduction*, Ed. de Minuit, pp.27〔セール『翻訳　ヘルメスIII』豊田彰・輪田裕訳、法政大学出版局、１９９０、23ページ以下〕以下を参照。*Feux et signaux de brume*, Grasset, pp.35〔セール『火、そして霧の中の信号』寺田光徳訳、法政大学出版局、１９８８、35ページ以下〕以下を参照）。

（13）　Pierre Rosenstiehl et Jean Petitot,《Automate asocial et systèmes acentrés》, in *Communications*, n°22, 1974. 友情の定理については、H. S. Wilf, *The Friendship Theorem in Combinatorial Mathematics*, Welsh Academic Press を参照。また同じタイプの公理で集団的優柔不断の定理と呼ばれるものについては、K. J. Arrow, *Choix collectif et préférences individuelles*, Calmann-Lévy を参照。

（14）　前掲書参照。非中心化システムの主要な性格は、計算が網目の総体（多様体）においてなされるために、局地的発意が中心的な権威からは独立に相関組織されているということである。「だからこそ、人々の分類カードが形成される唯一の場所は、それらの人々自身のもとでなのだ。彼らだけが自分たちについての記述を携えてそれを絶えず更新できるのだから。社会が人々の唯一可能な分類カードなのである。自然的非中心化社会は中心化志向的自動装置を非社会的侵入者として排除する」（p.62）。「火器部隊の定理」についてはpp.51–57 を参照。ときには将軍たちが、ゲリラの形式的テクニックをわがものとしようという夢をいだいて、「共時的基準をそなえ」、「数が多くても互いに独立した小回りのきく細胞を基礎にした」、理論的には最小限の中心権力と「序列的中継者」しか含んでいない多様体に訴えることさえある——Guy Brossollet, *Essai sur la non-bataille*, Belin, 1975 はこう述べている。

（15）　種子を持つ植物による西欧的農業と、塊茎による東洋的園芸について、播くこと－突き刺すことという対立について、動物の牧畜法におけるさまざまな違いについては、Haudricourt,《Domestication des animaux,culture des plantes et traitement d'autrui》,（*L'Homme*, 1962）および《L'origine des clones et des clans》

(*L'Homme*, janvier 1964) を参照。とうもろこしと米はその反論とはなりえない――それらは「塊茎の栽培者たちが後れて採用した」穀類であり、塊茎と類似のやり方で扱われているのだ。米が「タロ芋の畝に生える雑草として姿を現わした」ことは大いにありうる。

(16) Henry Miller, *Hamlet*, Corrêa, pp.48-49.

(17) Leslie Fiedler, *Le retour du Peau-rouge*, Ed. du Seuil.〔L・フィードラー『消えゆくアメリカ人の帰還』渥美昭夫・酒本雅之訳、新潮社、1972〕この本にはアメリカの地理、その神話的、文学的役割、および方位の逆転についてたいへん見事な分析が見出される。東部ではアメリカ固有のコードの、そしてまたヨーロッパとの再コード化(ヘンリー・ジェイムズ、エリオット、パウンド等)、南部では奴隷制的超コード化、それにともなう南部それ自体の崩壊と、南北戦争における栽培地の崩壊(フォークナー、コールドウェル……)、北部から来る資本主義的脱コード化(ドス・パソス、ドライザー)、しかし逃走線としての西部の役割もあり、そこでは旅、幻覚、狂気、インディアン、知覚的心的実験、辺境の動きやすさ、リゾーム(ケン・キージーとその「霧の機械」、ビートニック世代等)が結び合う。アメリカの大作家はみな、その文体によってさえ、地図学を実行している。ヨーロッパで行なわれているのとは反対に、アメリカの作家はアメリカを貫流する現実の社会的動きと直接連結される地図を作るのである。例えば、フィッツジェラルドの全作品における地理的方角の標定がそうだ。

(18) Bateson, *Vers une écologie de l'esprit*, t. I, Ed. du Seuil, pp.125-126.〔ベイトソン『精神の生態学』佐伯泰樹・佐藤良明・高橋和久訳、思索社、1986、上181-182ページ〕「プラトー」という語が、古典的には、球根や、塊茎や、リゾームの研究において用いられていることに注意しよう。*Dictionnaire de botanique* de Baillon,《Bulbe》の項を参照。

(19) Joëlle de la Casinière, *Absolument nécessaire*, Ed. de Minuit. これは真にノマド的な本である。同じ方向にあるものとして、《Montfancon Research Center》の研究を参照のこと。

（20）Kafka, *Journal*, Grasset, p.4.〔『カフカ全集7　日記』谷口茂訳、新潮社、1981、11ページ〕

（21）Marcel Schwob, *La croisade des enfants*, 1896〔シュウォッヴ『少年十字軍』多田智満子訳、王国社、1998〕; Jersy Andrzejewski, *Les portes du paradis*, 1959, Gallimard; Armand Farrachi, *La dislocation*, 1974, Stock.〔アンジェイエフスキ『天国の門』米川和夫訳、恒文社、1985〕シュオブの本について、ポール・アルファンデリーは、文学が、ある場合には、歴史を更新し、歴史に「探求の真の方向」を課することができると述べている（*La chrétienté et l'idée de croisade*, t. II, Albin Michel, p.116）。

（22）Paul Virilio,《Véhiculaire》, in *Nomades et vagabonds*, 10–18, p.43を参照——直線性の出現とスピードによる知覚の大変動について。

（23）J.-C. Bailly, *La légende dispersée*, 10–18 参照。ドイツ・ロマン主義における運動の叙述については、同書一八ページ以下を見よ。

2

（1）Freud, *Métapsychologie*, Gallimard, p.116.〔「無意識について」『フロイト著作集6』井村恒郎訳、人文書院、1970、110ページ〕

（2）E. A. Bennet, *Ce que Jung a vraiment dit*, Stock, p.80.〔E・A・ベネット『ユングが本当に言ったこと』鈴木晶・入江良平訳、思索社、1985、92ページ〕

（3）Ruth Mack Brunswick,《En supplément à l'Histoire d'une névrose infantile de Freud》, *Revue française de Psychanalyse*, 1936, n°4.

（4）Elias Canetti, *Masse et puissance*, Gallimard, pp.27–29, 97 sq.〔カネッティ『群衆と権力』岩田行一訳、法政大学出版局、1971、上25–25、127ページ以下〕ここにあげたもろもろの差異のうちのいくつかは、カネッティによって指摘されたものである。

（5） Roland Jaccardによって引用された手紙、*L'Homme aux loups*, Ed. Universitaires, p.113.

3

（1） Roland Omnès, *L'univers et ses métamorphoses*, Herman, p.164.「臨界半径以下で崩潰した星は、ブラック・ホール（吸蔵天体）と呼ばれるものとなる。この表現が意味しているのは、そのような物体の方へ送り出されるものはもはや何一つそこから再び出てくることはできないということである。それゆえそれは完璧に黒色である。いかなる光も放射せず反射しないからだ。」

（2） Griaule, *Dieu d'eau*, Fayard, pp.38–41.〔M・グリオール『水の神――ドゴン族の神話的世界』坂井信三・竹沢尚一郎訳、せりか書房、１９８３、62－63ページ〕

（3） 形態発生一般のこの二つの様相に関しては、Raymond Ruyer, *La genèse des formes*, Flammarion, p.54以下、および Pierre Vendryès, *Vie et probabilité*, Albin Michel を参照。Vendryès はまさしく、分節的関係の役割と分節化された諸システムを分析している。蛋白質の二つの構造的様相については、Jaques Monod, *Le hasard et la nécessité*, Ed. du Seuil, pp.105–109.〔J・モノー『偶然と必然』渡辺格・村上光彦訳、みすず書房、１９７２〕を参照。

（4） François Jacob, *La logique du vivant*, pp.289–290.〔『生命の論理』２６５ページ〕

（5） François Jacob,《Le modèle linguistique en biologie》, *Critique*（mars 1974）, p.202.――「遺伝子の素材は演ずるべき二つの役割をになっている。すなわち、一方においてそれは次世代に伝達されるべく再生産されねばならず、他方、それは有機体の諸構造および諸機能を決定するべく表現されねばならないのである。」

（6） Hjelmslev, *Prolégomènes à une théorie du langage*, Ed. de Minuit, p.85.〔イェルムスレウ『言語理論序説』林栄一訳、ゆまに書房、１９９８、42－43ページ〕

（7） 以下の文献を参照のこと。Geoffroy Saint-Hilaire, *Principes de philosophie zoologique*――ここにはキュ

ヴィエとの論争の要旨が引用されている。同、*Notion synthétique*——ジョフロワはこの中で、燃焼、帯電作用、そして誘引作用に関する分子状概念を開陳している。Baër, *Über Entwickelungsgeschichte der Thiere*, および《Biographie de Cuvier》（Annales des sciences naturelles, 1908）。Vialleton, *Membres et ceintures des vertébrés tétrapodes*.

（8）　この長い歴史の中においてこそ、例外的な地位を——決定的なものではないにもかかわらず——エドモン・ペリエに与えることができた。彼は構成の統一性の問題を再び取り上げ、ダーウィンと、とりわけラマルクを援用してジョフロワの理論を刷新したのだった。事実、ペリエの仕事の総体は次の二つのテーマへ方向づけられている。すなわち、一方における動物の諸集団《コロニー》ないし多様体、他方における、正統な学説をはずれる《エテロドクス》発達段階や折り畳みの数々を説明するはずの諸速度（「急速発生」）というのがそれだ。例えば——いったいどうして脊椎動物の脳は〈環形動物〉の口の位置にあるのか——〔ペリエの言葉によれば〕「口と脳との戦い」。*Les colonies animales et la formation des organismes*;《L'ori gine des embranchements du règne animal》（in Scientia, mai-juin, 1918）を参照されたい。ペリエはジョフロワおよびキュヴィエに関する見事な章とともにダーウィン以前の動物哲学の歴史を書いた。

（9）　Canguilhem et collab.《Du développement à l'évolution au XIXe siècle》, in *Thalès*, 1960, p.34.

（10）　G. G. Simpson, *L'évolution et sa signification*, Payot.

（11）　Gilbert Simondon, *L'individu et sa genèse physicobiologique*, P. U. F., pp.107–114, 259–264. ——水晶の場合、および有機体の場合における内部と外部について、そしてまた境界ないし膜の役割について。

（12）　J. H. Rush, *L'origine de la vie*, Payot, p.158. ——「原始的な有機体は、ある意味で、窒息状態で生きていた。生命は誕生していたが、呼吸し始めてはいなかったのである。」

（13）　J. von Uexküll, *Mondes animaux et monde humain*, Gonthier.〔ユクスキュル『生物から見た世界』日高敏隆・羽田節子訳、岩波文庫、２００５〕

(14) P. Laviosa-Zambotti, *Les origines et la diffusion de la civilisation*, Payot. ――その地層 strate、基質＝基層 substrat、および傍層 parastrat の観念を参照（彼女はこの最後の観念を定義してはいないのだが）。

(15) François Jacob, *La logique du vivant*, pp.311–312, 332–333.〔『生命の論理』２９３－２９４、３０５ページ〕およびレミー・ショーヴァンが「非平行的進化」と呼ぶところのもの。

(16) P. Laviosa-Zambotti, 前掲書――その波と流れ、中心から周縁へ、ノマディスムともろもろの移動といった観念を参照（ノマド的流れ）。

(17) さまざまな大きさの秩序間の共振現象については、Simondon, 前掲書 pp.16–20, 124–131 ほか諸所を参照。

(18) Claude Popelin, *Le taureau et son combat*, 10–18. ――闘牛場における人間と雄牛の領土の問題、in ch IV.

(19) 大きさの諸秩序およびそれらの共振の確立について、「鋳型」、「変調」、および「原型成形」のようなタイプの作用について、外的諸力および中間状態については、Gilbert Simondon を参照。

(20) もちろん、さまざまのシークエンスないし線からなる多様体というものはある。しかしそのことは、「秩序の秩序」が単系的なものであることを妨げるものではない（Jacob, *La logique du vivant*, p.306.〔『生命の論理』２８２ページ〕および《Le modèle linguistique en biologie》, pp.199–203 を参照）。

(21) 蛋白質と核酸のそれぞれの独立性と、それらの相互的前提については、François Jacob, *La logique du vivant*, pp.325–327 および Jacques Monod, *Le hasard et la nécessité*, pp.110–112, 129, 159–160.〔『生命の論理』２９９－３０１ページ〕

(22) 形質導入の観念については、Simondon を参照（だが彼はこの観念をおよそ最も一般的な意味に解し、あらゆるシステムに拡張している）――pp.18–21. また、膜については p.259 以下を参照。

(23) André Leroi-Gourhan, *Le geste et la parole, technique et langage*, Albin Michel, p.161.〔アンドレ・ルロワ

〃グラン『身ぶりと言葉』荒木亨訳、新潮社、１９７３〕

(24) これらすべての問題――自由に使える手、柔軟な喉頭、口唇、そして脱領土化因子としての草原《ステップ》の役割――については、Emile Devaux の見事な書物、*L'espèce, l'instinct, l'homme*, Ed. François 第三部を参照されたい（七章――「自らの森を離れ、発達が抑制され、小児的になって、類人猿は自由に使える手と柔軟な喉頭を獲得したにちがいなかった」、そして九章――「森は猿を生み、洞窟と草原《ステップ》が人間を生んだのである。」）。

(25) François Jacob, *La logique du vivant*, pp.298, 310, 319.〔『生命の論理』２７４、２８８、３０２ページ〕ジャコブとモノーはしばしば遺伝子のコードに関して翻訳という語を用いる。だがそれは便宜上のことであり、しかもモノーとともに「コードが翻訳されるのは、ただ翻訳の産物によってのみである」ということを明確にしつつである。

(26) André Leroi-Gourhan, 前掲書, pp.269–275.〔『身ぶりと言葉』３５３－３６１ページ〕

(27) だからこそイエルムスレウは、彼独自のいろいろな留保や躊躇にもかかわらず、シニフィアンおよびシニフィエと実際に手を切っている唯一人の言語学者であるとわれわれには思われるのだ。それは、そのような切断を故意に、留保抜きで、しかしシニフィアンに関するもろもろの暗黙の前提を保持したままで行なっているように見える他の言語学者たちに比べてはるかに徹底している。

(28) Michel Foucault, *Surveiller et punir*, Gallimard.〔フーコー『監獄の誕生――監視と処罰』田村俶訳、新潮社、１９７７〕すでに *L'archéologie du savoir*, Gallimard〔フーコー『知の考古学』中村雄二郎訳、河出書房新社、２００６〕の中でフーコーは、表現あるいは言表、内容あるいは対象という二つの多様体に関するその理論を、それらがシニフィアン－シニフィエというカップルには還元できないということを示しつつ素描していた。彼はまた、それに先立つ著書のタイトル、すなわち *Les mots et les choses*〔フーコー『言葉と物――人文科学の考古学』渡辺一民・佐々木明訳、新潮社、１９７５〕がなぜ否定的に理解されねばならないかを説明していた（pp.66–67）〔75－77ページ〕。

（29）　Gilbert Simondon, 前掲書、pp.139–141.
（30）　Lovecraft, *Démons et merveilles*, Bibliothèque mondiale, pp.61–62.〔「銀の鍵の門を越えて」『ラヴクラフト全集6』創元文庫、1989、164 - 166ページ〕

4

（1）　Georges Darien, *L'épaulette*, 10–18, p.435, または Zola, *La bête humaine*, Gallimard, p.188.〔ゾラ『獣人』寺田光徳訳、藤原書店、2004、196ページ〕「そして彼女はこう言っていた。彼を説得するためではなく、ただ、彼女が他人の眼には潔白でなければならないことを示すためである。」この種の文章は、「侯爵夫人は五時に外出した」というような情報的文よりも小説一般の特徴であるように思われる。
（2）　Spengler, *L'homme et la technique*, Gallimard, Idées, p.103.〔シュペングラー『人間と技術』駒井義昭・尾崎恭一訳、富士書店、1986、63ページ〕
（3）　Brice Parrain, *Sur la dialectique*, Gallimard. パランは言語における「仮定」または前提の理論を、生に与えられるこれらの指図との関連で展開している。しかし彼がそこに見ているのは、政治的意味の権力というよりも、道徳的意味の義務である。
（4）　二人の書き手が、従来の言語学のカテゴリーを逸脱する言表行為の理論的観点から、特に「自由な」といわれる形態において、間接話法の重要性に触れた。Mikhail Bakhtine, *Le marxisme et la philosophie du langage*, Ed. de Minuit, IIIe partie〔バフチン『マルクス主義と言語哲学』桑野隆訳、未來社、1989〕（ロシア語、ドイツ語、フランス語について）、P.P. Pasolini. *L'expérience hérétique*, Payot, Ire partie.（イタリア語について）、またJ・P・バンベルジェの未刊の研究「サイレント、トーキー映画における間接話法の形態」もわれわれを助けてくれる。
（5）　Emile Benveniste, *Problèmes de linguistique générale*, Gallimard, p.61.〔バンヴェニスト『一般言語学の

諸問題』岸本通夫他訳、みすず書房、1983、63－64ページ）「蜜蜂がたとえば、自分の巣箱で受けとったメッセージを他の巣箱にもっていくことは、観察されていない。そうすれば、伝播あるいは中継の方法となるのであるが。」

（6）ウィリアム・ラボヴはまさにラング－パロールの区別が行きつく矛盾あるいは少なくともパラドックスを示したのである。ラングは言語の社会的部分と定義され、パロールは個人的な変化に帰着させられる。しかし、社会的部分はそれ自身のうちに閉じこめられ、必然的に、ラングのためには一人の個人が証言を行なうことになり、一方パロールは社会的文脈においてしか発見されない。ソシュールからチョムスキーにいたるまで、いつも同じパラドックスである。「言語の社会的側面は、事務所の親密さのなかで研究されるのだ。個人的側面は、共同体の真只中での研究を要求するのに。」（*Sociolinguistique*, Ed. de Minuit, pp.259 sq, 361 sq.）

（7）Benveniste, 前掲書（V^e^ partie）発話行為の抹消について、pp.274〔295ページ〕以下を参照。

（8）Oswald Ducrot, *Dire et ne pas dire*, Hermann, pp.70–80.（さらに J. R. Searle, *Actes de langage* の序文「ソシュールから言語哲学へ」）。デュクロは、言語にかかわる情報、コード、伝達、主体性の概念を問題にしている。彼は、やはりコードに依存する言説的で決定的な潜在性に対して、「言語学的前提」または非言説的な潜在性の理論を完成する。彼は、あらゆる言語学に浸透するプラグマティック〔語用論〕を構築し、「法的」、「論争的」または「政治的」な観点から考察された言表行為のアレンジメントの研究へと向かう。

（9）二つの異なる方法で、バフチンとラボヴは言表の社会的性格を強調している。これによって彼らは単に主観主義と対立するばかりか、構造主義にも対立する。構造主義は、ラングの体系を理論上の個人の理解と結びつけ、社会的要素を、話すかぎりでの事実上の個人と結びつけるからである。

（10）Ducrot, p.77.「犯罪行為を形容すること（盗み、裏切り、脅迫等々）それは、通常の意味での行為として、これを示すことではない。なぜなら、犯罪を定義する罪悪性の法的状況は、説明された行動の、他の一定の結果から由来すると見なされるからである。ある行動は、他人、秩序、社会などを害するから罰すべきと考えられる。判事による判決の言表は、反対に、法的行為と見なすことができる。判事の言葉と、被告が受刑者に変化することとのあいだに、どんな効果も介入しないからである。……」

(11) J. K. Galbraith, *L'argent*, Gallimard, Idées.〔『ガルブレイス著作集5 マネー――その歴史と展開』都留重人監修、TBSブリタニカ、1980〕「決定的インフレ」、p.259〔225ページ〕以下。「一九二三年十一月二十日に幕はおりた。一年前のオーストリアと同じく、終局は突然やってくる。そしてもっと小規模なフランスのインフレと同じく、意表をつく容易さでそれは終わった。おそらく、もう続きようがなかったので、それは終わったのだ。十一月二十日、昔のライヒスマルクはもう貨幣ではないと布告された。新しい貨幣レンテンマルクが確立されるだろう。(……)この新しいレンテンマルクは、国家《ライヒ》によって掌握された土地と他の有形資産の全体を担保に保証されることになる。この考えの起源はアシニャ紙幣にさかのぼる。しかしこの方はもっと明確に詐欺であった。[ガルブレイスは、脱領土化されている、といいたいのだ。]一七八九年のフランスでは、教会に収奪されてまもない膨大な土地が存在しており、はじめ貨幣はこれと交換することができた。しかし、一人のドイツ人が、不動産に対して押収権を行使するなら、正気かと疑われただろう。それでもこのシステムは機能した。状況のおかげで。(……)もし一九二三年以後に、ドイツの会計が以前と同じ要求にしたがっていたなら(賠償と受動的抵抗の費用)、いかにしてもマルクとその地位は救われなかったであろう。」

(12) Bakhtine, pp.156–157. また、言表行為の内的変数としての「象徴的力の関係」については、P・ブルデューの「言語的交換の経済」を参照。*Linguistique et sociolinguistique*, *Langue française*, mai 1977, Larousse, pp.18–21.

(13) プロレタリア階級の概念そのものが「プロレタリアは一定の瞬間に、そして身体としてすでに存在しているか」という問いに左右される。(あるいは、それはまだ存在しているか?)マルクス主義者がいかに予感的にこれを用いたかがわかる。たとえば彼らが、「胚芽状態のプロレタリア」について語るときである。

(14) David Cooper, *Le langage de la folie*, Ed. du Seuil, pp.32 に引用されている。クーパーは註釈していう。

「声を聞くという言い方は、通常の言説の意識を越え、結果的に異なるものとして経験されねばならない何かを意識しはじめていることを意味している。」

（15）　エリアス・カネッティは指令語の心理的な行動様式に関心をよせた数少ない作家の一人である（*Masse et puissance*, Gallimard, pp.321–353.〔『群衆と権力』下37－85ページ〕）彼は一つの指図は、魂と肉体に一種のとげを植えつけ、それが、永久に保存される嚢腫、硬化した部分を形作ると考える。そうすると、たとえ指令語を発した人にさからうことになっても、「集団」を形作るため、可能なかぎり早急にそれを他人に伝えないと人は気が安まらない。しかしまた、指令語が身体のなかの異質な身体、言葉のなかの間接話法であることは、驚くべき忘却の理由となる。「手先になる者は自身を告発することはない、彼がどこにでももっていくとげを、異質の審級を、いわば本当の責任者を告発するのだ。とげは、自分自身がある行為の遂行者ではないことを常に証明するのだ。人はその被害者であると感ずる、それで真の被害者に対しては露ほどの感情もなくなる。だから、まさに命令によって振る舞う人々は自分を完全に無罪とみなすことになる。」そして、さらに別の指令語がくれば、なおさら巧妙に同じことを始めるのだ。カネッティはここでナチの無罪の感情や、昔のスターリニストの忘却について深い説明を与えている。彼らは、さらにもっと腹黒い、新たな指令語を投じ、あるいはそれにしたがう権利を得るために彼らの記憶や過去を引き合いに出すので、なおさら健忘症になってしまうのだ〔「とげの偏執狂」〕。カネッティの分析はこの点本質的である。しかしながら、それは実に特殊で、これなしには、指令語がこのような行動様式をもちえないような心的能力の存在を仮定している。情報や伝達にもとづき、普遍的に共有される「共通感覚」や常識についての古典的、合理的理論は、指令語の能力というずっと憂慮すべき能力を覆い隠し、あらかじめ正当化する手段である。他でもない純粋理性という名で賞めたたえることによって保証された奇妙に非合理的な能力……。

（16）　ブレイエの古典的書物 Bréhier, *La théorie des incorporels dans l'ancien stoïsme*, Vrin p.12, p.20.〔ブレイエ『初期ストア哲学における非物体的なものの理論』江川隆男訳、月曜社、２００６、25－26ページ〕「ナイフ

が肉体を切る」または「木が緑になる」という言表について。

(17) このようにして、言語学についての名高いテクストの中でスターリンは、社会全体、あらゆる階級、あらゆる体制に無差別に役立つ二つの中立的な形態を発見したと主張する。まず何らかの物資を生産する純粋な手段としての道具と機械、ついで情報と伝達の手段としての言語。バフチンでさえ、言語をイデオロギーの形態として定義する。しかし彼は、イデオロギーの形態そのものはイデオロギー的でないことを確信している。

(18) この問題に関しては次の文献を参照すべきである。J.M. Sadock,《Hypersentences》, *Phil. Diss. Univ. of Illinois*, 1968. D. Wunderlich,《Pragmatique, situation d'énonciation et Deixis》, *Langages*, Larousse, juin 1972. また、S・K・ソムジャンが、応用操作にもとづく抽象的対象のモデル、MGA（応用生成モデル）を提案している（*Langages*, mars 1974）。ソムジャンはイェルムスレウを引き合いにだしている。つまり、イェルムスレウの力とは、表現の形式と内容の形式を、二つのまったく相対的な変数として、同一の平面上にあって、「同一の機能の、機能素」としてとらえたことである（*Prolégomènes à une théorie du langage*, p.85.（『言語理論序説』85ページ））しかしながら、抽象機械の図表的な概念への前進は、次の点ではばまれている。イェルムスレウは、まだ、表現と内容の区別を、意味するもの－意味されるものの様態によって理解し、このようにして、抽象機械を言語学に依存させたままでいる。

(19) H.E. Brekle, *Sémantique*, Armand Colin, pp.94-104. 普遍的プラグマティックと《対話の普遍的特性》の理念について。

(20) この発芽と、そのさまざまな表象については、Wunderlich,《Pragmatique...》参照。

(21) Noam Chomsky et Mitsou Ronat, *Dialogues*, Flammarion, pp.72–74.

(22) William Labov, *Sociolinguistique*, pp.262–265. ラボヴはほぼ同じ意味をもつ言表を考慮するという限定的な条件を自らに課している一方、相補的でありながらたがいに異質な言表の連鎖を追求しようとして、この条件を逃れてもいる。

（23）まさにこのようにして、ラボヴは、恒常的規則と対立するものとして、「可変的かつ随意の規則」の概念を定義しようとしている。それは単に確認された頻度ではなく、頻度の確率、あるいは規則適用の確率を示す固有の量である（*Le parler ordinaire*, Ed. de Minuit, t II, pp.44 以下参照）。

（24）Gilbert Rouget,《Un chromatisme africain》in *L'Homme*, septembre 1961 参照（「ダホメーの儀式歌」のレコードがおさめられている）。

（25）Gherasim Luca, *Le chant de la carpe*, Ed. du Soleil noir および Givaudan 発行のゲラシム・ルカによる詩《Passionément》の朗読。

（26）「そして」and は英文学において、旧約聖書との関連のみならず、言語に働きかける「マイノリティ」との関連でも、特に重要な役割を果たしている。とりわけシングの場合を引いておこう（フランソワ・レニョーのアングロ・アイルランド語における〈等位〉についての指摘、仏訳版 *Baladin du monde occidental*, Bibl. du Graphe参照）。単に接続詞としての「そして」を分析するのでは不十分である。それはむしろあらゆる接続を可能にする特別な形態であり、これが言語の論理を危ういものにする。ジャン・ヴァールの著作には「そして」のこのような意味について、それがどのように動詞 être（be）の優先性を疑問に付するかについて深い思索が見られる。

（27）Hjelmslev, *Le langage*, Ed. de Minuit, pp.63 sq.

（28）Nicolas Ruwet,《Parallélisme et déviations en poésie》, in *Langue, discours, société*, Ed. du Seuil. リュヴェはカミングスの Fifty poems の29番の詩を分析している。彼は「パラレリスム」の概念を導入しながら、この変化の現象に、厳密な構造主義的解釈を与えている。他のテクストでは、このような変化の範囲を、言語における真の変化には無関係な周縁的な使用に結びつけて縮小している。しかし彼の注釈そのものが、このような解釈のあらゆる制限を超えているように思われる。

（29）Vidal Sephiha,《Introduction à l'étude de l'intensif》, *Langages*, mars 1973. 特にいわゆるマイナー言語に

おいて出現するような、言語の非定型的な張力や変化についての最初の研究の一つである。

(30) ある場合は「油のしみ」のように、ある場合は「空挺部隊」の形をとる言語のさまざまな状態の拡張や流布については、Bertil Malmberg, *Les nouvelles tendances de la linguistique*, P.U.F., ch. III を参照(方言学についての N. Lindqvist のたいへん重要な研究が援用されている)。そこで一定のメジャーな言語の等質化や中心化がどのように行なわれるかについて比較研究が必要になろう。この点に関して、フランス語の歴史は英語の場合と同じではない。等質化の形態としての文字との関係も同じではない。とりわけ中心化された言語であるフランス語に関しては、M. de Certeau, D. Julia, J. Revel, *Une politique de la langue*, Gallimard の分析が参考になる。この分析は十八世紀末のグレゴワール神父をめぐる非常に短い時期についてのものであるが、二つの異なる契機をしるしている。一つは、都市が田舎に、首都が地方に対立するように、中央の言語が地方の方言に対立するときである。もう一つは、国家(Nation)がそれと異質なものに、または敵対するものに対立するように、中央の言語が「封建的な固有語」や、また移民の言語にも対立するときである(pp.160 以下参照――「方言が拒否されるのは、地方の口承性あるいは口語において安定した法則を把握することが技術的に不可能だからであることも明白である」)。

(31) Cf. Michèle Lalonde, in *Change*, n°30. 先に引用した《speak white》とケベック語についてのマニフェストが読める。

(32) アフリカーンス語の複雑な状況については、Breyten Breytenbach のすぐれた本 *Feu froid*, Bourgois を参照。G. M. Lory の研究(pp.101–107)は、Breytenbach の企て、彼による言語の詩的な処理の暴力、「雑種的な言語によって雑種」であろうとする彼の意思を明らかにしている。

(33) マイナー言語の二重の様相、欠乏－省略、過剰－変化についてはいくつか模範的な分析がある。ヴァーゲンバッハ(Wagenbach)が二十世紀始めのプラハのドイツ語について行なった分析(*Franz Kafka, années de jeunesse*, Mercure de France)、またパゾリーニの分析もあり、イタリア語は標準的あるいは平均的な水準で作り出されたのではなく、同時に二つの方向に、「低い方と高い方へ」爆発したということを示している。素材は単純化され、表現は誇張される（*L'expérience hérétique*, Payot, pp.46–47）。J. L. Dillard の研究はブラック・イングリッシュの二つの傾向を明らかにする。一つは端折り、失い、あるいは厄介払いし、一方では過度に満たし、fancy talk を洗練すること（*Black-English*, Vintage Book, New York）。Dillard が示している通り、標準語に対してここには何の劣等性もなく、言語の標準的なレベルを必然的にまぬかれる二つの運動は相関的である。やはりブラック・イングリッシュについてリロイ・ジョーンズは、この結びついた二つの方向が、いかに言語を音楽に近づけるか示している（*Le peuple du blues*, Gallimard,〔リロイ・ジョーンズ『ブルース・ピープル』飯野友幸訳、音楽之友社、２００４〕pp.44–45 と第三章全部）。もっと一般的には、ピエール・ブーレーズの行なった音楽の二重の運動に関する分析を思い出すべきだ。形式の解消、ダイナミックな過剰あるいは増殖（*Par volonté et par hasard*, Ed. du Seuil, pp.22–24）。

（34）Yann Moulier, *Ouvriers et Capital* de Mario Tronti, Bourgois への序文。

（35）P. P. Pasolini, *L'expérience hérétique*, p.62.

（36）ケベック語に関する《Collectif Stratégie》のマニフェスト、in *Change*, n°30 参照。このグループは「革命的な言語という神話」を批判している。まるでマイノリティーの状態さえあれば、革命的な立場を産み出すことができるとでもいうような神話を（「この機械論的な公式は言語についての民衆主義的概念にもとづいている。（……）個人が労働者階級の言語を話すからといって、この階級の立場に立っているとはいえない。（……）ケベック俗語（joual）を話すものは革命的、反文化的な力をもつという主張はまったく理想主義的なものである」p.188）。

（37）Elias Canetti, *Masse et puissance*.〔『群衆と権力』〕（二つの重要な章は、指令語の二つの側面、「指令」と「変身」に対応している。とりわけ pp.332–333〔下 35－55ページ〕、メッカの巡礼での死の硬直と恐慌的な逃走という二つの規則化された側面の描写。）

(38) われわれはイェルムスレウが、内容の面を一種の「シニフィエ」と同一視するという限定的条件を課したのを見た。したがって、彼が提案したような内容の分析は、言語学よりも、例えば動物学のような他の分野に依存するといって、彼に反論することも正しいことになる（例えばマルティネ、Martinet, *La linguistique*, Denoël, p.353）。しかしこの反論は、イェルムスレウの限定的条件だけにかかわるように思われる。

(39) ホフマンスタールのテクストの細部を参照。*Lettres du voyageur à son retour* (lettre du 9 mai 1901), Mercure de France.〔ホフマンスタール「帰国者の手紙」『チャンドス卿の手紙 他十篇』檜山哲彦訳、岩波文庫、1991〕

5

(1) Lévi-Strauss, "Introduction à l'œuvre de Marcel Mauss", *Sociologie et anthropologie*, P. U. F., pp.48–49〔レヴィ＝ストロース「マルセル・モース、論文の序文」、M・モース『社会学と人類学』上、有地亨他訳、弘文堂、1973、39–40ページ〕（レヴィ＝ストロースは、この文章の続きでシニフィエの別の側面を区別している）。この空気のような連続体の第一の意味については、ビンスワンガーとアリエッティ Arieti の精神医学上の記述を参照。

(2) Lévi-Strauss, *La pensée sauvage*, Plon, pp.278 sq.〔レヴィ＝ストロース『野生の思考』大橋保夫訳、みすず書房、1976、236ページ以下〕を参照。（二つの場合の分析）。

(3) Lévi-Strauss, Préface à *Soleil Hopi*, Plon, p. VI.

(4) 例えば、バントゥー族の神話では、国の開祖は自分の顔を見せ、公の席で食べたり飲んだりする。一方狩人、ついで戦士は秘密の芸術を発明し、姿を隠し、目隠しの向こうで食事する。Luc de Heusch, *Le roi ivre ou l'origine de l'Etat*, Gallimard, pp.20–25 参照。ウーシュは、第二の契機の方に、より「洗練された」文明のしるしを見ている。われわれには、これはむしろ別の記号系にかかわり、公の土木工事よりも、戦争にかかわるものと思われる。

（5） Foucault, *Surveiller et punir*, p.33.〔『監獄の誕生』33ページ〕

（6） Greimas, 《Pratiques et langages gestuels》, *Langage* n°10, juin, 1968 参照。しかしグレマスはこの記号系を「言表の主体」、「言表行為の主体」といったカテゴリーに関係づけている。われわれには、これらは別の記号の体制に属すると思われる。

（7） 魂や死者の名の影響を祓いのける手段としての食人、またその「暦」としての記号的な機能について、Pierre Clastres, *Chronique des Indiens Guayaki*, Plon, pp.332–340 を参照。〔クラストル『グアヤキ年代記』毬藻充訳、現代企画室、２００７、３５２‐３６１ページ〕

（8） 以上の数に関する表現は、ジュリア・クリステヴァによる。ただし、彼女はこれを「シニフィアン」の仮説にもとづいて、文学的テクストの分析に用いている。J. Kristeva, *Semeiotikê*, Ed. du Seuil, pp.294 以下、および p.317。

（9） Sérieux et Capgras, *Les folies raisonnantes*, Alcan 1909; Clérambault, *Œuvre psychiatrique*, rééd. P. U. F. 参照。しかしカップグラは本質的に混成的あるいは多形的な記号系を考えている。これに対してクレランボーの方は、確かに事実上二つは混合していることを認めてはいるが、抽象的に二つの純粋な記号系を抽出している。――錯乱の二つの集合のこの区別の起源に関しては、主として Esquirol, *Des maladies mentales*, 1838 が参考になる（「単一狂」と「偏執」とはどの程度まで区別可能であろうか）。また Kraeplin, *Lehrbuch der Psychiatrie*. も参照すること（「好訴妄想」はパラノイアとどの程度まで区別可能だろうか）。第二の錯乱の集合あるいは情念的錯乱の問題は、ラカンによって再びとりあげられ、歴史的な研究が行なわれた。*De la psychose paranoïaque*, Ed. du Seuil〔ラカン『人格との関係からみたパラノイア性精神病』宮本忠雄訳、朝日出版社、１９８７〕また Lagache, *La jalousie amoureuse*, P. U. F.

（10） Sérieux et Capgras, pp.340 以下。また Clérambault, pp.369 以下参照。情念的錯乱を病む人は、精神

病院においてさえ、見過ごされている。穏やかで狡猾であり、「われわれが彼らのことをどう判断しているかわかる程度に、かなり限定された錯乱に侵されている」からである。彼らを収容しておくことが必要なのはとりわけ次のような理由による。「このような患者は質問すべきではなく、操るべきである。彼らを操るためには、たった一つの手段しかない。彼らを動揺させることだ」。

（11）エスキロールは、単一狂は「文明の病」であり、社会的な進化によるものだと暗示している。はじめそれは宗教的であり、徐々に政治的になり、警察につきまとわれるようになる（Esquirol, *Des maladies mentales,* t. I, p.400）。エマニュエル・レジの指摘も参照。Emmanuel Regis, *Les Régicides dans l'histoire et dans le présent,* 1890.

（12）*Deutéronome*（『申命記』）, I, 12. in La Pléiade, ドルム（Dhorme）は明確に述べている、「あなたがたの要求、つまりあなたがたの訴訟」。

（13）D. H. Lawrence, *L'Apocalypse,* Balland, ch. x.〔D・H・ロレンス『黙示録論』福田恆存訳、ちくま学芸文庫、２００４、第10章〕

（14）Dhorme, *La religion des Hébreux nomades,* Bruxelles, また Mayani, *Les Hyksos et le monde de la Bible,* Payot を参照。著者はヘブライ人と、戦闘的遊牧民ハビル人、鍛造の技術をもつ遊牧民ケニー人との関係を強調している。モーゼに固有のもの、それは遊牧民から借用された数的組織の原則ではなく、いつでも取消し可能な黙契－訴訟、契約－訴訟の観念なのである。マヤニは確信しているが、この観念は土地に根づいた農民にではなく、戦闘的遊牧民にでもなく、移民にでさえもなく、主体的運命においてみずからを考える移動中の部族に由来する。

（15）Kafka, *Le procès.*〔カフカ『訴訟』丘沢静也訳、光文社文庫、２００９他〕参照。画家のティトレーリは、無限の期限延長についての理論をとなえる。ありえない決定的な無罪放免を除いて、ティトレーリは「見かけの無罪放免」と「無限の期限延長」を、二つの法的体制として区別している。第一の体制は循環的でシニフィアン的体制にかかわるが、第二の体制は線的で切片的であり、情念的記号系にかかわる。

（16）ジェローム・ランドンは、ヨナという典型的な場合におけるユダヤ的預言行為と裏切りの関係を分析した。Jérôme Lindon, *Jonas*, Ed. de Minuit.

（17）Hölderlin, *Remarques sur Œdipe*, 10–18.〔「オイディプスへの注釈」『ヘルダーリン全集４』浅井真男訳、河出書房新社、２００７〕（しかしこのような「ゆるやかな困難な死」のギリシア的な性格について、ヘルダーリンにはすでに留保が見える。そして、ジャン・ボフレ Jean Beaufret はこの死の性格と裏切りとの関係についてすばらしいコメントを書いている。「まさに〈時間〉にほかならない神の断固とした方向転換に、人間は自分自身裏切り者として適合しなければならない」）。

（18）Nietzsche, *La naissance de la tragédie*, §9.〔ニーチェ『悲劇の誕生』秋山英夫訳、岩波文庫、１９６６他〕

（19）叙事詩の「図書館」の特徴（帝国的性格、僧侶の役割、神殿と都市との間の流通）については、Charles Autran, *Homère et les origines sacerdotales de l'épopée grecque*, Denoël 参照。

（20）中世における書物の解釈の技術、また二つの聖書の間の符合から出発して、内部から第三の状態あるいは過程を引き出すフィオーレのヨアキムの極端な試み（*L'Evangile éternel*, Rieder）を参照。

（21）例えば『出エジプト記』XIX, 1「彼らはレビデムを出発しシナイの砂漠に着いた。彼らは砂漠に野営し、そこでイスラエルは山を前にして野営したのである。」

（22）Henry Miller, *Sexus*, Buchet-Chastel, p.334.〔『ヘンリー・ミラー全集3　セクサス』大久保康雄訳、新潮社、１９６６、２７６ページ〕

（23）Althusser, 《Idéologie et appareils idéologiques d'Etat》, *La Pensée*, juin 1970, pp.29–35.〔アルチュセール『国家とイデオロギー』西川長夫訳、福村出版、１９７５、36ページ〕

（24）Benveniste, *Problèmes de linguistique générale*, Gallimard, pp.252 sq.〔『一般言語学の諸問題』２４８ペ

ージ〕バンヴェニストは「過程」について語っている。

(25) ストリンドベリの天才の一面は、夫婦と夫婦喧嘩を強度の記号論的水準にまで高め、それを記号の体制における創造的要素としたことである。ジュアンドーの場合はこれと異なる。逆にクロソウスキーは記号の一般理論の観点から、二人での情念的なコギトの新しい源泉と葛藤を作り出したのである。(*Les lois de l'hospitalité*, Gallimard.〔クロソウスキー『歓待の掟』若林真訳、河出書房新社、1987〕)

(26) ドストエフスキー『二重人格』も参照。

(27) 冗長性のこの二つの形態については、《Redondance》in Martinet, *La linguistique, guide alphabétique*, Denoël, pp.331–333 参照。

(28) Henry Miller, *Sexus*, p.307.〔『セクサス』249-250ページ〕〈馬鹿〉というテーマはそれ自体実に多様なものである。それは明らかにデカルトのコギト、ルソーの感情を貫いているものだ。しかしロシア文学はこれを意識と情念を超えた別の方向にもたらすのである。

(29) Gherasim Luca, *Le chant de la carpe*, pp.87–94.

(30) 例えば、白人がニューギニアのシアヌ族に貨幣を持ち込んだとき、シアヌ族ははじめ紙幣と硬貨を二つの交換不可能な財のカテゴリーと見なした。Maurice Godelier,《Economie politique et anthropologie économique》, *L'Homme*, septembre 1964, p.123 参照。

(31) このような翻訳-変形については、LeRoi Jones, *Le peuple du blues*, ch. III–VII 参照。

(32) Henry Miller, *Sexus*, p.634.〔『セクサス』512ページ〕

(33) Mary Barnes et Joseph Berke, *Mary Barnes, un voyage à travers la folie*, Ed. du seuil, p.269. キングスレー・ホールの反精神医学的実験の失敗は、外的事情にだけでなく、内的要素に負うものと思われる。

(34) Castaneda, *Le voyage à Ixtlan*, Gallimard, p.12.〔カスタネダ『呪師に成る——イクストランへの旅』真崎義博訳、二見書房、1974、16ページ〕

(35)「生成的」と「変形的」はチョムスキーの用語であるが、彼にとってまさに変形的なものは発生的なものを実現するための最良にして最深の手段である。しかしわれわれはこの用語を別の意味で用いる。

(36) ミシェル・フーコーは、次のような一連の問題に対応して継起するいくつかの水準にしたがい、言表の理論を展開した。(1)『知の考古学』でフーコーは内容と表現という二種類の「多様体」を区別した。この二つは対応や因果性の関係に還元されるものではなく、相互に他を前提としているのだ。(2)『監獄の誕生』では、たがいにからみあう二つの異質な形態を説明しうる一つの審級を探究し、それを権力あるいはミクロ権力のアレンジメントに見出した。(3) しかしまたこれらの集団的アレンジメント（学校、軍隊、工場、病院、監獄など）は一つの抽象的な「図表」における度合や特異性にほかならず、この図表の方はただ素材と機能を有するだけである（何らかの管理すべき人間的多様体）。(4)『性の歴史』はさらに別の方向に向かう。アレンジメントはこの場合図表に関係づけられ、直面させられるのではなく、抽象機械としての「人口の生命政治学」に関係づけられる。われわれとフーコーとの違いはただ次のような点である。(1) アレンジメントは権力以前にあるのではなく、欲望以前にあるものと思われる。欲望は常にアレンジされており、権力はアレンジメントの地層化された次元である。(2) 図表あるいは抽象機械は、まず第一のものとして逃走線を有し、この逃走線はアレンジメントにとって抵抗や応酬の現象ではなく、創造や脱領土化の点なのである。

(37) イェルムスレウは、形式化されていない、不定形のあるいは無形の「素材」について、あるいは「意味」についてたいへん重要な概念を提起した。*Prolégomènes à une théorie du langage*, §13; Essais linguistiques, Ed. de Minuit, pp.58 sq.〔イェルムスレウ『言語理論の確立をめぐって』竹内孝次訳、岩波書店、1985、58ページ以下〕（また François Rastier の序文、p.9）参照。

(38)〈指標〉〈図像〉〈象徴〉の区別はパースによる。Peirce, *Ecrits sur le signe*, Ed. du Seuil 参照。しかし彼はこれらをシニフィアンとシニフィエの関係によって区別している（指標は隣接性によって、図像は相似性によって、象徴は慣習的な規則によって）。したがって彼は「図表」〔ダイアグラム〕を図像〔イコン〕の特別なケース（関係の図像）と見なす。パースはまさしく記号論の発明者である。だからわれわれは少し意味を変えても彼の用語を借りることにする。まず指標、図像、象徴は、シニフィアンとシニフィエの関係ではなく、領土性－脱領土化の関係によって区別されるように思われる。また図表はその場合、図像にも象徴にも還元されない異なる役割をもつように思われる。パースの根本的な分類と、図表の複雑な地位に関しては、ヤコブソンの分析が参考になる。Jacobson《A la recherche de l'essence du langage》, in *Problèmes du langage*, Gallimard, coll. Diogène.

6

（1）William Burroughs, *Le festin nu*, Gallimard, p.146.〔バロウズ『裸のランチ』鮎川信夫訳、河出文庫、2003、185ページ〕

（2）プログラムと幻想〔ファンタスム〕との対立は、ミュザンの著書の中で、マゾヒストの場合について明確に現われている。M'Uzan, *La sexualité perverse*, Payot, p.36 参照。対立がはっきり定義されているわけではないが、ミュザンは、オイディプス、苦悩、去勢といったテーマを疑問に付しながら、プログラムの概念を用いている。

（3）アメリカの家庭における、食肉の流通ルートと流れの叙述。Lewin,《L'écologie psychologique》, *Psychologie dynamique*, P. U. F., pp.228-243 参照。

（4）Dalcq, *L'œuf et son dynamisme organisateur*, Albin Michel, p.95.「運動力学的な観点から見ると、形態は偶然的なものである。孔が胚種の中にくぼみを作るかどうか、ということは副次的なことだ。移動の過程だけが大切なのだ。内折の代わりに、孔や、亀裂や、原初的な線を生じさせるのは、純粋な、時間的な、量的な変化である。」

（5）Burroughs, *Le festin nu*, p.21.〔『裸のランチ』31ページ〕

（6）Roger Dupouy, 《Du masochisme》, *Annales médicopsychologiques*, 1929, II, pp.397–405.

（7）宮廷愛と、宗教的超越も快楽主義的な外在性も拒むその根本的な内在性については、René Nelli, *L'érotique des troubadours*, 10–18を参照せよ。騎士道愛と宮廷愛の一つの重要な違いは、「騎士にとって愛に値いするための価値は、愛にとって外在的である」が、宮廷的なシステムにおいては、試練は本質的に愛の内側にあり、戦闘的な価値の代わりに、「感情的な英雄主義」が重要になることである。これは戦争機械の突然変異である（I, p.128)。

（8）Van Gulik, *La vie sexuelle dans la Chine ancienne*, Gallimard〔フーリック『古代中国の性生活――先史から明代まで』松平いを子訳、せりか書房、１９８８〕およびJ. F. Loytard, *Economie libidinale*, Ed. de Minuit, pp.241–251の解説を参照。

（9）Gregory Bateson, *Vers une écologie de l'esprit*, pp.125–126.〔『精神の生態学』上１８１－１８２ページ〕

（10）Artaud, *Héliogabale*, Œuvres complètes VII, Gallimard, pp.50–51. II.〔『アントナン・アルトー著作集2ヘリオガバルスまたは戴冠せるアナーキスト』多田智満子、白水社、１９９６、52－53ページ〕確かにアルトーは、一と多の対立を、まだ弁証法的統一性として、多を一に帰着させせながら語っている。ヘリオガバルスは、一種のヘーゲリアンになっているが、それは結局語り口の問題にすぎない。多は、最初からすべての対立を超え、弁証法的運動を拒否しているからだ。

（11）Artaud, *Les Tarahumaras*, t. IX, pp.34–35.〔「タラウマラ」宇野邦一訳『アルトー後期集成Ⅰ』河出書房新社、２００７、30－31ページ〕

（12）*Cause commune*, n°3, oct, 1972参照。

本書は河出書房新社より一九九四年に刊行された『千のプラトー』を一部改訂の上、三分冊にしたものです。

千《せん》のプラトー 上 資本主義《しほんしゅぎ》と分裂症《ぶんれつしょう》

二〇一〇年 九月二〇日 初版発行
二〇二四年一〇月三〇日 9刷発行

著者 G・ドゥルーズ
F・ガタリ
訳者 宇野《うの》邦一《くにいち》＋小沢《おざわ》秋広《あきひろ》＋田中《たなか》敏彦《としひこ》＋豊崎《とよさき》光一《こういち》＋宮林《みやばやし》寛《かん》＋守中《もりなか》高明《たかあき》

発行者 小野寺優
発行所 株式会社河出書房新社
〒一六二-八五四四
東京都新宿区東五軒町二-一三
電話〇三-三四〇四-八六一一（編集）
〇三-三四〇四-一二〇一（営業）
https://www.kawade.co.jp/

ロゴ・表紙デザイン 粟津潔
本文フォーマット 佐々木暁
印刷・製本 大日本印刷株式会社

Printed in Japan ISBN978-4-309-46342-1

河出文庫

神の裁きと訣別するため
アントナン・アルトー　宇野邦一／鈴木創士〔訳〕　46275-2

「器官なき身体」をうたうアルトー最後の、そして究極の叫びである表題作、自身の試練のすべてを賭けて「ゴッホは狂人ではなかった」と論じる35年目の新訳による「ヴァン・ゴッホ」。激烈な思考を凝縮した2篇。

百頭女
マックス・エルンスト　巖谷國士〔訳〕　46147-2

古いノスタルジアをかきたてる漆黒の幻想コラージュ一四七葉──永遠の女「百頭女」と怪鳥ロプロプが繰り広げる奇々怪々の物語。エルンストの夢幻世界、コラージュロマンの集大成。今世紀最大の奇書！

慈善週間 または七大元素
マックス・エルンスト　巖谷國士〔訳〕　46170-0

自然界を構成する元素たちを自由に結合させ変容させるコラージュの魔法、イメージの錬金術!!　巻末に貴重な論文を付し、コラージュロマン三部作、遂に完結。今世紀最大の芸術家エルンストの真の姿がここに!!

見えない都市
イタロ・カルヴィーノ　米川良夫〔訳〕　46229-5

現代イタリア文学を代表し世界的に注目され続けている著者の名作。マルコ・ポーロがフビライ汗の寵臣となって、様々な空想都市（巨大都市、無形都市など）の奇妙で不思議な報告を描く幻想小説の極致。解説＝柳瀬尚紀

不在の騎士
イタロ・カルヴィーノ　米川良夫〔訳〕　46261-5

中世騎士道の時代、フランス軍勇将のなかにかなり風変わりな騎士がいた。甲冑のなかは、空っぽ……。空想的な《歴史》三部作の一つで、現代への寓意を込めながら奇想天外さと冒険に満ちた愉しい傑作小説。

ファニー・ヒル
ジョン・クレランド　吉田健一〔訳〕　46175-5

ロンドンで娼婦となった少女ファニーが快楽を通じて成熟してゆく。性の歓びをこれほど優雅におおらかに描いた小説はないと評される、214年の禁をとかれ世に出た名著。流麗な吉田健一訳の、無削除完訳版。

著訳者名の後の数字はISBNコードです。頭に「978-4-309」を付け、お近くの書店にてご注文下さい。